小公司管事
大公司管人

刚柔相济的公司哲学，恰到好处的管理之道

XIAOGONGSI GUANSHI
DAGONGSI GUANREN

司马中原 ◇编著

当代世界出版社

图书在版编目（CIP）数据

小公司管事大公司管人 / 司马中原编著 . —北京：
当代世界出版社，2011.11
ISBN 978 - 7 - 5090 - 0783 - 9

Ⅰ.①小… Ⅱ.①司… Ⅲ.①公司 - 企业管理
Ⅳ.①F276.6

中国版本图书馆 CIP 数据核字（2011）第 198902 号

编　　著：司马中原
责任编辑：张　勇
出版发行：当代世界出版社
地　　址：北京市复兴路 4 号（100860）
网　　址：http：//www. worldpress. com. cn
编务电话：(010) 83908400
发行电话：(010) 83908410（传真）
　　　　　(010) 83908408
　　　　　(010) 83908409
经　　销：全国新华书店
印　　刷：北京市通州富达印刷厂
开　　本：787 × 1092 毫米　1/16
印　　张：17.5
字　　数：310 千字
版　　次：2011 年 12 月第 1 版
印　　次：2011 年 12 月第 1 次
书　　号：ISBN 978 - 7 - 5090 - 0783 - 9
定　　价：38.00 元

前言

经商办企业，最重要的是靠人的支撑，没有人的支撑，公司就会垮掉。人力资源是公司最大的资源，员工的劳动是利润的源泉。尽管世界上有名的大公司经营的业务千差万别，但是其取得成功的秘诀，都是卓有成效的人力资源开发。

公司不论大小，当老板都不能事必躬亲，最重要的是会管理，善于安排和指挥员工完成经营事务，依靠他们的劳动来实现自己的意图。在这方面，你要学学刘邦。汉高祖刘邦不谙兵法，带兵打仗肯定是打一仗败一仗，但他任用大将韩信，韩信却是带兵"多多益善"，攻城掠地，为刘邦打了天下。商场也是如此，你只要当好刘邦这个角色，商战竞争之事就一并委托给"韩信"去干。所以，大商人说：指挥三军，不如指挥一人。用人管人是做老板的基本功，其中的门道很多，老板一定要认真琢磨。

许多小公司老板都喜欢单兵作战，不太善于向别人学习，不善于组建团队，这一点要改正才行。实际上，每个中小企业都在为了自己的发展不断学习和提高自己，可是，他们在学习什么呢？

大企业信奉"管理出效益"。我们的很多中小型公司老总和领导层，盲目崇拜"大公司管理模式"，所以在日常经营过程中，也是照搬大企业的"管理运作模式"。比如：让营销人员每天都在填写各种报表，参加各种培训考试，使得营销人员根本没有任何时间、精力、心情去从事真正的营销工作。再比如：让研发人员天天早晚开例会，随时参加各种探讨会或者交流会，沟通学习知识心得体会或者管理经验……诸如此类，皆是小公司"管理过头"的表现，实质上是自己害了自己。

作为公司老板，光有学习的意识和理念还远远不够，还必须清楚大企业的种种弊端和小企业的特有的优势，扬长避短，学以致用，以便有的放矢、对症下药。

实际上，小公司最应当向大公司学习的，是他们管人用人的种种讲究。一个由最优秀的人组成的集体，能够抵御任何艰难险阻，使业务蒸蒸日上；如果用人不当，把工作交给不负责任或能力不够的人去做，必然是成事不足，败事有余；在有了得力的人才以后，协调好公司的人际关系，创造出齐心协力的团队精神，又显得十分重要，一旦公司在人际关系上出现麻烦，同样会损耗公司的元气，牵扯老板的精力，整天忙于应付人事纷争，就不可能有时间和精力操持公司业务。

因此，小公司要想发展壮大，就要未雨绸缪，琢磨和借鉴大公司的"人学"——识人的慧眼、招才用才的绝招、笼络人心的技巧和调动员工热情和干劲儿的种种手段。

小公司管事，大公司管人。运用之妙，存乎一心。

目 录
CONTENTS

目录

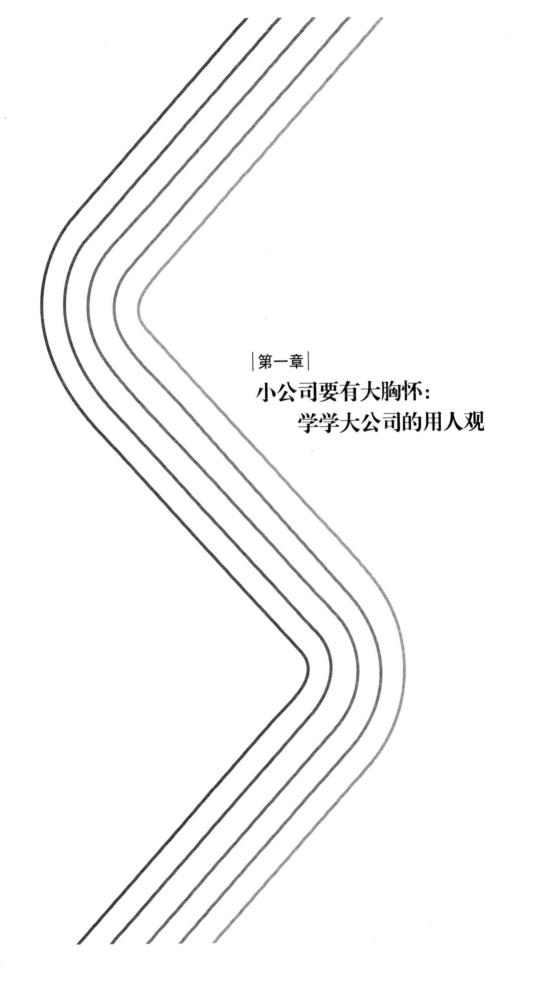

|第一章|

小公司要有大胸怀：
学学大公司的用人观

1. 广揽人才，共谋霸业

> 在洛克菲勒的帝国中，拥有当时美国最完美的人才机构。他们每个人都各具特色，都能独当一面。威廉和蔼可亲、沉着冷静，弗拉格勒骁勇善战，阿吉波特智勇双全，亨利·罗查斯目光独到，无往不胜……

美国商业名流中最有名的也许要算是约翰·D·洛克菲勒了，他把一种普通的炼油作业转变为全球最大的工业企业，而且在这一过程中，促进了巨大的石油工业的形成。由于洛克菲勒对美国经济社会发展的巨大贡献，1985年美国评选历史上对美国社会影响最大的10名企业家时，洛克菲勒名列第二。

洛克菲勒一生中树敌无数，他们之间存在着一种难以调解的矛盾——利益的冲突。但是聪明过人、目光远大的洛克菲勒却善于利用这种矛盾，不断地从敌对势力中，把最有生存力和竞争力的强者吸收到自己的阵营中来，为己所用。在洛克菲勒帝国的核心领导层中，可以看到不少这种先是敌人后成为优兵的强者。而且，这个阵容不断地随着美孚石油的扩张而扩大。

在这群最强的对手中，最具有传奇色彩的当数阿吉波特了。洛克菲勒为了控制石油行业，达到自己在这一领域彻底垄断的目的，成立了一家名为"南方开发公司"的控股公司，计划凭此公司来吸收并控制一些有影响的石油公司。南方开发公司甚至还与铁路大联盟签订了运费协议，使参加这个控股公司的石油企业的运费仅为其他公司的1/2。一旦这个石油联盟成立，各个没参加联盟的中小企业将面临破产的命运。

一个短小精悍的实业家就在这个时候出现了，他就是阿吉波特。当时年仅24岁，擅长演讲，是一位领导天才。他以800美元的投资投身于炼油业，经过苦心经营，月生产量达到了2.5万桶，但当时也濒临被南方开发公司收购的危机。

在众多小生产者茫然失措的时候，阿吉波特提出了对策——大封锁。他策划成立生产者同盟，并组成自卫武装，限制向洛克菲勒集团提供原油。同时，他还印刷了3万份传单，分别送给华盛顿联邦议员和州法院。一时间，舆论大哗，各界人士纷纷指责洛克菲勒心狠手辣，置竞争对手的生死于不顾。在重大压力之下，南方开发公司尚未成立就流产了，洛克菲勒经历了平生第一次大败，也遇到了平生第一位强敌。

从那时起，洛克菲勒开始逐步接触这个年轻人，同时也采取种种策略来分化、瓦解那些结成同盟的小石油生产者，以高价收购原油，打破了他们的封锁计划，瓦解了生产者同盟的防线，并成功地把阿吉波特也拉到了自己的阵营中来。

阿吉波特成立了一家新公司，叫艾克美，并以其曾领导生产者同盟的威望开始收购同类行业经营者的股票。他也开始逐渐地帮洛克菲勒说话，煽动解散生产者同盟，而众多的小生产者却不知，这家艾克美公司的股权就掌握在洛克菲勒手中。阿吉波特就这样帮助洛克菲勒一步一步完成了一统石油界的霸业。

阿吉波特还多次为洛克菲勒家族的垄断事业出谋划策，他曾建议停止输送麻京郡生产的原油。麻京郡是一个新油田，但较为偏僻，全都依靠美孚石油公司的油管输送原油。而一旦停止输送它生产的原油，就不得不关门大吉了。这样一来，麻京郡不得不放弃铺设新油管，而继续接受洛克菲勒集团的盘剥。

足智多谋的阿吉波特在洛克菲勒从兼并到行业垄断，一直到最后建立起庞大的托拉斯组织的进程中，都发挥了重大的作用，逐渐成为美孚石油公司管理层中的后起之秀，深得洛克菲勒的信任。洛克菲勒退休之后，力举阿吉波特作为第二任董事长，领导他庞大的帝国进一步拓展。

律师多德是当时最有才干的一位，他还是一名最早专门受一家公司委托的律师。正像多年前投身到洛克菲勒旗下的其他人一样，他也曾与洛克菲勒为敌。

在南方开发公司的方案推行期间，多德在多次公开会议上指责美孚公司是条"蟒蛇"，后来，他又代表产油地区对美孚公司进行诉讼，但洛克菲勒并没有因这段历史而错过这么一名能干的律师。当他的帝国规模膨胀到与美国的法律抵触时，他向多德伸出了求援之手。他希望多德能利用法律知识助他建造一个完美的经济帝国。

根据洛克菲勒的建议，多德于1882年炮制出托拉斯协定，美孚石油公司改组为美孚托拉斯，使洛克菲勒能以信托方式来掩盖明目张胆的垄断。美孚石油公司在改组之后，拉进了60多家公司，其中40家公司的所有权完全属于美孚托拉斯，另外 26 家多数权益也掌握在美孚手中。托拉斯体制成功地防止了外界对它进行调查和揭露，它不但使洛克菲勒精心勾画 10 年的垄断蓝图得以实现，而且也改变了资本主义社会的发展史，形成了美国历史上独特的托拉斯垄断时代。多德在其中确实功不可没。

同样的人物还有纽约州议员赫伯恩，他曾发动了一场对美孚公司的大规模调查。而正是因为在这次调查活动中，洛克菲勒注意到了赫伯恩所表现出来的才能，从而招揽其成为洛克菲勒的财产管理人。

正是由于洛克菲勒不断地把眼光投到敌对的阵营中去，他才得以广揽天下人才，共谋霸业。

在洛克菲勒的帝国中，拥有当时美国最完美的人才机构。他们每个人都各具特色，都能独当一面。威廉和蔼可亲、沉着冷静，弗拉格勒骁勇善战，阿吉波特智勇双全，亨利·罗查斯目光独到，无往不胜……

美孚集团的每一位得力干将都各负其责，但也脱离不了洛克菲勒的严密控制。他用分而治之的办法限制每个人的表演舞台，使他们强烈的唯我主义保持平衡。而且，洛克菲勒在经营活动中，逐渐向他们灌输"美孚精神"，培育了一代新型的、忠实不渝的企业管理人员。也正是有了这些高水平的管理人员，洛克菲勒王朝才能在它所开辟的各个领域迅猛发展。

洛克菲勒曾自己评价自己的班底："我的班子由两种人组成：一种是有才干的朋友，一种是有才干的敌人，敌人是过去的，而今天已经是朋友了。他们绝非是乌合之众、庸碌之辈，他们全能独当一面。我无需面面俱到，我要做的只是统管全局，确定战略，他们每个人都是天才。我想，这就是美孚公司获得成功的原因。"这同样也是洛克菲勒家族获得成功的原因。

2. 为企业找到最合适的人选

企业的管理者只有像教练一样，找到最适合自己公司的人，才能使公司取得好的业绩，这是企业的成功之本。

NBA 是美国最令人激动的体育运动。2004 年，这项美国人最为狂热的运动却上演了一幕好戏。一群由名不见经传的无名小子组成的活塞队，竟然掀翻了大名鼎鼎的"紫金王朝"——由赫赫有名的奥尼尔、科比、马龙等超级巨星组成的夺冠大热门湖人队，最终夺取了NBA的总冠军。

活塞队夺冠的原因之一，就在于活塞队的每一位队员虽然在NBA算不上最好的队员，但都非常适合自己的位置，这样就组成了一个强大的集体。球队是一个团体，只有每一个人在自己的位置上很好地完成自己的任务，才能取得最后的胜利。

团队的成功，需要每个位置上都有最适合的人。而所有的这一切，和教练的作用是分不开的。教练最重要的任务就是要使整支球队分工明确，秩序井然，这样才能够有强大的力量。而找到合适的人选来完成每一项任务，这就是教练的首要职责。

一个企业也是如此。人的能力、性格各异，对不同的工作适应能力也不同。这就需要管理者能够根据自己的标准，找到适合自己团体的队员，从而有效地提高组织的执行能力。能选到最有用的人才，是一名管理者最首要的职责。

汽车大王亨利·福特的成功，与他善于寻找最适合的人才是分不开的。亨利·福特十分注意招揽人才，并善于根据人才的特点，为他们提供充分发挥其才能的机会。

在福特汽车公司起步阶段，一大批优秀的人才发挥了至关重要的作用。推动福特汽车公司登上事业巅峰的T型车是在威利斯和哈夫的帮助下设计完成的，广告设计师佩尔蒂埃的天才创意进一步促进了T型汽车的市场销售。福特汽车公司为人们津津乐道的世界一流的汽车流水装配线，是在索伦森、马丁和努森的努力下建成的，他们还改革了福特汽车公司陈旧的装配技术和工序，提高了生产效率，进一步降低了成本。

在零配件设计方面，埃姆及他领导的设计团队发挥了重要作用。埃姆不仅技艺精湛，而且善于进行管理，在他的身边聚集了许多精兵强将：摩根那号称公司的"千里眼"，他是一名采购员。他有一种鉴赏机器设备的超常能力，只要到竞争对手的供应场上看一下，就可以弄懂新设备的制作工艺，然后回来向埃姆详细描述每一个细节，用不了多久，仿制或加以改进的新机器便在福特汽车厂里出现了。芬德雷特是一名优秀的"侦察兵"，他经常跑到公司以外的部件供应厂，估算对方的生产成本。一旦判断出哪种产品要价会高，他就会建议福特厂马上中断同那家部件供应厂的订货，再根据自己的描述自行生产制造这一设备。"检验员"韦德罗是一位精明强干的机器设备检验专家，他的职责是向埃姆汇报自动机床试车情况。

拥有这些得力助手的埃姆，为福特汽车公司做出了很大的贡献。埃姆发明的新式自动专用机床，其中的自动多维钢钻，可以从四个方向加工，只需几分钟就可以在汽缸缸体上钻出 45 个孔。当时世界上任何机床公司都未能提供这样出色的设备。埃姆被公认为是在汽车工业革命方面贡献最大的人。

在寻求企业经营管理方面优秀人才上，亨利·福特也不松懈，库兹恩斯就是一个代表。库兹恩斯聪明能干，善于交际，处事果断，对汽车业的经营有着丰富的经验，而且精力充沛，工作热忱，雄心勃勃。由于在原来的公司未受到重用，所以加盟福特。亨利·福特用其所长，视为臂膀，委以重任。在库兹恩斯的帮助下，福特汽车公司很快就在各地建立了经销点，形成了完善的行销网络。

在这些人才的帮助下，福特汽车公司面貌一新。到 1913 年，几乎全美国每千人以上的小镇都至少有一家福特汽车的代销点。产品的销售情况也非常喜人，虽然 1913 年福特汽车制造厂每三分钟就可以生产一辆汽车，但仍然有十几万辆的订货单无法供货。福特汽车公司的生产效率也不断提升，到 1920 年 2 月 7 日，福特公司所属汽车厂创造了每分钟生产一辆汽车的纪录，而没用太长时间这一纪录就被它自己所打破，1925 年 10 月 30 日，福特汽车公司生产一辆汽车仅需 10 秒钟。完善的营销网络、高超的经营措施以及高效率的生产效率使福特汽车公司达到了登峰造极的地步，同行对它的业绩望尘莫及。在众多人才的帮助下，亨利·福特也由一名普通技工迅速变成了亿万富翁。

企业的管理者只有像教练一样，找到最适合自己公司的人，才能使公司取得好的业绩，这是企业的成功之本。

3. 让员工享受创新的乐趣

年轻人在微软工作会觉得有足够的挑战性、吸引力和使命感，并把能在这里工作当做是自己事业成功的机会。

在科技发展越来越快的今天，只有那些富有创造力的企业才能生存下去。而为自己的员工创造一个良好的工作环境，又是吸引人才最为重要的一环。

美国的管理者对这一点有非常清醒的认识：为员工提供的工作氛围越好，越能满足员工对工作环境的要求，使他们感到工作愉快，他们就越能够激发创造的灵感。

所以美国的企业努力营造良好的工作氛围，他们给予员工最自由的环境，让他们充分发挥自己的智慧，以此来吸引那些对环境要求苛刻的科研人才。他们为员工营造的工作环境，在外人眼里甚至有点不可思议。

比尔·盖茨的思想也许最能代表美国管理的思想。比尔·盖茨有句名言："只有创造者才能享受办公的乐趣。"盖茨关于办公室的设计，有他自己的想法。而这个想法正好可以表达他对微软企业文化的主题把握。微软提倡平等竞争、自由工作的精神，因而，在办公室的设计方面，盖茨认为，办公室和人的等级无关，而只和人的智慧有关。

微软从事的是高科技的开发，员工所要做的是独立的脑力劳动。对于这样的工作，一种能够激发灵感、充分挖掘智慧潜能、迅速将知识转化为生产力的宽松环境和融洽的人际关系是至关重要的，因为只有这样才能使员工始终保持愉快的心情，充分施展自己的能力，如果不能做到这一点，将极大地影响员工创新能力的发挥。

微软公司的每一位员工都有自己的办公室。这些办公房间相互隔开，面积大小相差不多，即使比尔·盖茨自己的办公室也比别人的大不了多少。员工在自己的办公室里享有绝对的自主权，可以自由装饰和布置，可以听音乐、调整灯光，可以在墙壁上随意贴自己喜欢的海报，或在桌上摆放自己喜欢的东西。办公室是每个人的私密空间，任何人都不会来干涉他所做的一切。每个办公室都有可随手关闭的门，公司充分尊重每个人的隐私权，员工不会感到时刻受别人监督，充分享受创造的自由。

微软总部与其说是公司，不如说是一座大学。30多座建筑都建得比较低，到处都洋溢着一种学术的氛围。公司的年轻员工骑着单车上班，可以一直骑到走廊里。在微软公司各办公楼门前都有停车场，这些停车场是没有等级划分的，不管是总裁还是一般员工，谁先来谁就先选择地方停车，只有次序的先后，没有职位的高低。员工可以任意穿着他们认为最舒适的服装上班，短裤或汗衫都可以，有些人甚至光脚，就像在家里一样。公司的资料室向所有的员工开放，员工可以随意去拿他们所需的文具等办公用品，不必填表登记，更不必向什么人申请。微软公司的办公大楼地面上铺着地毯，房顶的灯散发着柔和的光，在楼道内到处可见用于办公的高脚凳，其目的在于方便员工可以不拘形式地在任何地点进行办公，以便能够及时抓住突然迸发的灵感。

在微软的办公大楼内看不到一座钟表，这是考虑到软件开发行业的特点而设计的。因为员工进入工作状态后，任何干扰都会打断或破坏开发思路，不利于产品的研究开发。虽然不设时钟，但每个员工都可以根据自己工作的进展情况决定上下班时间和是否加班。微软公司总部所在的西雅图，阴天多晴天少，只要一出太阳，即使上班时，员工也可以自由自在地到风和日丽的楼外散心，可以在楼前的草地上坐着或躺着晒太阳，也可以弹吉他、吹口琴、听录音，还可以在各种球场上打球。公司还提供免费饮料，包括汽水、咖啡、果汁、牛奶和矿泉水。每周星期五的晚上举行狂欢舞会是微软公司的传统，通过这项活动，可以缓解员工的压力和苦闷，消除一周工作的疲劳，并增强企业的凝聚力和向心力，达到相互沟通、增进理解和友谊的目的。

微软公司管理的一个独到之处是充分授权，赋予每个员工以最大的发展机会，发挥他们最大的作用和潜能。高层管理者根据对科技趋势、社会经济态势的演变、公司未来的发展方向和员工定下奋斗方向。每一个产品项目下，都有一个产品经理，负责制定和完成该项目的产品定位和推广计划等一系列工作。研究项目的细节、方法都由研究员自己决定。年轻人在微软工作会觉得有足够的挑战性、吸引力和使命感，并把能在这里工作当做是自己事业成功的机会。

在这样"能够充分享受创新乐趣"的环境里，微软的员工充分发挥了自己的创新能力，他们不断地设计出领先于其他公司的产品，保证了公司地位的稳定。

良好的环境不仅能够让员工获得舒适的工作环境，能够愉快地工作，更重要的是，可以让员工从心底里感受到公司对自己的关怀，能够充分发挥自己的聪明才智，专心致力于创新，从而保证企业竞争地位的提高。

4. 不拘一格，任人唯贤

> 对优秀的员工不拘一格、任人唯贤、大胆启用，使其在管理工作中
> 得到锻炼和培养。这是爱立信的人力资源管理原则，也是爱立信的成功
> 之道。

在爱立信的所有工作中，先进的技术为爱立信企业优质的产品提供了可靠的保证，确保一流的品质是各项策略的基础。无论是其移动通信系统、移动电话及用户终端或者信息通信系统，爱立信企业的产品都在引领世界电信业的发展潮流。

爱立信有一百多年的历史，是世界知名的大企业，它在电信及相关设备供应方面均处于世界领先地位，拥有10万多名员工，在130多个国家为客户解决电信需求问题，其AXE系统的销售也在全世界居于领先地位。可以说，如果没有合理完善的用人策略，就没有爱立信的现在与未来。

爱立信取得这样的成功，归功于它"职业精神，相互尊重"的用人哲学。爱立信强调，人力资源根源于企业经营的需要，它必须服务于企业的业务经营。因此，人力资源规划战略的根本目的就是要让客户满意的同时，也要让员工满意。人力资源规划战略的重要性是众所周知的，它能使企业管理人员以一种前瞻性的战略眼光确定和阐明"与人有关的企业问题"。管理者的根本任务是有效实现部门绩效，因而对下属绩效进行评价与管理就成了其当然且重大的责任。管理人员要解决人力资源对其企业的发展问题，需要对内外环境变化以及企业自身优、劣势变化所带来的机遇与挑战作出评估。

"业务管理者+运营管理者+能力开发者=爱立信的管理者"，这是爱立信的管理理念。他们认为，作为爱立信的管理者，首先要关注并倾力于业务工作，并为此积极投入到从规划、执行、回顾到改进的管理循环之中，不断开发下属及本人的能力。另一方面，着力培育和塑造良好的团队气氛，以提高组织的有效性。

爱立信有三项基本精神。在任一时刻、任一事件中，爱立信都永远坚持

这三种精神和价值观。这三项基本精神就是：专业进取、尊爱至诚、锲而不舍。

一家成功的企业通常规划出远景，然后确立宗旨或使命，再确定达到远景或履行使命的"方式"。这里的方式是有价值判断和取向的，应该让全体员工认同。认同的过程是一个不断宣讲、交流和理解的过程，所有的管理部门及管理干部都是义务讲师。这种价值观实质上是企业理念的核心。

薪酬是吸引、保留和激励员工的重要手段，是影响企业经营成功的重要因素。在人力资源规划战略上，爱立信设计了"转换成本"的薪酬制度，即当员工试图离开企业时，会因"转换成本"高而放弃。这就需要在制定薪酬政策时充分考虑短期、中期、长期报酬的关系，并为特殊人才设计特殊的"薪酬方案"。

爱立信认为，个人的素质（个性、信仰、价值观等）基本上与生俱来，很难通过培训而获得，而能力则是可以经后天培训而不断提高的。技能、人际能力和经营能力分别细化为能力要素，形成爱立信的能力要素库，不同的部门、职位所需的能力要素集合是不同的，而且随时间的变化要素也有所调整，而影响薪酬水平的因素有三个：职位、员工和环境。因此，爱立信把薪酬政策放到比较重要的位置，其薪酬结构包括薪资和福利两部分，薪资又分为固定和不固定两个方面。这种薪酬政策的目的是提供在本地具有竞争力（而不是领先）的报酬，激励员工更好地工作并获得满足。

爱立信对年度优秀员工或工作满 5 年以上的员工，分别制定了奖励计划。奖励标准包括：团队合作、态度积极、客户至上、创新以及持续的出色表现。爱立信人力资源组织采用的是网络结构。爱立信将能力定义为获得、运用、开发和分享知识、技能和经验。于是企业总部在制定长期、中期经营规划时，提出适应变革和创新的能力要求，作为全球爱立信机构能力要素的指南。

人力资源规划战略部门通过研讨管理战略重点来确定本企业、部门及职位类型所需的主要能力要素，并建立各类人员的能力模型。能力要素的管理虽然是一个独立的系统，但与绩效管理的联系却非常突出。它们相互影响和制约，能力管理有助于员工实现职业发展规划，绩效管理则有助于员工改进和提高绩效，从而有助于企业经营业绩的提升。

爱立信的人事部门每年要组织两次下属负责人共同聚会探讨，研究涉及全企业的各种政策，为企业的发展制定战略规划。另一方面，人事部门通过职位分析制定规范的职位说明书，明确任职员工的责任，确定员工的工作目标或任务；通过职位评估判断职位的相对价值，建立企业薪酬福利结构及政策，使员工产生较清晰的期望。

5. 石油大亨的用人观

保罗·盖蒂在其经营生涯中，在用人方面总结出四种类型的评价和对策。他把员工分为四个类型。

企业之间的竞争，本质上是人才竞争。选才任贤是管理者最重要的本事之一，是衡量管理者管理水平、能力高低的重要标准之一。

保罗·盖蒂的发迹过程中，非常注重发挥人才的关键作用。有一次，他以高薪聘请一位叫乔治·米勒的人勘测洛杉矶郊外的一些油田。这位米勒先生是美国著名的优秀管理人才，对石油行业很内行，而且勤奋、诚实，在企业管理方面很有一套。所以保罗·盖蒂以十分优厚的待遇把他聘请进来。

为了考验米勒的真正本领，在米勒到岗后一个星期，保罗·盖蒂到洛杉矶郊外油田去视察，结果他发现那里的面貌并没有多大好转，浪费现象及管理不善现象仍然存在，如员工和机器有闲置现象，工作进度慢等。另外，他还了解到米勒下工地时间很少，整天待在办公室。因此，该油田的费用高居不下，而企业的利润上不去。针对这些状况，盖蒂对米勒提出了明确的改进要求。

过了一个月，盖蒂事先没打一声招呼，又到那里去检查，结果发现改进还是不大，因此有点生气，很想把米勒训斥一顿。但他思考后冷静下来，他相信米勒是有才干的，但为什么他到位后关键的作用没有发挥出来呢？盖蒂决定和他谈谈。

盖蒂在米勒办公室坐下，虽然他没有板起脸孔说话，但言语间透出严厉，他说："我每次来这里时间不长，但总发现这里有许多地方可以减少浪费，提高产量和增加利润，而您整天在这里竟没有发现这些问题。"

米勒并不隐藏他自己的看法，说："盖蒂先生，因为那是您的油田。油田上的一切都跟您有切身的关系，所以您眼光锐利，能看出一切问题。"

米勒的回答使盖蒂大为震动，他一连几天都在琢磨着米勒这番话。他想，人的行为动机、动力和利益是密切相关的，利益连接着动机。动机和利益一致了就会产生动力。据此，盖蒂决定在用人上做一项大胆的尝试。他再次找米勒商谈，并直截了当地说："我打算把这片油田交给您，从今天起我不付给您薪水，而付给您油田利润的百分比；这正如您所说的，油田越有效率，利润当然越高，那么您的收入也越多。您认为这个做法如何？"

米勒欣然同意了这一做法。因为他觉得盖蒂这一做法确实能调动属下积极性，对自己虽然是个压力和挑战，但亦是一个展示自己才干和谋求发展的机会。从那以后，洛杉矶郊外油田的面貌一天天地改观。由于油田的盈亏与米勒的收入有切身的关系，他对这里的一切运作都精打细算，对员工严加管理。他遣散了多余的人员，将闲置的机械工具发挥最大的效用，对整个油田的作业进行一环扣一环地安排和调整，减少了人力和物力的浪费。他改变了过去那种长期坐在办公室看报表的管理办法，几乎每天走到工地检查和督促工作。

两个月后，盖蒂又进行了一次突袭视察，这回他满意极了，再也找不着有浪费的现象，油田的产量和利润都大幅度增长。这次尝试，双方都获得不菲的收益，米勒从中得到潜能的发挥和收入的增加，而盖蒂的收入更是呈几何级数的增大，并因此探索出一条用人之道。

保罗·盖蒂在其经营生涯中，在用人方面总结出四种类型的评价和对策。他把员工分为四个类型：

第一类，不愿受雇于人，而甘愿冒风险创业，自己当老板，因此他们在当雇员时，表现很出色，为日后自我发展积蓄力量。

第二类，虽然他们充满了创意和干劲，但不愿自己创业当老板，他们更愿意为别人工作，宁愿从自己出色的表现中，分享所创造的利润。一流的推销员与企业的高级干部均属这类人。

第三类，不喜欢冒风险，对老板忠心无二，认真可靠，满足于薪水生活。他们在安稳的收入之下，表现良好，但缺乏前二类人的冒险、进取与独立工作的精神。

第四类，他们对公司的盈亏漠不关心，只是抱着当一天和尚撞一天钟的心态，凡事能凑合得过去就行了，因为他们关心的只有一件事，那就是按时领到薪水。

保罗·盖蒂认为第一类员工的才干是突出的，能用其所长避其所短，可以为企业发挥重大作用。怎么用其所长呢？可运用对待乔治·米勒那样的办法，充分发挥其才干同时又满足其个人利润欲望，而企业从中达到发展目标。如何避其所短呢？要么不再聘用他，让其自我发展；要么有制约地使用他，即让他在有施展个人愿望的岗位独立工作，让他在独立工作的同时，为实现企业的目标而出力。

对于第二类员工，保罗·盖蒂认为他们是企业的中流砥柱，应当用各种办法激励他们努力为本企业效劳，让他们建立牢固的企业归属感。

保罗·盖蒂对待第三类员工也十分珍惜爱护，提拔他们在各级部门当副手，使之生活待遇逐步得到提高，设法稳住这支基本队伍。

对于第四类员工，保罗·盖蒂则要求各级管理人员对他们严加管理，促使他们端正态度，为企业发展多出力。有一次，盖蒂听到某家下属企业的汇报情况，知道该公司很有发展潜力，但营运状况很差，亏损严重。盖蒂经了解后找出症结所在，就是这家公司的三位高级干部无成本与利润的观念，他们完全属于这第四类人物。

6. 让有能力的人经营

思科公司再一次面临严峻的抉择：断然摆脱业已相形见绌的陈旧的经营理念，择取更富竞争实力的管理层与经营理念，一句话，思科公司必须避开现实的障碍，从现状的羁绊中走出来。

思科公司坐落在美国的加利福尼亚州。加州拥有令全球瞩目的"硅谷"，即旧金山湾南缘的圣何塞市——一个信息高新技术产业的"冲浪"胜地。这里不时出现抢眼的信息经济乃至知识经济的明星，比如惠普公司、英特尔公司等等，思科公司也是在这个搏击信息高新技术的风口浪尖上脱颖而出的。

说来令人难以置信，思科系统公司的创始人并非商业精英或经营奇才，只是一对长期从事教学、科研工作的教授夫妻。丈夫叫莱恩·博赛克，妻子叫桑迪·勒尔纳，他俩在斯坦福大学研制开发了电脑的"路由器"与"交换机"，二者的神奇功效被信息产业誉为"在因特网上淘金必不可少的

'镐'与'铲'"。

莱恩与桑迪依靠自己的科研成果,一举将斯坦福大学各院系的电脑网络连成一体,并且使之搭上美国信息主干道的因特网,由此在美国电脑网络界声名鹊起。孰料这对"夫妻档"继而勃发闯荡商海的雄心,于1984年12月创办了思科公司,苦心经营三年之后,思科公司有了长足发展,购置了全新的总部大楼,公司员工增至10人。

20世纪80年代中后期,美国的电脑网络技术空前发展,市场竞争日趋激烈,思科公司要想百尺竿头更进一步,必须作出正确的抉择。莱恩与桑迪清醒地意识到:思科系统公司虽属高新技术产业,但经营模式未脱传统的家族样式,这将阻碍思科迈向现代高科技企业的行列,要变革管理模式,就得聘用训练有素的经营专家来主持公司的方针大计。有道是识时务者为俊杰,擅长于科技产品研制开发的教授夫妻明智地作出决定,把老板位置让给经营管理的行家里手。1988年末,以约翰·莫哥里奇为首的专家型管理班子接管思科公司,莱恩与桑迪从经营管理的第一线上退下来。

1990年2月20日,已经在现代高科技企业队列的行进中日益强壮的思科公司,突然爆出令电脑网络业主们瞠目结舌的新闻,老板莱恩与桑迪毅然决定思科司在美国发行股票,以2亿美元的价钱,一下子把旭日东升的思科系统公司卖给了广大股民,夫妻教授随即专心致志、无牵无挂地翱翔于科研领域。

莱恩·博赛克与桑迪·勒尔纳此举确实是一个明智的选择。因为,此举使思科既获得了融资之利,又抓住了加速发展的机遇。思科的年销售额在仅仅4年中就由0.7亿美元猛升为13.34亿美元,净利润更是陡增200多倍,高达3.23亿美元。思科公司步入1994年之后,已是美国电脑网络企业中一个筋骨强健的大户了。然而信息技术行业的本质特征是所属企业必须加速发展,产品开发稍有滞后就可能招致全盘皆输的灭顶之灾,当年为思科立下汗马功劳的莫哥里奇,面对新的发展态势显得力不从心了。这使得思科公司再一次面临严峻的抉择:断然摆脱业已相形见绌的陈旧的经营理念,择取更富竞争实力的管理层与经营理念,一句话,思科公司必须避开现实的障碍,从现状的羁绊中走出来。

思科公司理智地选择约翰·钱伯斯为总裁兼首席执行官。他们理解并欣赏钱伯斯"以加速发展求倍增效应"的经营概念。钱伯斯上任伊始,竭力在公司内部推行奇特的"狗年"计时法,狗的平均寿命为10年,相当于人的平均寿命的1/7。所谓狗年计时法,即以只争朝夕的精神,用一年的努力获取七年的效应，换句话说就是"把一年当做七年用"。

钱伯斯懂得，精明的营销策略有时比技术发展更为重要，尽管思科的"路由器"眼下连接全世界因特网的85%，全球500家大企业，83%是思科"路由器"的用户，思科的交换机占有全球电脑关键网络产品市场份额的首位。然而，钱伯斯认为在骄人业绩面前不能故步自封。

他几经思索，制定了一项"双赢"行销策略，即把思科产品向电脑网络器件的上游与下游伸延。向上，力争成为一家使用户满意的、尽可能提供全套网络技术的供应商，凭借网上数据、语言、视频整合技术的领先，进而成为独家推出全方位解决电子商务方案的高新技术企业；向下，注重与信息产业界的强手合作，强化与阿尔卡特、惠普、微软、英特尔等优势企业的联手营销，尤其要与英特尔、微软结成全球战略联盟，在全面合作中共同成长为勾勒数字革命未来进程的世界信息技术的"三巨头"，不管是向上游还是向下游伸延，都要与合作者一同盈利得益，实现双赢。

思科走出陈旧的决策成功了，钱伯斯的全新营销概念实现了。1997年财政年度，思科公司的年销售额为64.4亿美元，年净利润增至10.5亿美元，终于荣登全世界500家最大企业的排行榜。虽名列332位，但员工只1万人，是该排行榜中发展最快、盈利最多的企业之一。从"夫妻档"的思科呱呱坠地，到被世界权威杂志《幸福》指为"领导全球信息技术'三巨头'"，对此美国传媒评说道："整整用了14年，这一业绩是正常优秀企业需花100年才能实现的，思科确实兑现了一年当做七年用的'狗年'计时法。"

7. 把各种人才组合起来

合作是所有组合式努力的开始。一群人为了达成某一特定目标，而把他们联合在一起。拿破仑·希尔把这种合作称之为"团结努力"。

"团结努力"的过程中最重要的三项因素是：专心、合作、协调。

如果一家法律事务所只拥有一种类型的人才，那么，它的发展将受到很大限制，即使它拥有十几名能力高强的人才，也是一样。错综复杂的法律制度，需要各种不同的才能，这不是单独一个人所能提供的。

因此，只是把人组织起来，并不足以保证一定能获得企业的成功。一个良好的组织所包含的人才中，每一个人都要能够提供这个团体其他成员所未拥有的才能。

在所有的商业范围内，至少需要以下三种人才，那就是采购员、销售员以及熟悉财务的人员。当这三种人互相协调，并进行合作之后，他们将通过合作的方式，而使他们具有个人所无法拥有的力量。

许多企业之所以失败，主要是因为这些企业拥有的是清一色的销售人才，或是财务人才，或是采购人才。就天性来说，能力最强的销售人员都是乐观、热情的，而一般来说，最有能力的财务人员则理智、深思熟虑而且保守。这两种人是任何成功企业都不可缺少的。但这两种人若不能彼此互相发挥影响力，对任何企业都不会发挥太大的作用。

即使你是"天才"，凭借自己的想象力，也许可以获得一定的财富。但如果你懂得让自己的想象力与他人的想象力结合，就定然会产生更大的成就。我们每个人的心志"都是一个独立的"能量体，而我们的潜意识则是一种磁体，当你去行动时，你的磁力就产生了，并将财富吸引过来。但如果你一个人的心灵力量与更多"磁力"相同的人结合在一起，就可以形成一个强大的"磁力场"，而这个磁力场的创造力量将会是无与伦比的。

在生活中，大家也许会有这样的体会：假如你有一个苹果，我也有一个苹果，两人交换的结果每人仍然只有一个苹果。但是，假如你有一个设想，我有一个设想，两人交换的结果就可能是各得两个设想了。同理，当独自研究一个问题时，可能思考 10 次，而这 10 次思考几乎都是沿着同一思维模式进行。如果拿到集体中去研究，从他人的发言中，也许一次就完成了自己一人需要 10 次才能完成的思考，并且他人的想法还会使自己产生新的联想。

一加一大于二是个富有哲理的不等式，它表明集体的力量并不是单个人力量的累加之和。

这种集思广益的思维方法在当代社会已被普遍应用，它能填补个人头脑中的知识空隙，通过互相激励、互相诱发产生连锁反应，扩大和增多创造性设想。一些欧美财团采用群体思考法提出的方案数量，比单人提出的方案多 70%。

可见，一个好的创意的产生与实施，创业者光靠自身的力量和努力是不够的，必须集思广益，必须在自己周围聚拢起一批专家，让他们各显其能、各尽其才，充分发挥他们的创造性作用。

如果没有其他人的协助与合作，任何人都无法取得持久性的成就。当两个或两个以上的人联合起来，并把这种关系建立在和谐与谅解的基础上，这联盟中的每一个人的能力将因此而倍增。

这项原则表现得最为明显的，应该是在老板与雇员之间保持完美团队精神的工商企业。在你发现有这种团队精神的地方，你将会发现双方面都友善，企业自然繁荣。

因为缺乏合作精神而失败的工商企业，比因为其他综合原因而失败的更多。各式各样的工商企业因为冲突及缺乏合作原则而失败甚至毁灭。在研究中不难发现缺乏合作精神一直是各时代人类的一大灾祸。为了更好地创业，使之走向成功和辉煌，良好有机的合作不可或缺。

8. 任用贤能，不要怕自己被超越

有些经理人担心下属超过自己，不仅不培养、不举荐，甚至千方百计地采取压制贬损迫害等卑劣手段，这样的经理人在害了别人的同时也害了自己。

美国钢铁大王卡内基的墓碑上刻着一行字："一个知道选用比自己更强的人来为他工作的人安息于此。"一语道破了职业经理人应有的管理品质。工作中下属是能人的现象随处可见，否则就会像九斤老太说的那样"一代不如一代"。然而每个经理对待能力高强的下属的态度却千差万别，正是由于这不同的态度和做法，不仅影响着能干的下属的命运，同样也影响着自身利益。那么，作为一个职业经理人，应如何对待能人下属呢？

首先，以欣赏的心态来看待有能力的人。心态好是指心态要平和积极，不要有嫉妒心理，如果有嫉妒心理，就会有许多变形的行为和语言产生，这大大影响到经理人自身的形象和声誉。积极的心态是指以欣赏的心态来看待下属，这样不仅下属会有自豪感和荣耀感，而且也会积极地把能力都发挥出来，而经理人自身也会受到有才干的人和有才干的人以外的人尊重、信赖和佩服，大家会团结起来，进行开创性的工作，于是工作效率会大大提高。因此说，下属是能人是值得高兴的事情，有能人要比没有能人要好得多，因为能人可以来做好多工作，而且可以做一般人做不了的工作，解决一般人解决不了的问题。

其次，对待有能力的下属要把握三点：一用、二管、三养。

第一是要用。给能人挑战性的工作，千方百计地调动能人的积极性，让他们出色地完成工作，让他们的能力得到发挥，让他们的才华得到施展，给他们以舞台满足感，只有这样才能留住他们，不然，离去只是迟早的事情。

第二是要管。能人毛病多，恃才傲物，有时甚至爱自作主张，因此，必须管，要有制度约束，要多与之进行思想沟通交流，力争达成共识和共鸣。目的在于让他们与你相互了解，防止因相互不了解，而产生误会和用人不当，出现麻烦和损失。

第三是要养。能人往往招致组织中其他人的嫉妒，而且他们往往把持不住自己的表现欲，甚至不分场合地张扬其才华，这就更容易引起别人的反感，因此他们很容易成为组织成员中的众矢之的。如果经理人一味地偏爱有才能的人，经理人自己也可能受到攻击和损伤，而如果经理人顺应组织中的其他成员的心理需求，对已成为众矢之的能人给予打击排斥，能人就很可能离开组织或转而对组织造成损害。

妥善的解决办法就是经理人要采用"养"的办法。如果能人是鱼，组织就是水，而这个组织就是由组织中的每一位成员组成，也包括能人自己。因此除了要引导能人少说多做、做出成绩外，还要善意地有艺术性地帮他改掉毛病，同时也要教导组织成员解放思想更新观念，见贤思齐，使组织形成团结合作积极进取的健康氛围，这样一来再引导他们和组织成员融合在一起。其实只要组织健康良好，自然就能养住能人，而且还会培育出更多的能人和吸引组织外的能人进来，使组织成为一个聚贤的宝地。

接着自然是荐举能人。有机会要力荐有能力的人上，不要担心他们和自己平起平坐或超过自己。有能力的人上，对经理人自身来说是利大于弊，在一定程度上讲是有利而无害，而且对组织来说还可以培养更多的能人，大家看到有才华的人能得到提拔，会争先恐后提升自己的能力，从而提高整个组织的战斗力；反之如果经理人故意压制能人，甚至让庸人或小人上，就更加危险，不仅会打击他们的积极性，使能人对组织彻底失望，而且组织中的其他成员也会有看法，严重者会造成整个组织的分崩离析。

养的另一个含义是培养人才，为自己升迁做准备。组织中如果人才少或没有人才，经理的任务就是要千方百计地培养人才，造就更多的人才，为自己的调岗和升迁做准备，也就是说让人才下属催着自己升迁。如果自己没有培养出能人或没有能人接班的话，关键的时候就会使自己的升迁多了一道障碍，试想，如果没有人才来接替你的工作，你能调走和升迁吗？另外，只有培养出能人才说明你是能人，你是比能人更有能力的人，你能担任更重要的角色。如果连个人才都培养不出来，那说明你自己只是小角色，只是一个只会干活的人，你也不可能被更高级别的组织和经理人看中，升迁到更高的职位上，或担任更重要的角色，胜任更重要的工作。因为所有的工作都是由人来做的，你不会做人的工作，只会做事，但一个人又能够做多少事情呢？自己组织输出的人才多，有很多人才到组织以外的系统任职，对你自身和组织来说都是一笔很好的资源，能为自身和组织的生存发展创造一种良好的宽松环境。

有些经理人担心下属超过自己，不仅不培养、不举荐，甚至千方百计地采取压制贬损迫害等卑劣手段，这样的经理人在害了别人的同时也害了自己。这是经理人的大忌，长此以往必将被企业淘汰出局。

9. 给企业永远的生命

培育人才就是把自己的生命种在企业中，这是一件最重要、最有意义的事情。

每年都有新人进入企业界，在各种工作岗位上从事各类任务，然后，又退休离开企业界。虽然这些人离开了，他们所在的公司仍然会留下来，在社会中继续燃烧着公司生命的火花。

在长久的岁月中继续存在的公司，本身的内容和结构，都会改变。自己当时花费心血所做的事情，早晚都会成为毫无重要可言的事情。而且，很可能连我们一生在公司所从事的工作，都变得毫无意义。

但是，我们能把一件事永远留在公司里——那就是培育后辈，把他留在公司里。

有一种想法认为人、物、金钱等，是经营的基本条件。这种想法我认为有问题。因为它把人视成和物质、金钱同样的东西，都当做是一种经营的手段而已。事实上，经营是因为人而存在的，如果这个人的能力高，就能自由地创造物质和金钱。

现在的经营需要研究开发力，开发市场的能力、生产品质继续进步的能力等各种广泛的能力，以及综合这些能力的力量。而这些能力都是人创造出来的。

虽然我们人已经离开在那里工作了一辈子的公司，也应该要有能留下来的东西，以便用它来证明自己的努力。这是人之常情。如果长年的企业生活中，只是为了生活费用、抚养妻儿的话，可以说是非常寂寞的事情。

而培育人才，就是要把自己永久的生命留在企业里面。想一想：我们共同培育下一代，而下一代重复做我们的工作；这样，自己所用于培育的努力，就会长久地被流传下去。

事实上，培育人才就是把自己的生命种在企业中，这是一件最重要、最有意义的事情。

在年轻的时候，可能不太能感受到这种感觉，但是到了某个年龄段之后，就特别会产生这种感觉。当大家认为无药可救的人完成标准工作的时候，或是确认出对方想法或行动有改善的时候，以及当自己所培育的人完成了能使企业发展、进步的大事情时，自己所产生的喜悦是任何别的喜悦都无法取代的。

培育人才，就表示要做长期性的踏实努力，而且这件事的成果不一定经常能获得别人好的评估。不过，别人的评估并不是问题，重点在于自己究竟给公司留下什么东西。

依照自己的信念，不论别人欣不欣赏，都把这个信念留在公司里，可能就是培育人才的本质。

10. 如何培养员工的创造力

创造力对于一个企业来说已不再是一种发展的必需，而已演化成为生存的必需。在这个追求个性发展的信息时代，没有创造力的员工无异于"高价电脑"，所以为什么还不用真正的电脑顶替他的位置呢？

在红茶的故乡英国，一说"茶"人们习惯上指的是"牛奶红茶"。他们不是不喜欢柠檬红茶，只是因为先前一直没有"柠檬红茶"这种东西。

战后不久，美国加利福尼亚州经营水果的大企业森基斯特公司陷入困境，最主要的产品柠檬的销售量已经达到了极限。公司此时面临着严峻的破产危机。大家绞尽脑汁，最后想出一招："往红茶里加柠檬"，开发一种新产品，这样的饮茶方法立即风靡市场。于是，由于害怕"赚不到钱濒临破产"的公司在走投无路的情况下的孤注一掷，给我们的生活增添了丰富的内容和亮丽的色彩。

日本人夏季伏天吃鳗鱼补身体的方法已成为一种习俗，而实际上，这是江户时代鳗鱼铺的主管发明的一种促销法。现在大城市里的俊男靓女年年必过的"情人节"最早就是由巧克力厂商在"滞销的二月"带给中国人的洋节日。

这些故事的主人公——厂商们几乎全部都是在面临倒闭的尴尬境地中绝处逢生，甚至峰回路转又开辟了一片新的天地。而他们成功的原因无一例外的是仰仗于新思想新观念的产生，仰仗于他们对于自身产品和经营观念的全新诠释，仰仗于员工们无尽的才思和创造力。

毫无疑问，创造力对于一个企业来说已不再是一种发展的必需，而已演化成为生存的必需。在这个追求个性发展的信息时代，没有创造力的员工无异于"高价电脑"，所以为什么还不用真正的电脑顶替他的位置呢？

当然你也十分清楚不能因为他们的创造力不够而把每一个员工都辞掉。有意识的培养他们的创造力，是老板们的成本低见效高的选择。现在就好好反省一下，你是否为他们做到了这些：

（1）给予员工一个创造的空间。常言道："巧妇难为无米之炊。"一个人再有能力，如果被一些客观不可能实现的条件束缚手脚，那么也只能是无能为力了。一个健全的企业，一定有一套固定的办事方法和规矩，这些规矩有些是有利于工作效率的提高，而另一些可以说是弊大于利，使办公手续繁琐和复杂，使每日重复遵守这些死条文的员工们透不过气来，严重影响了他们工作的活力。这是你需要为员工们提供创造空间的第一个方面，在合理的情况下对既成的规矩予以变通，仔细分析来自工作一线那些最有发言权的员工的意见，减少条文的细节，不要墨守成规，正所谓"海阔凭鱼跃，天高任鸟飞"。另一个你要为员工们做到的就是不要以老板的身份时时处处对员工们"光临指导"，而是给他们一些自主权，任由他们创造性地完成任务。对于聪明的员工来说，微小的差错也会使他们认识到计划制定上的偏差而予以纠正。如果你仍不放心，可以适当地把权力范围缩小。

（2）鼓励逆向思维。曾经有人问一位商界奇才他的成功秘诀是什么，"那么如果你知道一条很宽的河的对岸的地下埋有金矿，你会怎样办"？商人反问他，"当然是去开发金矿"。那人不假思索地回答。商人听后笑着说："如果是我，一定修建一座大桥，在桥头设立关卡收费。"听者这才如梦初醒。商人的高明之处就在于他采取了与正常人相反的思维方式，出奇制胜。正是由于大多数人都习惯于正向思维，才使逆向思维者面临的机会要多得多，才更容易获胜。还有一个例子，一位收藏家发觉市场上的名人名画价值不断攀升，已经超出了他的支付能力，于是就干脆低价收购大师们的"败笔"，数年后，他开设了这类博物馆，许多喜欢新鲜的游客都来这里猎奇，他因此大发横财。

（3）鼓励员工多多了解各个学科的知识，打好基础，开阔眼界。创造力是一种能力，它在生活中表现为瞬间的思想火花，应该明确这种灵感的产生并不是偶然的，当一个学识广博的人被一种问题所困扰时，他往往会尝试运用他所掌握的其他学科的知识来解决问题，这也是一种创造力。

以上的内容如果你都做到了，那么你不愧为一位"有创造力"的老板。如果没有，把他们当成你今后的工作目标，定会让公司和员工自身都受益匪浅。

11. 用人也要打破常规

正是秉着"用人不唯学历"的观点，索尼公司起用了一批具有务实、好学又忠诚于企业的好员工，为索尼在世界上的崛起立下了汗马功劳。

1946年5月，第二次世界大战以后，两个从战火硝烟中退下来的日本青年——井深大和盛田昭夫不甘虚处乱世，以500美元为资本，雇请了20

个人做帮手，在一片废墟上成立了一家公司。盛田昭夫和井深大携手创业，风雨同舟几十年，使索尼公司的规模不断壮大，事业蓬勃发展，这在很大程度上要归功于他们独到的用人观念。

盛田昭夫信奉唯才是用，尤其是对科技和管理人员的考核使用，主要是看他们的实际才能如何，而不是仅仅重视学历。

20世纪60年代，盛田昭夫曾写过一部书，书名就叫做《让学历见鬼去吧》。这本书第一版就畅销40万册。在书中，盛田昭夫提出了三个无情反驳日本当时流行的"名牌显能力，文凭是人才"的观点：

（1）人才不等于职位

一个人即便身处公司最底层，如果他能把本职工作做得非常出色，他就是人才；一个人即便身为总经理，如果他不能使公司精诚团结，拼搏进取，业务蒸蒸日上，利润逐年提高，他就不是人才。

（2）人才不是辉煌的过去，而是可预期的未来

一个人过去做得再好，干得再出色，并不意味着他将来就一定可以做得好。尽管一个人过去的辉煌可以用来作为一个参考的标准，但是更重要的是要看他在将来的工作中是否会为公司作出更大的贡献，这种预期是否很可靠。

人才不是举止优雅，风度翩翩；人才不是口若悬河，夸夸其谈；人才不是强壮威武，高大英俊；人才也不是娇俏温柔，美丽动人。

那么，人才是什么？人才是最适合于本公司工作的人。一个人再聪明，如果他不能适应本公司的氛围，不能安心于本公司的工作，对于本公司而言，他就不是人才。

（3）人才是最适合其岗位的人

一个人，只要他精于某一行业，即便这一行很不引人注意，但是因为他能将这一工作做得非常完美，工作效率非常的高，公司再想找一个其他的人来顶替他都很难，那么，他就是一个杰出的人才，一个不可多得的人才。

盛田昭夫在书中还写道，他宁愿将索尼公司的所有人事档案统统烧毁，以杜绝公司因学历问题而产生的任何歧视。盛田昭夫是这样说的，也真的这样做了。他的魄力和独到的见解在日本引起了极大地轰动，他也因此而博得了勇于打破传统框框的赞誉。

正是秉着"用人不唯学历"的观点，索尼公司起用了一批具有务实、好学又忠诚于企业的好员工，为索尼在世界上的崛起立下了汗马功劳。

12. 把员工的利益放在第一位

员工的利益需要通过总经理来争取，这是显而易见的道理。只有关心员工利益，总经理才能赢得员工的心，你的事业才会获得成功。

曾经有一篇报道说：1998 年冬天，菲利普斯西江作业平台，作为承包商的深圳赤湾海洋石油设备修造公司的电焊工徐某，在下油管时不慎砸断了右手指，消息传到菲利普斯（中国）公司（全球第六大能源公司和第五大炼油公司，总部在美国，1982 年进入中国），公司领导立即决定用 6000 美元租用直升飞机将徐某送往医院，为徐某的手指再植赢得了时间，手指保住了。这件事感动了为菲利普斯工作的所有员工。

在菲利普斯，员工是公司最大的财富，员工的利益至高无上。在菲利普斯，每个员工都有权拒绝危害自己或他人的工作。如果上班时，员工遇到危险，员工可以拒绝上班；如果加班到晚上 7 点以后，员工必须打车回家，否则将被视为危险的举动。

在菲利普斯，为了保证人员和生产的安全，每个员工都有权力随时停止生产。2001 年 4 月，在菲利普斯与中海油合作的西江 302 钻井平台上，司钻郭志武发现第二层甲板发电机房出现明火，郭志武立即切断电源，生产因此停止了 2 个小时，公司的收入损失了 30 万美金，而郭志武却得到了提拔。

把员工的利益放在第一位，或者说要时刻为员工谋福利是管理者应尽的职责，也是管理员工的基础。现代企业强调的是以人为本，人是企业惟一能动的要素。孟子也说："天时不如地利，地利不如人和。"所强调的也是人的重要性。许多知名企业和管理者早就认识到了这一点，并采取各种各样的措施，不断地为员工谋福利，以激发员工的主人翁责任感，培养员工的敬业精神，努力营造一种融洽的公司内部氛围。

德国西门子公司早在 1862 年就给工人增加津贴补助；1872 年实行养老金制；1873 年缩短工作时间，改为 9 个小时工作制；1888 年配备健康保险；1927 年，"成果奖金"在全公司实施，这一措施后来作为法定项目被保留下来，并对公司工作 10 年以上的所有员工都授予该奖。此外，西门子公司还有一个领导与员工谈心的传统，目的在于加强思想沟通，改进领导工作，增强合作意识。如此种种措施，不胜枚举，但其所发挥的作用只有一个：让公司的员工感受到一种"家庭式"的关怀，并由此激发员工的潜能，尽心尽力为公司做事。

作为企业管理者，理当是部门员工的"保护人"。也就是说，要竭尽全力地维护员工的种种切身利益，如经济效益、政治利益、文化利益、法律利益，等等。这往往也是许多员工最为关心的问题。

伊士曼早在 1912 年就在柯达公司建立了当今早已风行的"红利"制度，工人们除了每月领到比在其他公司优厚的薪金外，每年还可以根据自己为公司所作贡献的大小参加分红，这在美国企业中是首创。1919 年，当其他公司都已竞相效仿时，伊士曼又开始了"入股制"，即鼓励员工入股，把自己在柯达的三分之一股权让给员工分享。这两项制度延续至今，工人得到的"红利"与"股息"随着企业的兴旺而逐年上涨，怪不得柯达公司所在地纽约罗彻斯特的商人，每年都热切地盼望柯达分红这一天——3 月 15 日后的第一个星期五，他们总是以种种喜庆的形式欢迎这一天的到来，每一个老板都想千方百计招徕更多的生意，成为这笔红利的间接受益人。

拥有 17 万名员工、在世界各大航空公司中享有盛誉的新加坡航空公司，以严格的纪律和考核著称，同时却以优厚的福利深深地吸引着员工，使员工自豪。比如该公司乐意帮助员工进行业余学习，规定凡每月工资低于 2000 新加坡元，并与公司签订了 5 年工作合同的员工，读高中可补助 500 新元，读专科可补助 1000 新元，每年可免费到国外旅行一次，其配偶和子女同享此待遇；未结婚的员工，则规定其父母和 18 岁以下的兄弟姐妹可同享此待遇。公司还帮助员工持有本公司的股票，由于该公司经济效益甚佳，股票的红利相当丰厚，使员工受益匪浅，这种与公司"俱荣俱损"的关系，使员工为公司奋发工作，尽心尽力，这又促使公司经济效益节节上升。

把员工的利益放在首位，时刻为员工谋福利是管好员工的最好办法之一。比起"皮鞭 + 解雇"的管理，或者在皮鞭之外，只是简单地给予些物质刺激，把员工当作"经济动物"对待的管理确实要进步得多。

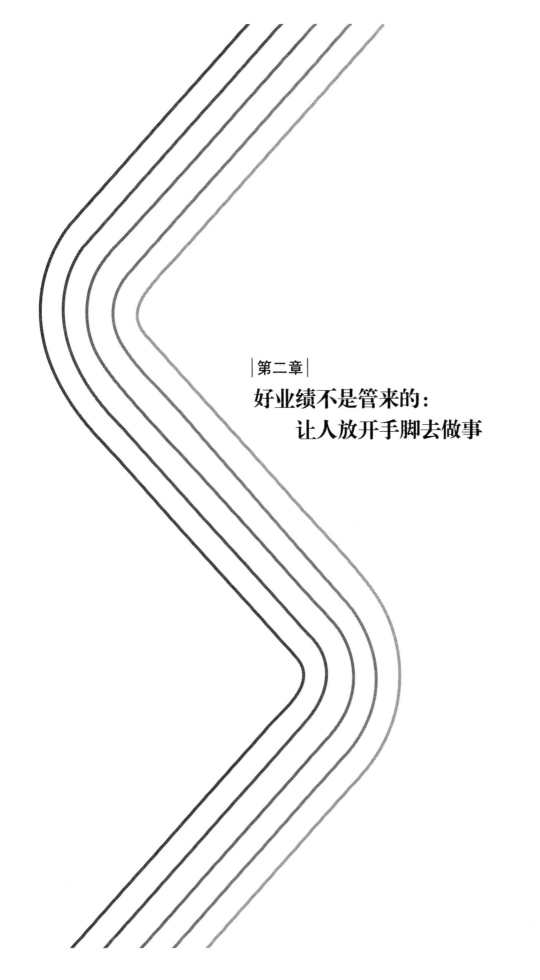

|第二章|

好业绩不是管来的：
　　让人放开手脚去做事

1. 讲求管理的层次

> 作为老板，管得过多过细往往会打破正常的管理秩序，使管理处于紊乱状态，影响公司的效益。对于员工来说，一会儿老板说个东，一会儿主任道个西，前后指令不统一，令出多门，交叉重复，会令他们无所适从。

现代管理有着明显的层次分别。像一个公司中有决策层、管理层、执行层。各层次都赋有与之相对应的职责和权利：决策层负责企业的经营战略、规划和生产任务的布置；管理层负责计划管理和组织生产；执行层负责具体的执行操作。如果企业老板不能正确对待这一管理中存在的客观事实，便会在管理中不可避免地出现这样或那样的问题。

有一名厂长见到工人迟到就训斥一番，看到服务员的态度不好也要批评一顿。表面上看他是一位挺负责的领导，而实际上他却违背了"无论对哪一件工作来说，一个员工应该接受一个老板的命令"这样一个指挥原则，犯了越权指挥错误。员工的出勤本来是车间主任的管理范围，服务员的态度好坏是公司办公室主任的管理范围，厂长的任务则是制定企业的经营战略和生产规划，他管理的人员应是各车间及职能科室的负责人。

作为老板，管得过多过细往往会打破正常的管理秩序，使管理处于紊乱状态，影响公司的效益。对于员工来说，一会儿老板说个东，一会儿主任道个西，前后指令不统一，令出多门，交叉重复，会令他们无所适从。管理应具有层次，而企业领导在管理中应体现出这种层次，避免"越俎代庖"的现象发生。

聪明人喜欢自己思考，独立行事，只有懒虫、笨蛋才会爱事无巨细地完全受命于人。如果企业的老板越权指挥，包办一切，什么都不放心，从企业的经营策略到车间的生产计划，再到窗户擦得是否干净，他全管，这就恰好适应了那些懒虫的心理习惯：他们不愿动脑，不愿思考，只需伸手，便可完成工作了，出了问题也不承担责任。而此时正好有老板事事都包揽，谁不喜欢这样的"好"老板？

美国有个叫汉斯的企业家在发展到几家大百货商场后，依旧采用小店铺的老板作风，对公司的上上下下，关切个彻透：哪个管理者做什么，该怎么做；哪个员工做什么，该怎么做，他都布置得精微妥帖。而当他出外度假时，才出门一周，反映公司问题的信件和电话就源源不断，而且尽是些公司内部的琐碎小事。这使得汉斯不得不提前结束原准备休一个月的假期，回公司处理那些琐碎的问题。

假如汉斯在企业管理中做到层次分明、职责清晰，怎么会度不成一个安稳的假期呢？究其原因，在于他的管理有问题，滋养了部下和员工们的惰性，造成了事无大小全找老板的缺乏思考和创造性的局面，以至于离了他，公司便无法正常运转。就管理成效而言，这是一种十分糟糕的情况。

企业老板全面管理、包办一切的另外一个害处，是不利于调动部下和员工的积极性与创造性，不能尽人才之用。创造性只有在不断的实践中才能体现出来，而越权指挥的领导恰好就截断了通向创造性的通道，使员工和部下的行为完全听从于个人的命令和指挥。长此下来，会使他们认为想也是白想，老板一切都安排好了，即使有再新再好的创意也难见天日。个人的创造性不能在公司创业的过程中得以体现，人也就无什么积极性可言，慢慢地人就变成机器一样，出了问题，出了毛病，便停止工作，只有等老板赶来修好，才能继续运转，没有一点能动性。对于那些有才华、有能力的部下或员工，他们会比普通人更加迫切地希望体现自己的价值，而工作中却处处得不到体现，在这种情况下，难免会有一种压抑感，积得久了，就会递个辞呈走人，这是可以意料的事。

2. 弱化自己，"懒得做事"

任何一家公司若想要成功，关键在于最高层人员是否能分享权力；高层人员必须把重点放在整个组织的发展，而非个人权力的扩张。

有位总经理朋友说：他很忙，忙着开会、交际应酬；忙着计划、协调、控制、指挥部下工作，恨不得一天 24 个小时都可以利用。他一天除了用 6

小时睡觉外，其余的 18 个小时，"每一个小时工作 60 分钟，每一分钟不折不扣地工作 60 秒"，几乎把 18 个小时内的每一秒钟都用来为公司做事。他还在员工会上要求员工向他看齐，"随时随地"地"思考"，以便把工作做得更好。此话一出，全场哗然。

在自己管理的公司里，领导者想凸现自己的个性，展现独特的领导才华和非凡的经营能力，赢得更多追随者，也是情理之中的事。但是，一个真正能够获得持续发展的组织，需要依靠群体的力量，而非某个人的强势才能够长期发展。

一次，由于公司中的很多问题没法解决，松下幸之助感到很苦恼，于是就跑到寺庙里去问一个老和尚。他说："请问老师傅，什么叫做管理？"那个老和尚就拿起一个茶杯给松下幸之助，说："你拿着"。然后，他就提起一个茶壶往松下幸之助的茶杯中倒水，一直倒至茶溢出来。松下问："老师傅，杯子不是满了吗？"老和尚说："你知道杯子水满了，你就懂得什么叫管理。"杯子要空的时候才有用，杯子如果满了，它就没有用了。所以当一个老总，要时时刻刻维持一个空杯子的状况，才听得进别人的意见，才能够接受干部的建议，才不会自以为是。

因此，管理者必须学会弱化自己。

（1）隐藏自己

有位著名企业家曾形象地打了个比喻："当企业处在幼稚起步期，公司呈现出一个三角形的状态，总经理就像站在顶端上的统帅，发号施令、呼风唤雨，强有力地推动企业朝前发展；当公司趋向成熟，组织就应该变为一个同心圆形体，总经理应该隐含在这个圆形体中，成为主心骨，宛如灵魂一般，虽然弱化了自己，但是企业变得强大了。"

（2）懒得做事

自己懒，是为了让他人勤。管理本身不就是让他人来做事的学问吗？戴尔在《戴尔战略》一书中写道："1993 年年末，我已无法一手掌控全公司了。许多大顾客需要我花时间相处；许多管理会议我想参加；我也想多做演讲，与大家分享；我还想多和员工接触，来了解他们所面对的挑战和困难，并能适时提供我的看法和协助，以求公司所有部门的进步和成长；我也希望自己能成长发展，维持均衡的生活，与我刚成立而快速成长的小家庭共享天伦之乐。因此，我在管理过程中学到许多宝贵的经验，其中一项就是授权。"任何一家公司若想要成功，关键在于最高层人员是否能分享权力；高层人员必须把重点放在整个组织的发展，而非个人权力的扩张。

高明的管理者弱化自己的本意，在于能够有效影响他人自觉去做好本来就该做好，甚至可能不会做的事情。避免把他人当作手中的"抹桌布"，想用就用，不想用就放在一边。摒弃在授权过程中出现明授暗不授，小授大不授，易授难不授的愚蠢做法。真正能够使自己从日常繁琐事务中抽出身来，集中精力于原本就该自己做的事。公司越是发展，业务越是复杂，管理者越是要弱化自己，越是要看到自己在整体组织运行中的支持作用，而不是替代作用。

"企业做大了，必须转变凡事亲力亲为的观念。一定要让职业经理人来做，强调分工合作。我原来一人管十几个企业，整天忙得不得了。后来自己明白了，是权力太集中，所以痛下决心，大胆放权。"成功企业家刘永行先生在接受记者采访时曾说过这样一段话："放权之后，我现在每天有七八个小时的时间在学习。因为对中国企业家而言，企业变得越来越没有国别，面临的竞争是全球的竞争，不学习，是马上就会被淘汰的！"

（3）勤在要事

应该弱化的地方要弱化，应该强调的地方一定要集中精力去做。譬如：正确战略的制定和实施，关键员工的培养和重用，组织运行的高效，以及企业文化的培育等方面，一定要表现出只有领袖人物才具有的强势！

松下幸之助说过这样一句话："10个人的时候，你走在最前面；100个人的时候，你走在中间；1000个人的时候，你走在后面；10000个人的时候，你就只能祈祷上帝的帮助了。"

曾经有人总结：组织中有三个阶层：基层、中层和高层，在能力要求上可以用三个字来代表：有、能、无。基层用有，对于他们来说，看得见、摸得着的，具体的东西最重要；中层用能，干部一定要能干，所以要能；而领导者，一定要无，要虚化自己。如果你老是有，就会使得员工很难做事。你太能干了，所有干部都无能为力了。

3. 给下属足够的空间

对于那些精力旺盛的领导来说，一个人最多也只能管住、管好7个人，他们应该是企业文化的宣传倡导者，而非具体执行者。

在 SOHO 房地产公司，潘石屹很少对员工进行管理监督，因为他觉得不去管理监督并不等于没有管理监督，每个员工都有自己明确的目标，SOHO 管理者只是创造了一个竞争的氛围，对于员工工作的过程，则给予足够的空间和自由。

SOHO 相信，如果员工要完成自己的目标，势必只有充分调动自己的主动性和创造性后才能完成。SOHO 不干涉员工工作的过程，但他设置了一个终点，到了考核的时候，管理层在终点给员工评分。

谈到 SOHO 的用人，就不得不了解 SOHO 对员工的分类。在 SOHO，一般把员工分成两类，一类是销售人员，由于常年在外，被看成为"外部人员"，其他的员工被称为公司的"内部人员"。

最初的时候，潘石屹给销售人员培训只说两句话：

（1）销售人员不要说一句假话；

（2）销售人员不要说别人的项目一句坏话。

除了这两句，剩下的随销售人员随便发挥，想说什么话就说什么话，爱说什么话就说什么话。该用什么方式与客户沟通，就用什么方式与客户沟通。

潘石屹认为，人力资源管理是公司内部最重要的管理。当他看完《商道》林商沃的故事后，由衷地发出感慨："让公司所有的员工按照自己的意愿去做事情，这是非常关键的，千万不要干扰他，你别老觉得你是一个领导，你老干扰他。大方向制定了，让他们按照自己的意愿去做事情。"计划经济下有些行政命令为什么没做好呢？就是没按企业的意愿，没按个人的意愿去做事情，所以就常出问题。

时下，不少企业在进行总结和报道时，总是一二三四，要么就是首先、其次、再次，特别是那些领导部门，让你光看材料都要替那些领导觉得辛苦。不错，一年下来，领导们要做的工作实在太多，压力也实在太大。但他们其实也许不必这么辛苦的，而且少管那些"芝麻事"也许会有更好的成效。简单是管理的理想境界，简单中显艺术。

对于那些精力旺盛的领导来说，一个人最多也只能管住、管好 7 个人，他们应该是企业文化的宣传倡导者，而非具体执行者。但目前我们所见到的完全不是那么一回事，往往是什么事都是企业"一把手"说了算，哪怕是再紧急再重要的事"一把手"不在场，也只能一拖再拖。

作为一个称职的领导，只有总揽全局，腾出精力做一些决策性、规划性的工作，才是一位合格的领导。而那些具体的工作应交由他的下属们去执行，给他们充分的空间和自由，实现充分授权。只有这样，才能确保企业用到符合岗位标准的员工，又能让员工感到有足够的发挥空间，在企业得到自身价值的认可。

4. 把精力用在要紧处

老板要全力以赴抓大事。大事就是全面性、根本性的问题。对于大事，老板要抓准抓好，一抓到底，绝不半途而废。

有些老板也许喜欢在工作上大包大揽，他希望每件事情经过他的努力，都能很圆满地完成，得到员工的认可。这种事事求完美的愿望虽然是好的，但常常不会收到好的效果。

首先，你的精力不允许你这样去做。因为一个人的能力是有限的，就算你每天拼死拼活去努力，事实上，公司内大大小小各个方面你总会有照顾不周的。何况，你如果总是这样，天天如此，一个人的生理能力是有极限的，你迟早会被累垮。

其次，巴掌再大遮不住天。整个公司并不能只依靠你一个人，你的下面还有许许多多不同等级的人员，你把所有的事情都做了，那么，他们又去干什么呢？

而且，许多人会对你的这种做法滋生意见和不良情绪。他们会感到自己在公司之内形同虚设，毫无意义，而对你的专断独裁耿耿于怀，认为你是一个权利欲极强的人。

更会有一些松垮成性的员工，会因为凡事都有你过问或代劳，而养成懒惰、工作积极性差的毛病。更为重要的是，长期的懈怠会使他们疏于思维，只要遇到一些稍微困难的问题就会无法解决。公司整体的活力和创造力降低了，失去了生机，极不利于公司的发展。

你如果想少做一点儿得不偿失的事情，那么，你首先要花一些力气摸清情况，了解每个下一级工作人员的特点，调动他们的积极性，根据每个人的实际能力，安排适合他们的工作，做到人尽其才。

做好了这一步工作之后，你再去让他们调动再下一级工作人员的潜力，安排适合每个工作人员专长的工作。这样，以此类推，一级一级，每个工作人员都将获得他们相对满意的工作，谁都不会再因此发牢骚，闹情绪，整个公司上下都在努力地工作。这不是一种省心又省力的方法吗？

作为老板，在公司中并不意味着他什么都得管。应该大权独揽，小权分散。做到权限与权能相适应，权力与责任密切结合，奖惩要兑现。

什么都干的老板是什么都干不好的。记住，当你发现自己忙不过来时，你就要考虑自己是否干了应该由员工干的事情，你就要考虑是否应该向下放权。

许多人喜欢命令员工去干事，以显示其领导地位。"你今天要给我把这份文件写好，并且打印三份"。这种命令的口吻多少让员工有些不快。

多发问，少命令。

发问可以使员工觉得他也是公司的一部分，他在为公司的工作而努力，这比为某一个人卖命好一些。那么前面的命令可以转换为以下的发问："我们急等这份材料用，你看今天能写完并打印三份吗？"

老板有时也会遇到一些事情是超过自己权限的，而且对此业务也不太熟悉。这样的事情该不该管呢？管不好的事情干脆不管，聪明的你就不会如此受累不讨好了。

一个人遇到的事有大事，有小事，老板要全力以赴抓大事。大事就是全面性、根本性的问题。对于大事，老板要抓准抓好，一抓到底，绝不半途而废。一般说来，大事只占20%，你用百分之百的精力，处理好20%的事情，当然会轻松自如了！

记住：杀鸡不用宰牛刀，掏耳朵用不着大马勺！

只要是做老板，无论是刚刚创业，还是已经做了很长的时间，肯定会面对许多事情要处理，但千万不要认为，把自己搞得狼狈不堪是最佳的选择。轻松自如的老板善于把好钢用在刀刃上，厚积而薄发，不失为上策。

5. 大事小事都需要人做

> 为鸡毛蒜皮的事情忙得不可开交的领导者，收获的只能是咸涩的汗水和来自各方的讥笑和挫伤。领导者应在宏观管住，微观放开，大胆地让能干的人去做他能干的事。

有时，和朋友谈起话来，他们常常抱怨自己的工作多么繁忙，属下工作多么不让人放心。为此，每当有什么任务由他们负责时，自己总是要累个半死。其实我们之中的许多人都有这样的遭遇，我们当然相信自己更多于相信别人，这是一种正常的心理。这种心理表现在工作中就是常常担心把事情交给别人去做达不到理想的效果，或者担心别人会把事情搞砸，甚至有时明明知道别人也能做得很好，却仍然放心不下，偏要亲自去做不可。要改变这种状态，就要在工作中学会信任别人，知人善任。

正如一艘海上航行的巨轮，船长不是要去驾驶，也不是去升帆，更不是去掌舵，而是要掌握航向航线，要处理意外的突发事件，最主要的是要将船上的人有机地组织起来，调动起来，通力合作，以求航行一帆风顺。领导者正是这样，不是要去做具体的琐事，而应是去做事关总体大局的方向性原则性的事情。为鸡毛蒜皮的事情忙得不可开交的领导者，收获的只能是咸涩的汗水和来自各方的讥笑和挫伤。领导者应在宏观管住，微观放开，大胆地让能干的人去做他能干的事。

一年春天，宰相丙吉乘车在繁华的都市街头经过。正走着，忽然听见远处人声嘈杂，叫骂声一声高过一声。车子继续前行，声音越来越大，隐隐看见街中心围着一大群人。走近前，见是一群人在斗殴。双方各有五六个人，有的拿着铁条，有的拎着粗木棒，有的舞动着小板凳，有的则抱着石墩子，打作一团。

只见棒起棍落，墩砸凳拍，有喝骂，有惨叫，死的死，伤的伤，鲜血溅了一地，有两个人被打得头颅开花，白惨惨的脑浆涂地，殷红的鲜血顺着鼻孔，嘴角流出，脸上身上早已满是血污，令人惨不忍睹。那群人却并未罢手，打得还正起劲。

围观的不少人高喊，让他们住手，但都无济于事，也有喜凑热闹的，围着看，一边躲闪一边笑着指指点点，窃论哪个人更为勇猛。有的实在不忍再看这种惨烈的场面，摇头叹息着走开了。

宰相丙吉的车子经过时，宰相手下的侍从向那群斗殴者看了看，然后，对宰相丙吉说："大人，前面是一帮无法之众在群殴，已有两个人被打破了脑袋死在地上，还有几个人折了胳膊，断了腿，打得非常厉害。"

丙吉并未说什么，只是点点头，又从车子里向外望了望，摆了摆手，没令停车。

侍从问宰相："大人，是不是要把他们抓来，大人审讯一番，对恶人进行惩处。"

丙吉依然什么也没说，用力摆手命令车子前行，大家都莫名其妙，却又不敢违抗命令，不敢去问为什么不管，只好困惑不解地为宰相赶车前行。丙吉在车上神态自若，表情冷淡，好像他根本不知道方才的事似的，车子头也不回地穿过了斗殴现场，继续前行，围观的人也很是疑惑甚至恨骂。

又走了一段路，迎面来了一辆牛车，拉车的牛正长伸着舌头，"呼哧呼哧"地喘着粗气，鼻侧唇角满是白沫，很吃力地拉着车子往前走，宰相丙吉突然命令道："停下，停下！"

侍从们不知何事，赶忙停下车子，问大人有何吩咐？宰相丙吉伸手指着那牛道：

"你们看，那头牛伸舌狂喘，不知何故，你们去问问牛的主人，这头牛是怎么啦，是不是得了什么病？"

侍从们更是惊诧，比刚才还要惊诧。心中暗想：

"大人今天这是怎么啦，刚才有人斗殴都闹出了人命，大人却充耳不闻，不理不睬像没事人儿一样穿场而过；这会儿仅一头拉车的牛喘喘气就叫我们去打听原因，不成了惜牛不惜人嘛。牛命倒比人命重要，本末倒置，轻重不分，人畜颠倒呀——"

众人疑惑，愣着不动，宰相丙吉见状，用眼睛扫了扫众人，微微地笑了，说："你们吃什么惊呢，是不是觉得我这个宰相不分轻重，不爱惜人的性命，却怜惜一头牛啊？"

侍从们赶紧拜礼，说："还望大人赐教。"

宰相丙吉一笑，问道："你们可知这是何处所在？"

众人又是一愣，有人答道；"大人，这不是长安城吗?"

宰相丙吉又问："既然是长安城，这长安城由谁负责治理呢?"

众人忙回答："大人，当然是长安的长安令或京兆尹大人。"

宰相丙吉点头说："是啊。我的职责是要每年评定他们的勤务功过。然后再将其赏罚情况上报圣上便可，这取缔群殴群斗之事本属他们分内之事，本官没有必要去查管。——参与这些琐碎小事，本官非得累死不行。"

众人称是，宰相丙吉又问，"你们可知现在是什么时节?"

众人道："初春时节。"

宰相丙吉点头，说："常言道：'一年之计在于春。'春天是一年的开始，尤其初春，春雷惊响，万物复苏，又要一度四季轮回。那头牛却值此时节吐着长舌喘气不止，我担心是阴阳不调之兆，而本官的职责之一就是要顺调阴阳。阴阳是否顺调，关系到国计民生，事关百姓一年的生计，本官又岂能不理不问。故此才派你们去问牛气喘的原因，绝非本官不爱惜民众。"

众人这才恍然大悟，纷纷称赞宰相的英明决断。

在这则故事中，宰相丙吉看似没有分清轻重，顾惜牛却不顾惜人。其实，丙吉是该管的管，该放的放，有轻有重，两件事相比较真正重要的也应是牛喘气之事，那群殴不过是几个人的事，而这牛喘气所征兆的是阴阳是否调顺。对古人而言，在一年的开始，初春之际，阴阳调顺与否，事关万民的耕种生计，影响到国家的收入，决定着一年的收成是丰是欠，牵系全局，当然是宰相必管之事。

6. 最好的管理就是"少管理"

最理想的管理就是一种"无为而治"的状态，也就是不管。因为人人学会了自我管理，恪尽职守，那些所谓的管理制度、条条框框也就失去了存在的意义。

美国通用电气公司 CEO 杰克·韦尔奇的一个管理原则就是，"管理得少"就是"管理得好"，也就是说企业经营管理者只管自己该管的事。反观国内的一些企业经营管理者显然就缺乏了这份自信和这种观念。据一份权威的调查分析报告称："在中国企业每一层次上，80%的时间是用在管理上，仅有20%的时间是用在工作上。"对此，著名经济学家胡鞍钢指出：西方发达资本主义国家企业管理工作中的"管"与"理"，普遍遵照的是20%：80%的比例，这与中国企业管理中的"管"与"理"，大多为80%：20%的比例恰好颠倒。这也是大多数中国企业缺乏竞争力的原因之一。

习惯于相信自己，放心不下他人，经常粗鲁地干预别人的工作过程，这样就会形成一个怪圈：上司喜欢从头管到脚，越管越变得事必躬亲，独断专行，疑神疑鬼；同时，部下就越来越束手束脚，养成依赖、从众和封闭的习惯，不仅会把最为宝贵的主动性和创造性丢得一干二净，而且会严重挫伤员工的自尊心和归宿感。时间长了，企业就会得弱智病。相反，如果管理者能够和员工之间建立起良好的信任关系，并能够形成有效的授权和责任机制，那么，无疑会增加员工的使命感和工作动力，从而能够促进公司业绩的稳步发展。

国内不少企业都有一整套规章制度，也不缺乏良好的指挥流程。但如果管理者将太多的精力和热情倾注到"管"上，指挥、指挥、再指挥，成了他们的信条，沉溺其中，乐此不疲，回头却发现，原本很简单的事情却莫名其妙地变得很复杂，工作没有进展甚至更加远离目标，部门之间互相推诿扯皮，制度和流程也成了摆设。

要"管得少"，又要"管理住"，就必须进行合理的委任与授权。事必躬亲导致的结果一是效率低下，二是团队失去工作积极性。因此必须通过合理授权，使团队成员有充分发挥能力的平台。在必要的指导和监督下，用人不疑，疑人不用，赋予下属相应的责权利，鼓励其独立完成工作。

最理想的管理就是一种"无为而治"的状态，也就是不管理。因为人人学会了自我管理，恪尽职守，那些所谓的管理制度、条条框框也就失去了存在的意义。管理要实现这样一种理想状态，前提就是管理者对员工做到充分信任。在《没有人完全信任老板，怎么办？》一文中，巴托洛梅教授指出，培养信任和坦诚的因素，至少应该包括六个方面，即"沟通"、"支持"、"尊重"、"公平"、"可预见性"和"胜任工作"。

建立和培育信任要从四个方面下工夫：

第一，加强文化的融合。只有员工发自内心认同了企业的文化，才会真正做到心往一处想，力往一处使。就像一艘航行在茫茫大海的船只，如果水手们都是各自向着自己的方向，那么能够风雨同舟吗？要加强员工对不同文化的融合能力，促进不同文化背景的员工之间的理解，就必须根据客观环境与企业的战略发展要求，建立起企业强有力的文化及理念，使员工达成对企业文化的共识，形成共同的价值观。只有这样，信任才有了坚实的平台。

第二，自由交换意见。安排正式或非正式会议作为管理者与员工之间以及员工之间相互交流的途径，以此加深团队成员之间的相互了解，培养对组织的忠诚感，加强团队的凝聚力。同时，应当及时让员工了解工作进展情况，并利用一切机会强调工作目标。另外，还应该鼓励公开讨论，鼓励员工在组织中发挥其专业技能和特长，并保证所有的建议都得到应有的重视，记录所有意见并给予评估，对于无法采纳的意见，应当很得体地予以处理，并给出充分的理由进行解释。

第三，感情疏通。人是有感情的，组织与员工之间有情感关系，如果双方感情好，任何事情都好办，感情不和，就会造成阻力。因此，应重视团队成员之间的情感协调，善于运用感情疏通拉近员工之间的心理距离，建立起一种唇齿相依的关系，彼此把对方都视做"一家人"，相互依存，同舟共济，荣辱与共，肝胆相照。所谓信任，既有情感的信任，也有制度的信任，情感的信任是低端的，高端是根据契约的关系形成的信任。人和人之间毕竟是有感情的，无论是制度框架下还是其他形式下的信任，离不开感情这个因素。但是必须最大程度地把情感与制度分开来，从而推动整个企业健康地发展。

第四，注重结果。工作结果是衡量成败的惟一标准。就如同进行越野比赛，只要把起点、终点和比赛路径确定下来，每个人都可以按自己的方式去拼搏。至于谁快谁慢，为什么快，为什么慢，自然会看得清清楚楚。比如，美国有许多高科技公司采取弹性工作时间：不规定员工上午干什么，下午干什么，对于特定的任务，只是给定一个完成期限，具体的过程就由员工自己来安排，最终以结果来衡量工作业绩。公司给予员工足够的空间，员工则回报公司极大的努力，形成一种良性循环。由此可见，把实现结果的过程交给部下，又用过程的结果来衡量部下，实在是一种很有效的管理方法。管理大师德鲁克说，注重管理行为的结果而不是监控行为，让管理进入一个自我控制的管理状态。

所谓"君忙国必乱，君闲国必治"，最少的管理才是最好的管理。

7. 靠人性化调动员工的积极性

> 正因为人都具有惰性，所以，员工不勤奋，领导者具有不可推卸的责任，因为他没有通过管理来充分调动员工的能动性。

企业的发展取决于员工的工作积极性，也就是说，只有通过发挥员工的主观能动性和创造性，才能推动企业的发展，对于我所从事的服务业来说尤其如此。因为很多时候，员工跟消费者是面对面的服务关系，提供的特殊产品——服务，是一个生产和消费同时进行的过程。员工的主观能动性直接影响到我们的服务质量，而这种质量问题一旦产生则很难弥补。

从人的本能上，可以把人性归结为两个基本点，即人都希望最大限度地满足自己的欲求，追求认同度的最大化。按照西方经济学说，因为人性贪婪，都希望少付出，多得到，所以是懒惰的，这就是"经济人"。人为了多得到，愿意有适当的付出，这就是"自动人"。人是焦虑的，所以要消除焦虑，以获得他人的认同，这就是"社交人"。由于焦虑的复杂性，人们消除焦虑的形式千变万化，所以又是"复杂人"。

正因为人都具有惰性，所以，员工不勤奋，领导者具有不可推卸的责任，因为他没有通过管理来充分调动员工的能动性。历史上为什么寒带的国家要比热带的国家发展迅速？因为恶劣的自然条件迫使人们努力工作。而日本、新加坡这些小国发展迅速的原因，也在于地小人众产生的危机感。

要发挥员工的能动性，就必须实行人性化管理：

首先，培植独特的感情文化。具体地说包括三个主要内容：一是在企业内部营造正常的团队氛围。在上下级之间、员工之间营造一种互帮互助、和睦相处、互动沟通的气氛，让员工参与决策企业的大事，让员工充分知晓企业的大政方针。二是尽力解除员工生活的后顾之忧。解决员工子女、家庭及劳动保障等问题，不仅能使员工集中精力工作，而且能为企业树立良好的社会形象。三是实行工作保障制度，如实行尽量不解雇政策，保证法定福利，提供保险、住房及其他各种补充福利计划，对高级经理推行"金降落伞"

政策等等。

其次，提供足够的培训、学习与发展的机会。企业领导者在观念上不要把培训、学习当作一种花费，而应当作一种投资。同时，要了解员工的意向、特长和兴趣，抱着对员工负责的态度帮助员工制订职业发展计划，使其明确自己的发展方向，使每个员工都有继续发展的台阶和空间，满足员工发展的需求，帮助员工成功。

第三，实行公平合理的绩效薪酬制度。必须采取各种量化绩效评估系统，通过公正、公开、合理的途径来评估绩效，将个人绩效与奖惩制度挂钩，还可以采用面向全体员工的股票期权计划，与员工分享由他们的辛苦工作而获得的财富聚积，从而强化员工的敬业精神。

最后，创造良好的工作环境。努力让工作的吸引力、工作乐趣等因素成为吸引、留住优秀员工至关重要的因素。许多年轻人为了寻找乐趣而工作，期望工作充满吸引力和趣味性，否则就另谋高就。因而，企业要极力在其日常工作中融入趣味性，努力探究员工的需求从而了解员工的兴趣所在，进而因人、因时、因地制宜地尽量予以满足。

8. 总经理要学会做教练

员工如果能对企业的经营结果享有一份主人翁精神，就会像主人翁一样工作。你有责任培养员工这种主人翁态度。

你或许是个好经理，但并不等于是个好教练。

多数职员都碰到过糟得透顶的总经理。他们总认为员工一辈子都无创见。他们对员工总是漠不关心、居高临下，甚至滥用员工。这些人的聆听技巧反馈方式很糟糕。他们不会分派任务，不会培养人，不会进行业绩评估，办事也没有轻重缓急。他们的脾气暴躁，对人缺乏耐心。这种总经理创造了一个充满恐惧和偏执狂的工作环境。

凡有这种经理的企业都面临过管理不善的问题。作为经理或有朝一日成为经理，你究竟犯了多少这类管理不善的毛病？答案只有你和你的员工知道。

简单说来，管理不善就等于留用不合格的、培训不足的、误入歧途的或准备不足的经理。这些人缺乏人际关系技巧来增强员工的责任心、改善企业业绩。

总经理终日忙于计划、组织、指挥和控制的日子已一去不复返了。当代总经理面临着一个新时代的来临。他们必须运用适当的人际关系技巧来激励员工，必须建立起一种关系使整体整合的威力大于个体简单相加之和。如今的总经理必须培养积极的工作关系以加强员工的自尊。他们必须对员工加以培训，让员工人尽其才。他们必须促使员工提高工作业绩。与此同时，总经理还必须创造合适的工作环境，为自己员工的个人发展提供机会。总经理必须对有贡献的员工给予奖励。

总之，总经理必须停止做经理，开始做员工的教练以提高员工的责任感和生产力。这一转变叫做业绩辅导。

业绩辅导是"以人为本"的管理方式。它要求你通过建立良好的人际关系和令人鼓舞的面对面交流来密切和员工的关系。它要求你不停地转换角色，迫使你积极参予员工的工作，而不做消极的旁观者。业绩辅导更多地依靠良好的提问、倾听和协调技巧，而不在分派任务、控制结果。

业绩辅导流程首先应在你与员工间创造出一种健康的工作关系，以增强人们的责任感，从而改善业绩、提高生产力。

让我们把这个定义拆开来分析一下。积极的工作关系对各方都有利。所有成员都能得到自己期待的结果。但要记住，这是一种职业关系，而不是私人关系。"增强责任感"是指员工为了自己团队或整个企业组织的目标作出个人牺牲。要实现这一点，务必要把团队、部门或企业组织的目标讲清楚，提供必要的培训，并允许员工对涉及自身工作的决策拥有更大的影响力。

员工如果能对企业的经营结果享有一份主人翁精神，就会像主人翁一样工作。你有责任培养员工这种主人翁态度。

运用业绩辅导有 4 个阶段。在同员工交流的过程中，你将扮演以下 4 种角色之一：培训、职业辅导、直面问题、做导师。每种角色结果不同。

（1）培训

这种角色要求你扮演一对一的教师。你有责任就最终会影响员工成长的问题与他们共享信息。

所有业绩都是通过人取得的，所以你必须对员工的发展负责。不要把公司的培训交给外来人，因为他们不对员工的业绩负责。

（2）职业辅导

作为职业教练，你需要帮助和引导员工相当深入地就其现在和将来的职业发展道路探索其兴趣和能力所在。你得帮助员工考虑替代方案，决策有关职业发展问题。你还需要让所在企业组织了解员工的职业发展观，以便使企业作出相应的计划安排。

（3）直面问题

要提高业绩，必须得直面问题。首先，你应该要求员工改进业绩。换句话说，你需要让员工在成功的基础上做得更好。其次，你需要令员工由差劲的业绩升到满意的业绩。直接指出员工业绩欠佳无异于训斥他们。因此，你必须学会不带批评地告诉员工需要改进业绩。

（4）做导师

做导师的主要目的是促进员工职业生涯取得进一步成功。作为导师，你应该指导员工解开企业组织中的种种难解之"谜"。你要引导员工渡过企业组织中的种种危机，帮助他们培养处世能力。做导师与做职业辅导有所不同。导师需要源源不断地就企业组织的目标与经营观为员工提供信息和见识，他们教导员工如何在企业组织内发挥作用。此外，在员工遇到个人危机时，还要充当他们的知己。

9. 关键时刻"看我的"

敢向下属说"看我的"，是管理者一个重要素质。事业要做大，需要下属竭诚效力，竭尽智能。

这首先要求管理者自己身先士卒，给下属做一个榜样。

一位30出头的女老板，收购了一家倒闭的国营造纸厂。那时正是严冬。由于工厂停产多日，各处管道都冻住了。女老板发动工人们加班加点烘烤管道，以保证如期开工。干到晚上，工人们都不乐意了，有的人说气话："真是的，工厂还没开工，就让我们当牛做马替她卖命。"有的人说风凉话：

"资本家都这样，不榨咱们工人阶级的剩余价值，怎么能发财？"

结果是说的人多干的人少，大家越干越没劲。

正在这时，女老板来了。她用瘦弱的身躯，很吃力地将一大筐木材拉到管道边，擦一把汗，架起木材，生起火，一声不响地干起来。这无声的语言，使工人们沉不住气了。他们身强力壮的，却看着一个弱女子在那里忙活，于心何忍？于是，他们也不声不响地干起来，再也没有人说废话了。

《道德经》说："处无为之事，行不言之教。"意思是说：领袖人物不要刻意逞能以显示高明；也不要政令过多以夸示功绩，而要用自己无声的行动感化下属，使他们自觉地追随。"处无为之事"的说法，历来颇有争议；"行不言之教"，却是领袖人物获得部下忠心拥戴的有力手段。

井植薰早年在松下电器公司打工时，学到一个观念：造人！

他对"造人"的理解是："要想造就他人，先得塑造自己。只有竭尽全力将自己塑造成一名称职的企业领导人，你才有充分的资格去教育和培养他人。平庸的总经理要想'制造'优秀的部下是绝无可能的。同样的道理，平庸的经营者绝对领导不了一家优秀的企业。"

井植薰自律甚严，时时为员工表率，这使他成为松下公司最优秀的领导者之一。

他自创公司成为老板后，自我约束更严。比如，他每天早上七点准时到达公司，其误差率几乎精确到秒的程度。天长日久，公司大楼的门卫竟然把他当成了标准时钟。每当他的身影出现在公司大门前，门卫就会有意无意地伸手看看自己的手表，嘴里说"真准时啊"或"我的手表怎么慢了一分钟"。

井植薰将这种准时上班的习惯坚持了几十年，一直到退休，这是非常不容易做到的。他为什么这样苛刻地控制自己的上班时间呢？提早上班也比准时上班省心多了。但井植薰认为，如果提早上班的话，也许会给员工造成某种苛求的印象。他说："大家可能会学你的样，比你来得更早，这不是好办法。想来想去只有一个办法，那就是我现在所做的，分秒不差。"由此也可见他严于律己、宽以待人的心怀。

井植薰对公司的各项规章制度也严格遵守，绝不打半分折扣。一次，他在给一些中小企业主讲演时，直言不讳地说：

"如果你认为，企业的规章制度只是一种控制职工和下属的手段，那么你就大错特错了，错到了足以使你的企业一蹶不振的地步……只有当你清醒地认识到，作为企业之主，除了比其他所有的职员更加模范地遵守一切规章制度而外别无选择，并且为此而坚持不懈的时候，你才具备了承担企业领导职务的基本条件，你的企业才能兴旺发达。"

井植薰用自己的"不言之教"，将三洋电机公司塑造成了一家世界知名企业，他的人品和领袖风范在日本企业界也有口皆碑。

平庸的管理者有一个奇怪的念头，认为自己在制度面前享有某种特权。他们制订制度只是为了约束员工，自己却可以率性而为。成功管理者却认为，制度面前人人平等。他们不仅是制度的制订者，执行起来也绝不马虎，随时让部下"看我的"。

包玉刚是香港环球航运集团的创始人，被誉为"海运大王"。也许是钱太多的缘故，他平日不是很留意钱，出门时经常身无分文。

有一次，他出门办事，坐一辆面包车行至狮子山海底隧道。这条隧道是环球公司的产业，包玉刚是隧道公司董事局的主席，他曾经订过一个规矩：本公司任何人过隧道都要照章交费，即使是董事也不例外。

不料，到了收费站，面包车司机才发现忘了带钱，就向包玉刚借。包玉刚在自己口袋里一掏，不禁哈哈大笑。原来他也分文未带。

事出特殊，如果包玉刚对收费站的工作人员打声招呼的话，人家一定会放行的。哪个傻瓜敢为了执行制度妨碍老板的公务呢？

包玉刚却没有这么做。他对面包车司机说："别着急，我们在这里等一下。待会有朋友经过时，正好宰他一把。"

他们等了很久，好不容易等来一个熟人。那人奇怪地问："你不是隧道公司主席吗，谁不认识你？说一声不就过去了？"

包玉刚哈哈一笑，幽默地说："老天通知我，今天该你破费，让我在这里恭候阁下。"

这就是包玉刚！做事永远有自己的原则，这正是他叱咤商界的最大力量。

孔子说："己有之而后求诸人，己无之而后非诸人。"意思是说，自己拥有某种品行，才有资格要求别人具备；自己没有某种缺点，才有资格要求别人纠正。这正是领袖人物应有的风范，也是管理者坚持的一个原则。他们正是用自己无声的语言，引导部下积极的行动，汇成一股无坚不摧的力量。

10. 相信员工的能力

一个人能力再大也无法负担整个企业的运作。只有努力培养部下的工作积极性、独立解决问题的能力，这个企业才会有生命。

凡事都有个度，超过了这个度，好事也会变成相反。大家都知道三国演义里有一位奇人，那就是蜀国丞相诸葛亮。我们无不赞叹于他治国的天才，可是却容易忽略另一点，那就是他事必躬亲，大事小事管得太多，结果导致身体过于劳累，50多岁便病故于五丈原，英年早逝，非常可惜。

有一个案例发人深思。

36岁的山姆被人从一家大电子公司中挖走，转而担任一家新成立的公司的总经理。这家新公司是由两位私人投资家和一家创业投资公司所组成和出资的。公司的经营顺利，山姆一年后升任总裁。在那一年中，山姆每一天都工作14小时；他聘雇和解雇员工、推销、开账、设计、计算，并且有时亲自在装配线上干活儿。山姆是个轮轴，而当公司得到增长时，他也为自己曾在每一位员工和每一件问题上投下了心血，而感到骄傲。

公司兴旺了，可是到了第三年，山姆已病得不成样子。董事会逼迫他增加三位副总裁，他照办了，但是这三位副总裁都不是"强人"，可能是潜意识地，山姆倾向于雇用有依赖性的人，以便他的轮轴位置不至受到威胁。

这家大发利市的公司公开发行股票，并且在第四年迁入自购的厂房中。同一年，山姆和他太太迁入在工厂附近山上新建的华厦。新屋与工厂同一方向，可以直接从客厅的窗外看到工厂。山姆常常邀请部属来家中吃晚饭（他偶尔也邀请顶头上司），这种聚餐是他探问厂内情报的手段之一。山姆每天还是工作12到14小时，人人都认为他立下了典范。

可是，公司的增长速度在第五年开始减缓。山姆相当担心；但是他责骂副总裁，要他们加倍努力。该公司面临的问题是，缺乏新产品，会计和控制制度相当原始，制造老化、行销能力薄弱。山姆亲自向所有的问题发动攻击，然而经济的衰退使公司的情况更加恶化。到了这时候，山姆着急了，在一星期之内，山姆革除了两位副总裁，跟管理顾问签订一份 20 万美元的合约，请他们诊断公司的情况，并且为了检讨公司每况愈下的原因，跟两位创立人发生激烈的争辩。

在四个月之内，创立人把手中握有的大量股票售给一家对收购其他公司有兴趣的企业集团。六个月之后，该集团又以议价方式购进了握在散户手中的股票。也就是说公司被接管了。

山姆是一位英雄说得通，是一位恶棍也可说得通。他把这个企业早期所需的给了这个企业。这个过程中，他这个人逐渐变成该企业不可分割的部分，"客观"这一重大要素也就丧失了。员工不是在替公司工作，而是在替山姆工作。山姆不是一个增长性企业的总裁，不是公司管理团队的队长，而是一位自封的国王。山姆不能退后几步，使自己与企业之间保持某些距离。

作为一个管理人员，其任务是做出总体规划、总体协调工作，对具体事务不是说不能接触，而是应保证主要精力放在大局上。

一个保姆式的管理者具有如下缺陷：

第一：管得太多，必然使自己身心过于劳累，虽然看起来很认真负责，但是却会使身体健康受到损害，不仅个人损失，而且企业也会因此受到影响。

第二：大事小事都亲自过问，必然会使部下丧失或减弱独立解决问题的能力，使他们缺乏自主性、创造性和积极性，而这对于一个实体来说是可怕的。因为一个企业之所以不是自然人而是法人便是因为它前提是一个固定的机构、拥有一定的实力。这个机构是由许多不同专业的人员组成，互相合作从而使企业进入良性运作。一个人能力再大也无法负担整个企业的运作。只有努力培养部下的工作积极性、独立解决问题的能力，这个企业才会有生命，就像一栋房子，单靠一根大梁是支不住的。

现代社会是高度分工的社会。老板的特长职责便是统筹规划，整体协调和监督控制，而部下的特长和专职就是解决具体问题。互相合作，才能充分发挥效力。

所以，我们不要为"勤奋工作"这个美好的神话而迷惑，超出职责和精力范围的勤奋工作只能是对企业和部下的不负责任。

那种保姆式的经理，总是觉得时间不够用。是啊，时间怎么够用呢，一天只有 24 小时，而企业的问题却多如牛毛，可是，还得吃饭、休息、睡觉吧？

我们必须更好地管理好自己的时间和精力，把它们用在最值得用的地方。

务必少去插手一些本不应该你来插手的事情。

也务必让你的部下把问题带走，如果他没有把问题带走，那就不是你在管理部下，而是部下在管理你。

务必保证足够的休息，以便有充沛的精力去保证工作的效率。

山姆的失败告诉我们：事必躬亲者，戒。

11. 鼓励和扶持员工的创造力

员工未能达到预期的目标，可能是由于以下三个原因：首先，员工本人是否愿意干好他的工作？其次，他是否懂得怎样去干？第三，他是否有机会发挥他的才能？

富有创造力的人若要全身心投入工作，就必须对所从事的研究项目满怀兴趣。你必须使员工对所从事的工作保持浓厚的兴趣，否则，他们会丧失动力，因而也就不能发挥本身的潜力。

确保所有从事某个研究项目的人——不管他们参与整个项目还只是其中一小部分——均目睹工作圆满完成。他们需要分享工作完成后的轻松感，以及圆满完成工作的成就感。

一家医疗公司的科研开发部主任要求他的研究人员与顾客之间存有紧密的联系。这不仅使他们了解顾客的需要，而且当他们研制出一种成功的产品时，也可使他们领略到这份成功的喜悦。

另一位经理总是要求他的研究人员同时从事短期、中期和长期的研究项目。这样，他们就能不断体会到完成工作后的成就感。

当某人提出一个不俗的研究设想时，便应委以重任和给予资源以完成这项工作。委任革新者不仅能激发他的工作能力，并能证明他能否承担更重要的责任。

大部分富有创造力的人往往通过自己的信仰方式获得成就感和满足感。他们自我激励，但别人赏识他们完成的工作也是同样重要。对于管理人员而言，若要以非正式形式经常赞赏员工的工作，最有效的方法之一就是经常深入基层。

这有两个好处：第一，它能使你了解每项工作的进度及所出现的问题，以避免意外的重大损失。第二，它使你有机会向你的员工反馈。

当你到各个办公室巡视时，要多说些鼓励性的话。告诉其他员工某组同僚的工作的重要性，要尝试每天称赞不同的员工。这些措施对激发员工的积极性和生产率，往往有令人惊讶的影响。

富有创造力的人需要一个不拘形式的工作环境，以便自由地彼此闲谈某个概念或问题。他们同时需要避开存在于各个部分或办公室的干扰。大部分人都需要有私人的，或至少私人的工作环境。

革新者的创意价值是难以计算的，因此他们常常比其他部门的员工获得较少的加薪和奖金。但富有创造力的人需要感到他们及所从事的工作与别人的具有同样价值。作为他们的管理者，你应竭尽所能为他们争取津贴和福利。

一旦有人提出创新的意念时，就应从该创新事物为公司赚取的利润中，提取一部分奖励他。从长远来看，这种政策具有极大的激励作用。

富有创造性的工作往往需要每周工作 60 至 70 小时。在这段期间，灵活的利用时间是非常重要的。如果你的处理手法欠缺灵活，就有可能毁掉你最重要的资产。你应谨记合作是双向的，如果稍有延迟就对他们加以制裁，那么下次当你需要在限期内完成任务时，他们可能会拒绝超时工作。

一些富有创造力、甚至是具有超凡创造力的人，往往并没有充分发挥他们的潜力。根据无数研究的结果所得，大部分人一般只发挥 20% ~ 30% 的能力。但若能激发他们的工作热诚和动力，就能发挥 80% ~ 90% 的潜力。由于不少员工没有尽展所能，而导致丧失了多少生产率、流失了多少科研成果，这些损失都是无法估计的。

员工未能达到预期的目标，可能是由于以下三个原因：首先，员工本人是否愿意干好他的工作？其次，他是否懂得怎样去干？第三，他是否有机会发挥他的才能？

有时候，员工本身是希望能干好他的工作的，但这需要更多的信息和培训。当你雇佣他时，你是否说明了你对他的所有要求，以及如何评定他的工作价值？他所接受的训练是否足以应付工作的要求？此外，也许是由于超出他控制范围内的因素而妨碍了他充分发挥潜力。例如，文书或其他部门的工作拖拉，也会直接影响他的工作。

以下三种方法可以提高他们的工作效率：

（1）重新规定任务。有些时候，调派某人到另一部门是不切实际的行动。在这种情况下，你应根据他的能力来重新确定他的工作，以便其掌握。

（2）提供额外培训。公司可通过为雇员提供有效的培训计划，防止人才流失。

（3）关心员工。你需要让员工得知你关心他们。如果你未能使他们感觉到这一点，便会影响他们的自信心和毁掉他们的创造性。

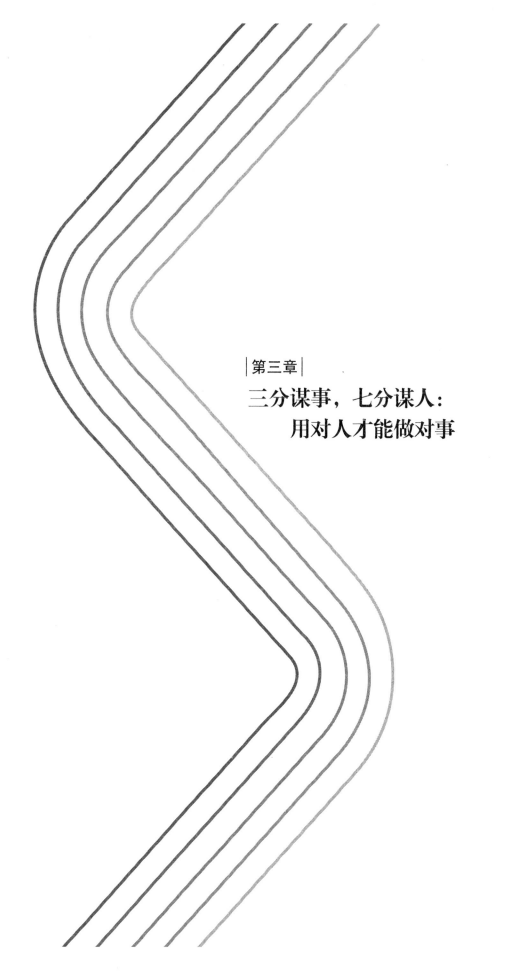

|第三章|

三分谋事，七分谋人：
用对人才能做对事

1. 可以不识字，不可不识人

只要善于发现、识别人才，就可以在最看似普通的人群当中，挑选出最优秀的人才。

真正的商人，不仅眼光要长远，要会明势，要会看清事物的发展趋势，同时应该眼光仔细，要会识人，知道什么是货真价实的人才，什么是假冒伪劣的伪人才。那些一字不识的文盲是怎样成为亿万富翁的？就是因为会识别、会使用人才。所以有句话说"可以不识字，不可不识人"，此话或许有点极端，但道理是没有错的。

明朝的大富翁沈万三，在如何识别人才方面有着其独到之处。沈万三发家之后不断有人来投靠他，如何对这些人进行考察评价，就成为沈万三最主要的事情。

每一个投奔者都有着这样或那样的特长与能力，有的会吟诗，有的经过商，有的从过军，他们都希望靠着自己的本事在沈万三这里谋求一个发展。但是，沈万三所需要他们的，却不是这方面的能力。

当投奔者来到沈府之后，沈府就会有专人出面接待，根据他们的能力，将他们安排在沈府做事，这期间新来的人会很小心地在意自己的一言一行，但等过了三个月之后，他们已经成为沈府的"资深员工"，就会慢慢流露出本性。

这时候就会有人有意地接近新来的人，与他们交朋友，拉着他们去喝酒，那些自我控制力不足的嗜酒者，就会在这个阶段悄悄被淘汰，留下来的人，就会进入下一个考察程序。

沈万三会让人带着这些新来的人去花街柳巷，因为意志力薄弱就会在这一阶段被淘汰。

即使是通过了这一关，证明你是一个正常的人，考察仍然没有结束，沈万三在下一关布下了赌局，赌博是人类的天性，无论一个人是否好赌，但有机会总是会赌一赌。沈万三对这一关的要求是，赌博者不仅要有足够的意志力抗拒赌博的吸引，更重要的是，被考察者还要通过这一关证明自己的直觉判断能力。

民间传说，沈万三针对人的欲望所设下的这几个寻常的考验，一连3年竟然没有人顺利通过，直到3年以后，才有一个已经上了年纪的花匠通过了各个方面的考察。而他在沈府所种植的花木，也看不出有什么奇异之处。

相信，这个结果也是大富翁沈万三自己意料不到的，但是沈万三坚信自己的判断是正确的，于是，他就将这个花匠养在府中，一连几年无所事事。

几年之后，正在前线与元军交战的朱元璋秘密遣人来到南京，向南京富室请求资助军费并运往前方战场，这件事让南京的富户们好生为难，出资可以，但是要想找一个能够把如此巨额的银两，穿越元军与各方面的武装势力割据的中原大地，安全地运到义军大营的人选，却是不容易物色得到。

这时候沈万三想起了老花匠，就决定让他去走一趟。当时就有人反对说，那个老头老得路都走不动了，怎么可能做得了这样的事？还有人说，把这么多白银交给一个老头，他要是私拐了银两，逃跑了怎么办？

虽然众说纷纭，但沈万三却不为所动，仍坚持他最初的意见。第二天，老花匠就带着巨额的银两出发了。3个月后，他已经将银两安全地运抵义军大营，而老花匠也安然地回到了沈府。

沈万三的故事告诉我们，只要善于发现、识别人才，就可以在最看似普通的人群当中，挑选出最优秀的人才。

2. 新经济发展的关键在于人才

有人总结说，李嘉诚的成功是因为在他周围聚集了一大批志同道合、才华横溢的商界英才。

企业的发展因素众多，其中总有一个关键的因素，在李嘉诚看来，这个因素就是人才的吸引和使用。李嘉诚多次在接受传媒访问时表示，企业能否吸引到足够的人才，将是新经济竞争胜出的关键。对于新经济对传统企业的冲击，他则认为，企业必须更有创造力，要有"逢山开路、遇水搭桥"的精神才能成功。

在回答该如何面对新经济带来的挑战的问题时，李嘉诚说，全球化不是一蹴而就，新经济不会只是短暂的现象，而是一个持久的方向。一个国家与民族要孕育少数精英很容易，但要提高整体素质却非常困难，在急速发展的年代中，更要有效率地与时间竞赛，不会容许有太多反复的尝试。

有人总结说，李嘉诚的成功是因为在他周围聚集了一大批志同道合、才华横溢的商界英才。在"长江实业"具有一定规模之后，李嘉诚便开始着手选拔人才和发掘人才。他打破东方家族式管理企业的传统格局，构架了一个拥有一流专业水准和超前意识而且组织严密的现代化"内阁"，来配合他苦心经营起来的庞大的李氏王国。正如一家评论杂志所称："李嘉诚这个内阁，既结合了老、中、青的优点，又兼备中西方色彩，是一个成效极佳的合作模式。"

面对瞬息万变的环境，我们必须灵活应变，并积极参与新科技与资讯产业。李嘉诚认为，新经济未来就像是"星际大战"一样，有传统产业的成分，也有快速变化的科技引导，两者的结合才能使企业走向领先的位置。企业为了发展就要筹措资金，必须利用金融市场募集资本。不过，如果企业主走错了方向，公司上市后，没有实际业务支持，企业泡沫化的问题自然出现。发展网络与新经济的事业，一定要有实质业务与具备可实现的目标。

在李嘉诚看来，企业的发展，在不同的阶段，企业主扮演的角色不尽相同。而企业主下属的辅佐人才，在不同的阶段，亦不相同。在企业创立之初，企业主最希望有忠心耿耿、忠实苦干的人才。而李嘉诚身边的盛颂声、周千和就是这样的人才。李嘉诚深谙用人之道，盛颂声、周千和都是忠心耿耿，埋头苦干，并且能够同甘共苦。因此，在创业之初，对他们予以重用。虽然，创业阶段是艰苦的，如果没有荣辱与共、风雨同舟的共识，很容易见异思迁。所以创业之初，李嘉诚身体力行，身先士卒，为大家树立榜样。他宁亏自己，不亏大家，使企业富有凝聚力。

当时，盛颂声负责生产，周千和主理财务，他们兢兢业业，任劳任怨，辅佐李嘉诚创业，是"长江"劳苦功高的元勋。周千和回忆道："那时，大家的薪酬都不高，才百来港纸（港元），条件之艰苦，不是现在的青年仔所能想象的。""李先生跟我们一样埋头拼命做，大家都没什么话说的。""李先生宁可自己少得利，也要照顾大家的利益，把我们当自家人。"在这段时间，李嘉诚知人善任，任人唯贤，企业获得了较大的发展。

为了适应企业后来的发展，1980 年，李嘉诚又提拔盛颂声为董事副总经理；1985 年，他又委任周千和为董事副总经理。当时，有人说："这是很重旧情的李嘉诚给两位老臣子的精神安慰。"其实不然，李嘉诚委以重职又同时委以重任。盛颂声负责长实公司的地产业务；周千和主理长实的股票买卖。

1985 年，盛颂声因移民加拿大，才脱离长江集团，而李嘉诚和下属为他钱行，使盛氏十分感动。另一名元老周千和仍在"长江"服务，他的儿子也加入"长江"，成为"长江"的骨干。正如李嘉诚所说："长江实业能扩展到今天的规模，是要归功于属下同仁的鼎力合作和支持。"

如此看来，创业以来，"长江"有起有落，但不管怎样，鲜有跳槽者，这不能不说是李嘉诚吸引和使用人才的成功之处。而反观一些事业上没有像李嘉诚般飞黄腾达的富豪，倘若说他们有什么缺失的话，那往往就是不晓得任用人才，以致阻碍了企业的发展。环顾香港的上市公司，虽然很多公司资产值不少，但至今摆脱不了家族式管理。

3. 衡量人才的两个尺度

索尼公司董事长盛田昭夫认为：只有一流的人才，才会造就一流的企业，如何筛选、识别、管理人才，并证明其最大价值，为企业所用，是领导者面临的颇为头痛的问题。

因此，他确立了衡量人才的两个尺度：内在激情和外在能力。一个人才所具有的内在激情，与一般我们所常说的某人有热情是不同的。它比热情更富有内涵。生活中，有些人外表平静，内心却充满激情。而外在能力则是说这个人才所具有的专业技术能力、自我管理和管理他人能力、公关能力等等，这些都是在实际工作中我们所能够看到的。

基于上述标准，人才可以相对分为三类：

第一类人才，内在激情与外在能力都高；

第二类人才，内在激情高而外在能力低；

第三类人才，内在激情低而外在能力高。

每个人的激情和能力所创造的价值不是简单的加法关系，其中任何一个因素的增加，都会导致结果呈几何数增长。

第一类人才，是对于组织最理想的管理型或专业带头型人才。对于领导者来说，最关键的是给这些人以充分的权力，让他们在宽松的环境中充分发挥聪明才智，实现他们自己的目标；同时赋予他们很高的责任，最大限度地发挥释放他们的创造能力，从而形成强大的组织合力，推动组织向健康的方向发展。

第二类人才，在新招募的员工中比较常见。工作热情很高，态度端正，但是没有工作经验，动手能力很差。对于这类员工，领导者应当充分肯定他们的激情，因为这种激情往往是最原始的、本能的、潜力最大的。

针对这类员工工作能力的不足，领导者应该通过制定相关制度对他们提出严格要求，进行系统有效地培训，同时鼓励他们大胆实践，以便在工作过程中增长才干。一定要先安排这类员工在一线进行锻炼。对这类人员的管理是一项长期的投资，领导者要有耐心。

第三类人才，多为专业领域中的技术性人员，他们是组织中价值很高的财富。一般说来，他们对于自己的职位或是长期的发展没有明确目标，是最需要激励和鞭策的。

领导者一方面要对他们的能力予以肯定和信任；另一方面又要对他们提出具体的期望和要求，使他们看到自己的价值，激发他们努力工作的动力。需要领导者引起注意的是这类员工通常对现状不满，尤其对自己的报酬和上升空间不满。需要领导者经常与其沟通，以调整他们的心态。

除上述三类人才外，组织中还有一类内在激情与外在能力都低的员工，领导者也不能忽视。领导者对这类员工首先要有信心，尽量激发他们的激情和提高他们的能力。但是，一定要控制好在他们身上所花的时间和精力。如果这类员工长时间没有改变，就不要再浪费时间和金钱，果断予以淘汰出局。

4. 用人当用"聪明人"

> 盖茨是一个不折不扣的幻想家，他不断地蓄积力量，疯狂地追求成功，凭着他对技术知识和产业动态的理解大把地赚钱。这个"家伙"聪明得令人畏惧。

生活中，经常听到人们夸奖一个人如何如何聪明。其实他们也只是就事论事，你若追问聪明该怎么界定，他们也无从谈起。那么，聪明到底该怎么定义呢？关于"聪明"，比尔·盖茨有其独到的见解。

比尔·盖茨认为，聪明就是能迅速地、有创见地理解并深入研究复杂的问题。而所谓"聪明人"，具体地说就是：反应敏捷，善于接受新事物的人；是能迅速地进入一个新领域，对之做出头头是道的解释的人；是提出的问题往往一针见血，正中要害，能及时掌握所学知识，并且博闻强记的人；是能把原来认为互不相干的领域联系在一起并使问题得到解决的人；是富有创新精神和合作精神的人。

比尔·盖茨说："一个公司要发展迅速得力于聘用好的人才，尤其是需要聪明的人才。"在这点上，微软公司确实做到了，因为他们真正拥有聪明的人才。

微软之所以如此看重"聪明人"，除了因其具有雄厚的科学技术和专门的业务知识外，还因其比较了解经营管理规则。尤其值得称道的是，他们可将这些知识和规则在激烈的市场竞争中运用得得心应手。公司以比尔·盖茨为代表，聚集了一大批这样的"聪明人"，在技术开发上一路领先，在经营上、运作上的技巧高超，使微软成为全球发展最快的公司之一。

事实上，盖茨本身就是一个绝顶聪明的人。微软的员工及局外人士一致认为，盖茨是一个不折不扣的幻想家，他不断地蓄积力量，疯狂地追求成功，凭着他对技术知识和产业动态的理解大把地赚钱。这个"家伙"聪明得令人畏惧。

正因如此，盖茨更倾向于对"聪明人"的寻求，在公司成立初期，微软设计了一套产品的招聘制度来网罗人才。

在当时，比尔·盖茨、保罗·艾伦以及其他的高级技术人员对每一位候选人进行面试。后来，微软用同样的办法招聘程序经理、软件开发员、测试工程师、产品经理、客户支持工程师和用户培训人员。微软公司每年为招聘人才大约要走访50所美国大学。招聘人员既去名牌大学，同时也留心地方院校（特别是为了招收客户支持工程师和测试员）以及国外学校。

1991年，微软公司为了雇佣2000名职员，走访了137所大学，查阅了12万份履历，面试了7400人。年轻人进入微软公司工作之前，在校园内就要经过反复考核。他们要花费一天的时间，接受至少四位来自不同部门职员的面试，而且在下一轮面试开始之前，前面一位主试人会把应试者的详细情况和建议通过电子通讯传给下一位主试人。有希望的候选人还要回微软公司总部进行复试。

微软公司通过这些手段，网罗了许多全国技术、市场和管理方面最优秀的年轻人才，为微软赢得了声誉，在各大学里树立了良好的形象。一位曾在IBM公司和康柏公司享受高薪水的22岁年轻新员工说："微软的名字带有浓厚的神秘感，这使你的履历看起来非同一般。"

微软的作风就是：人人不墨守成规，不崇尚正式头衔。因此，员工们不用费尽心机、拉帮结派以争来权力。公司所看重的是将产品推向市场的能力，往往权威与责任都只与那些具有这种才能的员工相伴。

比尔·盖茨说："微软开发部门的一个重要特点便是：各个开发组全部的权力分布状况是每个人的力量和能力的反映，这绝不是千篇一律的俗套……公司的管理制度是很有伸缩性的。如果我雇佣了一个对特性构造颇为在行并极为出众的开发经理，我估计权力会自然而然地向他转移。我对此并不介意，而只会调整自己去适应这种情况。"

对这一独特用人理念的一贯坚持，使得微软这个年轻的公司充满诱惑力，吸引了一大批优秀人才，他们成为一股不断涌动的潮流，推动着微软的事业不断向前。

5. 价值观比能力更重要

松下幸之助说："如果你犯了错，但却态度诚恳，公司会宽恕你，把这当作是一笔学费；但如果你背离了公司的价值规范，就会受到严厉的批评，甚至被解雇。"

价值观决定一个人看待事物的标准。如果一个人的价值观有偏颇，就很难要求他具备忠诚、正直等品质；如果一个人的价值观与企业提倡的价值观有很大差别，就很难融入到企业的整体氛围中去。也就是说，如果企业在选人时，没有充分考虑人才的价值取向问题，那就很难指望招聘的人会为公司做出贡献。

在通用电气公司，尽管他们在选用人才时也非常重视工作成绩和专业技能，但他们更注重的还是员工的价值观。

通用对员工的绩效进行考评时，有一套被称之为"360 度评价"的措施，是他们的考评办法中最具特色的亮点。

韦尔奇说："即使工作成绩出色，但如果他不具备公司的价值观，那么公司也不会要这样的人。"的确，通用公司的整个管理层都存在这样一种共识：每个员工都要接受上司、同事、部下及顾客的全方位 360 度的评价。这其中分为 5 个阶段，每个阶段由 15 个人组成。评价的标准就是员工在日常工作中是否按照公司价值观行事。更值得一提的是，通用还将这种全方位考核措施，进一步延伸到了对管理人员的选定工作中去。通用一向侧重于从外部挑选管理候选人，使更多的人才被纳入到通用公司中来，这也可以说是通用独特的人力风格。但是，通用挑选人才首先要确定的，却并非能力，而是价值观。

选用那些价值取向与公司价值观相符的人，能够使企业在内部建立一个共同的目标。如果企业雇佣的人在价值观上与企业文化不相符，那他就会认为企业所从事的事业不值得，那企业还怎么能希望他把该做的事做好呢？

服务师公司是全球最具规模的服务性公司，它的下属公司有专门提供消灭害虫服务的特米尼斯公司，提供家政服务的快乐女佣公司，从事专业草坪养护的特鲁格林公司等等。服务师公司的宗旨就是为人们提供最优秀的服务，这也是他们企业文化和价值观的总体体现。

在一次高级管理人员会议上，董事长波拉德播放了一盘有关不同类型求职者的录像带，带子上有一位妇女，在面试时对管理人员说："我是一个同性恋，但是我非常乐意为别人服务，所以我想在你们公司工作。"波拉德和其他公司的领导商定，只要她真正的目的是来做事，就可以加入他们的公司。于是，最后这名妇女成了服务师公司的一员。

另外，那盘录像带上还有一个人，他说："我非常想加入你们公司，但我真的不想干服务性质的活，我可以尝试管理方面的工作。"波拉德当即指出："这个人不适合，服务是我们最根本的要求，如果他认为服务性工作是不值得做的事，可见他的价值观与我们相悖。"

最后，波拉德还说："并非所有的人都愿意接受我们的宗旨和价值观。对于那些不愿意接受我们的宗旨和价值观的人，公司也的确不是他们合适的去处。所有想加入我们的人以及公司现有的员工，都应该明白这一点。"

价值观在考核一个人时是至关重要的。人们的价值观引导他们的思考和行为。当某人申请为公司工作，并了解到这个公司信奉什么时，管理者必须思量一下，这里是否适合他，他是否能适应这里的价值标准。如果一家公司的员工不认同这个公司的价值观，那这个公司就很难经营好。

6. 别让错误的人干错误的事

让一个错误的人选，留在一个错误的职位上，是任何企业成功之路上的一个障碍。正因为如此，日本人十分注重对商业人才的使用和培养，他们坚持这样一个观点：如果下属表现不够好，不是员工的错，而是老板没有用对人。

札幌啤酒公司是日本一家生产啤酒和其他饮料的企业，总部设在东京，由于它一贯注意选用和培养"自我开发型"人才，使公司业务稳步发展。

1993 年其销售额达 30 亿美元，利润额为 3070 万美元，拥有资产为 75.6 亿美元和员工 5344 人，是全球最大 500 家工业企业的第 465 位。

札幌啤酒公司：需要自我开发型的人。

录用考试时重视面试。公司方面说，希望得到愿意在全国跑来跑去这种类型的新职员。

该公司广告部负责人说："必须与公司的变化相配合而使自身也发生变化。具有'自我开发'的灵活性和强烈求知欲的人是最可取的。"

日本成功的企业，在用人方面都有他们的特点，他们由于用人得当，促进了企业的成功。

伊藤忠商事公司用人策略是需要不墨守成规的人。人事部副部长高岛说："企业风气是自由豁达而又不讲派系，这对新职员来说似乎是富有魅力的。"然而，除非打破组织的大框框，违反公司内部规章，否则公司方面就不会要求录用只会按老样子办事的职员。这是因为，今后的贸易职员必须为适应生产结构的变化而拓宽视野。

北海道拓殖银行的用人原则是需要具有强烈好奇的人。人事部成员金泽说："对新职员寄予的最大期望是，在信息化社会中具有强烈的'好奇心'。照章办事就行得通的时代早已结束了。希望他们能够主动做到充分运用信息意识来调整工作。并且希望当遇到困难的时候具有坚忍不拔的精神。还要求他们不抱'挫折感'。"

这家银行的风气是："发扬传统的开拓精神，建立公开的组织，从董事长到普通职员整个银行都要重视风俗习惯。"而北海道的风气就是追求最新颖的东西，这种风尚便同好奇心联系在一起。尊重这种风气是绝对需要的。

东亚国内航空公司用人策略是：需要能够提出问题的人。人事部的舟桥说："特别想向那些将来会成为企业骨干力量的男大学毕业生强调的是，要有能够提出问题的观念，我们公司在战后才取得蓬勃发展，基础还薄弱，只会模仿前人是不行的。因而，我们需要大胆起用提出问题的新人。"

日本电信电话公司在用人时：需要顽强竞争人才。公司董事长兼人事部长吉田说："在机会均等的原则下，录用一批坚强有力的人才，这些人能够适应伴随民营化而正式进入竞争的时代。"

日本麦克唐纳快餐公司：需要敢于迎接挑战的人。

公司负责人说："麦克唐纳快餐公司寄希望于新人的是，他们将来做分店经理的候选人。因此，他们不应该坐等上级的指示，而应该不断地主动迎接挑战。"

公司的分店一般使用 80～100 名左右的临时工，因此，很好地同他们交往是很重要的，公司负责人强调，"必须能够理解这些临时工的心情"。

马自达汽车公司：需要有活力的人。

公司对 3 万名职工的要求是：无论做事务工作或技术工作，都要成为善于思考并富有活力的人。

西武公司：需要有自我实现精神的人。

公司激励职工自我实现和自我忠告，希望大家最大限度发挥自己的才干。公司的基本观点是：多数情况下，不是人不好，只是没用好。

7. 人才固重，品德在先

> "学历不如做事，做事不如做人"，"有才无德，才不能用；有德无才，德可以用"。

统一企业高清愿不仅会网罗人才，更注重如何使用人才。

他在用人方面特别注重品德与实务经验，只要是具有真才和实干精神的人，都能得到他的欣赏和重用。

无论在统一企业员工的总结大会上，还是在管理干部会议上，或在经济发展学术研讨会上以及在岛内的重要社交活动中，时常听到高清愿的几句名言：

"学历不如做事，做事不如做人"，"有才无德，才不能用；有德无才，德可以用"。

他认为，经营企业需要各种人参与，而每个人的个性、家庭、成长过程各异，踏进社会之后，自然因个人的背景不同，而影响其做事的想法。企业用人不论是博士、硕士的高学历，均须从基层做起，才可能升任主管。

因此高清愿强调：

"用人必须从基层选拔，而非一纸高学历文凭；企业要赚钱，完全事在人为；事业用人要能唯才是用，了解员工的特长，事业需要苦拼出来。"

高清愿还有一套培养、使用人才的诀窍。

台湾食品业杰出人才、"桂冠"总经理王正一对高清愿与统一企业的用人之道有这样的评语：

"企业急速扩张，最重要的后援是人才与资金。统一企业人才培训与财务能力，在《天下》杂志所做企业的调查中都名列前茅。"

统一企业有一条不成文的规定，那就是女员工一结婚就得自动辞职。20世纪80年代，在台南永康乡，很多人觉得"挺着大肚子上班"是不可思议的事。这是高清愿对待员工管理的一大特色。

不过，随着时代的发展和事业的进步，高清愿逐步改变了这种观念。特别是统一企业成立电子部和与美、日等进行技术合作后，高清愿也开始起用那些德才兼备的女士，为统一企业服务，为统一企业创造财富。

高清愿选拔人才不但包括了才能，亦将品德列为最重要的条件。

他对统一企业人事部门的干部说："工人入厂工作只要勤快努力，但职员以上的人才就必须注意到他的品德。"

他强调：

"尤其是企业的中层干部，直接与员工接触，他们的一言一行直接影响到厂内的基层干部，也直接带动整个企业的风气。"

因此，高清愿在选择第一批中层干部的时候，最为慎重，要求的也最严格。有时在某些人看来甚至是苛刻。

他不但要审核这些人的履历表、自传、学校成绩单、毕业证书，更把他们在初中、高中、大学的操行证明书列为审核项目，在初次筛选后并从各方面打听他们的品德。

高清愿说："才能好，品德不好，一点用处都没有。因为仅是能力强，脑筋好，并不是好现象，企业经营需要的是忠实与热诚。"

对品德的重要性，他强调：

"一个有能力与品德好的干部，在公司中领导员工做事，能让员工心服口服，也能让员工知道领导有眼光而公平，那么他们就会卖力地工作，以报答公司负责人的知人善任。"

在统一企业的成就中，有许多是高清愿引以为自豪的。其中之一便是能让年轻人有充分的施展才能和升职的机会。他说：

"往往有许多年轻人想努力却没有发展的机会，但在统一企业公司中却没有这种情形！"

卓著的信用与公平的人事，就是高清愿在统一企业股份有限公司创立时打下的两块基石。这两块基石稳固后，高清愿便致力于企业的扩张了。

才能与品德兼行，是高清愿带领统一企业走向成功的关键因素之一。

8. 对你不喜欢的人也要提拔

我总是寻找精明能干，爱挑毛病、语言尖刻、几乎令人生厌的人，他们能对你推心置腹。如果你能把这些人安排在你周围工作，耐心听取他们的意见，那么，你能取得的成就将是无限的。

一个贤明的管理者，不仅应该细心研究自己及周围人员的性格特点、工作作风以及心理状态，更应做到因地制宜、对症下药，这样工作起来才能得心应手，事半功倍。对于表现型的人，务必注意在工作的各个细节上都为其制定具体的计划（一定用书面形式），否则，他们很容易偏离工作目标。要以同情的态度倾听他们的述说，不要急于反驳和争辩，当他们安静下来时，再提出明确的、令人信服的意见和办法。对他们的成绩要及时给予公开表扬，同时也要多提醒他们冷静地思考问题。

美国IBM公司的总裁小沃森用人的特点是"用人才不用奴才"。

有一天，一位中年人闯进小沃森的办公室，大声嚷嚷道："我还有什么盼头！销售总经理的差事丢了，现在干着困人没事的闲差，有什么意思？"

这个人叫伯肯斯托克，是IBM公司"未来需求部"的负责人，他是刚刚去世不久的IBM公司第二把手柯克的好友。由于柯克与小沃森是对头，所以伯肯斯托克认为，柯克一死，小沃森定会收拾他。于是决定破罐破摔，打算辞职。

沃森父子以脾气暴躁而闻名，但面对故意找茬的伯肯斯托克，小沃森并没有发火。小沃森觉得，伯肯斯托克是个难得的人才，甚至比刚去世的柯克还精明。虽说此人是已故对手的下属，性格又桀骜不驯，但为了公司的前途，小沃森决定尽力挽留他。

小沃森对伯肯斯托克说："如果你真行，那么，不仅在柯克手下，在我、我父亲手下都能成功。如果你认为我不公平，那你就走，否则，你应该留下，因为这里有许多的机遇。"

后来，事实证明留下伯肯斯托克是极其正确的，因为在促使 IBM 做起计算机生意方面，伯肯斯托克的贡献最大。当小沃森极力劝说老沃森及 IBM 其他高级负责人尽快投入计算机行业时，公司总部响应者很少，而伯肯斯托克却全力支持他。正是由于他们俩的携手努力，才使 IBM 免于灭顶之灾，并走向更辉煌的成功之路。

后来，小沃森在他的回忆录中，说了这样一句话："在柯克死后挽留伯肯斯托克，是我有史以来所采取的最出色的行动之一。"

小沃森不仅挽留了伯肯斯托克，而且提拔了一批他并不喜欢，但却有真才实学的人。他在回忆录中写道："我总是毫不犹豫地提拔我不喜欢的人。那种讨人喜欢的助手，喜欢与你一道外出钓鱼的好友，则是管理中的陷阱。相反，我总是寻找精明能干、爱挑毛病、语言尖刻、几乎令人生厌的人，他们能对你推心置腹。如果你能把这些人安排在你周围工作，耐心听取他们的意见，那么，你能取得的成就将是无限的。"

管理是一门艺术，科学地采用适合于彼此的工作方法进行管理，处理人事关系，可以避免简单生硬和感情用事，避免不必要的误解和纠纷，扬长避短、因势利导，进而赢得同事的支持与配合，造就一个协同作战的班子，并且能更迅速、更顺利地制定和贯彻各种决策，实施更有效的管理。

9. 善于跟性格迥异的人合作

跟不同风格的人共事不一定是坏事。只要各自的工作风格能够珠联璧合，配合得天衣无缝，他们的合作就会强而有力。

20 世纪 60 年代，工业心理学家大卫博士发现，有两种行为模式能够极为有效地预测人们的行为倾向，即果敢型和反应型。果敢型指对别人具有说服力或指导力。反应型则指更善于在别人面前表露内心情感或体会他人情感。

果敢型的人往往雷厉风行、决策迅速、处事果断、声音洪亮、爱高谈阔论、好冒险、敢于对抗、发表意见或给指令时直截了当。反应型的人则倾向于直诉情怀、重视问题中人的因素、愿意与人共事、时间观念不强。

总体来看，果敢型和反应型两种行为模式决定了一个人的行为风格。这种风格的建立则取决于他人对你行为的认识。能够看透他人是一种挑战，能够客观地把握别人对自己的看法更是难上加难。

人的行为风格可分为以下 4 类：分析型、温和型、表现型及推动型。

（1）分析型是完美主义者。他们事事力求正确，精于建立长期表现卓越的高效流程。但他们的完美倾向会导致大量繁文缛节，做事喜欢固守陈规。

因此，不要指望这些谨小慎微的人会果断决策。这类人总是搜集尽可能多的信息，权衡各种选择、甚至一些不可能的选择。他们常常苦于决策。

分析型的人喜欢独立行事，不愿意与人合作。尽管他们性情孤傲，但令人惊喜的是，患难之中却最见其忠诚。

（2）温和型的人适合团队工作。他们常喜欢与人共事，尤其是人数不多的团队工作或两人合作。这类人淡漠权势，精于鼓励别人拓展思路，善于看到别人的贡献。由于对别人的意见能坦诚相待，他们能从被其他团队成员随手否决的意见中发现价值。

温和型的人常常愿为团队默默耕耘。由于他们的幕后贡献，往往使他们成为团队中的无名英雄。这种无私的奉献固然伟大，但他们可能会走极端，只顾别人却忘了及时完成自己的工作。

温和型的人一般在一个稳定的、企业组织架构清晰的公司中表现出色。一旦他们的角色界定、方向明确，他们会坚定不移地履行自己的职责。

（3）表现型的人好炫耀。他们敢于夸口，好出风头。这类人喜欢惹人注目，是天生的焦点人物。

表现型的人活力十足，偶尔也会显露疲态。这往往是因为失去别人刺激的结果。也许由于他们精力充沛，所以总喜欢忙个不停。

但表现型的人好冲动，常常在工作场所给自己或别人惹麻烦。他们喜欢随机做事，不爱计划，不善于时间管理。他们能抓大局，放弃细节，喜欢把细节留给别人去做。

（4）推动型的人注重结果，在 4 类人中最务实，并常常为此引以为自豪。他们喜欢定立高却很实际的目标，然后付诸实际。但他们极其独立，喜欢自己定目标，不愿别人插手。善于决断是其显著特点。

推动型的人看重眼前实际，很少理会理论、原则或情感。他们懂得随机应变。但这类人有时太好动且行动迅速，往往因仓促而走弯路，从而带来一些新问题。

推动型的人无论表达意见还是提出要求都很直率。他们实干但不囿于琐事，理智但不迂腐。

每一类人都有其潜在的优势和不足，但优势也只不过是潜在资产，只有善加开发才能成为实际优势。同样，不足也只是一种潜在的负债，每一类型的成功人士都会设法扬长避短，提高效率。

虽然每个人都会表现出一种主导风格，但多少都会兼有一些其他风格的特征。无论我们的主导风格多么明显，我们的行为中总可以看到其他风格的痕迹，甚至在许多方面都有所表露。有效的企业组织需要同时具备这4种类型的优势。杜拉克在《管理：任务、职责与实践》一书中写道："企业的高层管理中需要至少4种不同类型的人：'思想者'（分析型）、'行动者'（推动型）、'交际者'（温和型）和'冲锋陷阵者'（表现型）。"

跟不同风格的人共事不一定是坏事。只要各自的工作风格能够珠联璧合，配合得天衣无缝，他们的合作就会强而有力。"风格调适"就是调整个人行为以更好地与其他人配合，即对个人的一些行为进行调整，以使双方更好地互动。

10. 中等人才最好用

中等人才没有骄傲的资本，谦逊好学，勤恳务实，他们很重视公司给予的职位，为工作竭心尽力，这样反而可能取得比上等人才更好的业绩，对公司的作用更大。

并不是所有高级人才都是"千里马"。有些人本领高却没有实干精神，才能大却没有忠义之心，这种人极难驾驭，感情约束基本无效，除非你能满足他的野心，否则他决不会对背叛抱有任何愧疚之感。你若是已经做成大商人，大概能笼络住他，若无把握，不如用中等人才。这就像乘坐马车一样，与其追求速度被一匹劣马掀翻车子，不如追求稳妥让一匹普通的马平平安安送到目的地。

日本西武集团的掌门人堤义明有一条用人原则：宁用诚实人，不用聪明人。他的理由是：

聪明人在才智方面的确了不起，由于常被大家推崇，能谦逊自省者，少之又少。因而他们轻视身边的人，不易合作。

聪明人只是暂时的领跑者，他们却以为自己永远聪明，能勤敬自修者极少，常常成了落伍者，还自以为了不起。

聪明人的欲望较常人强烈，地位低时，心怀不平，容易制造麻烦；一旦掌握大权，很容易私心盖过良心，做出危害更大的事情来。

为了甄别聪明人与诚实人，堤义明规定：凡进入西武的新职员，都要先打杂三年。在三年打杂后，聪明人与诚实人便泾渭分明：

聪明人头一年态度认真，表现出众；第二年便开始投机取巧，追求远远超过自己付出的收获；第三年，聪明劲全用到歪道上，对工作毫无责任心。

诚实人头一年普普通通；第二年有了经验，能够顺利承担工作任务。他们不爱表现，对分内工作任劳任怨地去做；第三年，他们在学习和实践中得到的比聪明人更多，工作比聪明人更出色。

总之，聪明人往往变成懒惰不负责任的人，诚实人往往变成能干而敬业的人，因此，用诚实人不用聪明人，还是很有道理的。

聪明与诚实并不是绝对对立，"宁用诚实人，不用聪明人"，并不是绝对不用聪明人。相反，一个人既诚实又聪明，这恰恰是堤义明最看重的人才。只不过，他在选人时，始终把品德置于学识之前。

用上等人才，成本无疑比较高，道理很简单：一方面，千里马不易找到；另一方面，买一匹千里马，要用十匹马的价钱。所以，商人始终要有成本概念，如果中等人才可用的话，没有必要强求上等人才。

台湾塑胶集团掌门人王永庆，早年对人才要求极高，务求优秀。那时台湾人才资源匮乏，虽然费心搜寻，优秀人才也只是偶有所得。后来，他诚心聘请了一批外国留学生，谁知这些人在台塑"水土不服"，工作既不安心，业绩尚不如普通人。

如何找到合格人才呢？经过多年摸索，王永庆终于总结出两条经验：其一，人才要靠自己培养；其二，用中等人才。

所谓用中等人才，就是说，某个领域的某一职位，王永庆并不刻意选择顶尖人才，而是选取中等人才来用。为什么要用中等人才呢？王永庆认为，顶尖人才可遇不可求，决不是经营者强烈的爱才求才愿望可以促成的。既然可遇而不可求，只好退而求其次，用中等人才。

得到中等人才比较容易，他们经过培养训练，对工作也能胜任愉快，大可不必去争抢那些"一流"人物。

此外，中等人才比上等人才容易培训。那些聪明自负的人，一旦工作不顺心，就抱怨自己的公司，抱怨自己的职位。带着这种心态做事的人，责任心和工作热忱都不足。尽管他才能一流，若不发挥出来，还不如一般人才。

相反，中等人才没有骄傲的资本，谦逊好学，勤恳务实，他们很重视公司给予的职位，为工作竭心尽力，这样反而可能取得比上等人才更好的业绩，对公司的作用更大。

王永庆"用中等人才"的策略也不排斥顶级人才。正因为顶级人才求而难得，才以培养中等人才为主。如果能找到合用的顶级人才，王永庆也会想方设法收入麾下。几十年来，王永庆以重金或委以重任的方式从各界聘请了许多将才到台塑旗下。例如台湾化纤业的四大将才黄乾相、林振铃、张新井与邱明宏等等，都是一等一的人才。

用中等人才，并舍得花大价钱培养他们，使台塑永无人才匮乏之虞。深厚的人才基础，正是台塑集团称雄市场的最大资本。

"用中等人才"，依据的是特定行业的标准，即某一行的中等人才。比如搞科研工作，可用才居中等的科学家来干。若是用一个小学生滥竽充数，肯定是不行的。而且，对中等人才应舍得花成本尽心培养，否则他们始终只是中等人才，难有优秀的表现。

11. 识别人潜在的才华

优秀的企业家能够发现雇员的隐性知识，并承认隐形知识的价值，用薪酬、奖励、关怀等方式让具有隐性知识的人充分施展才华，发挥他们的主观能动性。

公司招聘人才时，总要了解雇员的学历、履历和基本技能。学历和履历是可以用文字、数据、图表描述的，可以用成绩单和奖状说明，但是，这些东西仅代表雇员工作能力的一部分，而非全部。同一院校的同期毕业生，具有相同工作经历的人有很大差别，他们的直觉、灵感、判断力、价值观、悟性、心理素质和个人技能等都不是文字或数据所能表述的，而在实践中，这些因素起着非同小可的作用，有时甚至决定工作的成败。

我们把无法用语言、数字、公式表达，但与能力密切相关的知识叫做隐性知识。隐性知识不具有普遍性，它是个人特有的能力，是无法模仿，无法复制，只可意会不可言传的知识。

在受过同种教育、掌握同样管理知识的人中，有人在市场经济中如鱼得水，左右逢源，游刃有余，有人如虎落平阳，上下碰壁、步履艰难。他们的差异主要体现在隐性知识上，在于对机会的把握能力上。隐性知识是一部分雇员的无形资本和无形财富，企业家利用得当，就能将他们的隐性知识转化为企业的无形资本和财富。

雇员在相互比较中逐渐发现自己具有某种隐性知识，他们可能把这种知识称为"诀窍"，"绝招"或"一技之长"。在人才竞争激烈的条件下，他们往往不肯轻易将隐性知识传授于人。隐性知识在小企业比在大企业更重要。大企业的机械化、自动化和数字化程度高，对个人技能的依赖较低。小企业的机械化、自动化、数字化程度低，对职工个人的技能要求较高。有些行业属于个性行业，比如，演艺、歌舞、体育、艺术、医疗、律师、烹饪、服装、美容等，这些行业对个人的隐性知识有很强的依赖性。一个导演的去留可能影响一家电影公司的效益；一个球员的退出可能影响一家足球俱乐部的收入；少数工人仅凭机器声音的细微差异就能发现故障，并能迅速排除，而工程师花很长时间却找不到症结在哪里；有些厨师烹饪的菜肴色香味俱全，能为饭店招来很多食客；有的广告设计师创意新颖，不落俗套，能够吸引客户的眼球；有的服装设计师对流行趋势独具慧眼，他们设计的款式能立即风靡市场。这种员工就是企业的重要财富，他们不一定担任领导职务，但他们的工作对企业的效益有重大影响。

优秀的企业家能够发现雇员的隐性知识，并承认隐形知识的价值，用薪酬、奖励、关怀等方式让具有隐性知识的人充分施展才华，发挥他们的主观能动性。愚蠢的老板看不到或不承认隐性知识的价值，更不愿意为雇员的隐性知识付费。

金桥饭店的老板给我讲过一个故事。星座酒楼的张厨师手艺极高，可谓当地餐饮业的头牌大厨，星座酒楼顾客盈门。但张厨师名声大，脾气也大，做起事来有一种功高盖主的派头。星座酒楼的老板个性很强，与张厨师无法和谐相处。金桥饭店的老板是个有眼光的人，他几次以顾客身份到星座酒楼品尝张厨师的菜肴，立刻意识到张厨师的价值，并用高薪将他拉到自己麾下。几个月后，金桥饭店的营业额倍增，星座酒楼的生意却逐渐萧条下来。金桥饭店的老板说，烹饪是一种艺术，烹饪学校的毕业生很多，他们是按同一教学大纲培养出来的，操作手法也大同小异，但菜肴的色香味在于刀工、佐料、火候的细微差异。有人悟性高，有人悟性低，这种细微差异只可意会，不可言传，即使传授，别人也只能学其形而无法学其神。脾气好、手艺精的人固然有，但凡事不能求全，既然好手艺与坏脾气集中在一个人身上，难以分离，那就得容忍张厨师的坏脾气，因势利导，为企业创造效益。

12. 用人要不拘一格

用人除了要看实际才干外，还要看兴趣和潜质。一个人在某一行有天赋，如果他同时又有兴趣的话，稍加培养即能成为优秀人才。

用人最忌按文凭、经验等框框、杠杠取才，有的人学历很高，由于不知变通，办事却很低能；有的人经历很丰富，由于悟性太差，始终没有长进。重用这种人，就可能误事。

成功企业家取才，首重能力，绝不存世俗偏见。所以，他们手下总是人才济济。

王嘉廉是美籍华人，大学毕业后，与人共创国际电脑公司（简称 CA 公司）。经多年发展，这家公司已成为美国最有价值的 100 家公司之一，王嘉廉还被誉为"华人中惟一能与比尔·盖茨抗衡的人"。

王嘉廉用人，有独到的眼光，最欣赏有创新精神、勇于挑战并能随机应变的人。他说："我的人才观与一般人很不同，只要有一技之长的人，在我的眼中就是人才。"

他还说："拥有高学位或名校出身者，并不就是最适合在 CA 工作的人。"

他手下最年轻的总裁古玛，就是一个没有大学文凭的人。

古玛是斯里兰卡人，读高中时便对电脑产生了浓厚兴趣，但受父母之命，却考进医科大学。他对医学毫无兴趣，利用课余时间钻研电脑，并在一家软件公司当程序员。后来，这家公司被王嘉廉兼并了。古玛估计自己不会被留用，就打点行装，准备继续他的医科学业。

这时，王嘉廉主动找到古玛，劝他说："我知道你在电脑方面有专长，留下来吧，年轻人！"

古玛说："但是，我还在读大学，读的是医学专业。"

王嘉廉呵呵笑道："这并不重要，我不需要医生。我需要的是电脑人才。"于是，古玛决定加盟 CA。日后，他以自己的才干而受到重用，成为一位出类拔萃的主管。

用人除了要看实际才干外，还要看兴趣和潜质。一个人在某一行有天赋，如果他同时又有兴趣的话，稍加培养即能成为优秀人才。

索尼公司创始人之一盛田昭夫，用人从不讲资历，只要是个人才，进来第一天就敢重用；他也不讲文凭，甚至写了一本《让文凭见鬼去吧》的书，表明自己对文凭的看法。

户泽圭三郎毕业于名古屋大学，是盛田昭夫的远房亲戚。有一次，盛田与他谈起了开发录音机磁带的计划。当时户泽还不知道磁带录音机为何物。当他从盛田带来的录音机里听见自己的声音时，感到非常吃惊，并产生浓厚兴趣。

盛田知道户泽极有研究精神且好胜心很强，就邀请他参与开发录音机磁带的项目。户泽正在犹豫，盛田故意激他说："资料什么的一概没有。"户泽一听这句话，顿时来了精神，说："正因为没有资料，没有参考书，我这个门外汉才要算上一个。"就这样，户泽进入公司，为研制录音磁带的项目立下大功，日后还在公司获得领导地位。

有霸王之才者，君子小人莫不乐为之用。有些人确有大才，也有明显的品格缺陷，这种人用好了是个宝，用不好是个精怪，要有王者气象和超强统御力的商人，才用得好这种人。

特朗普出生于豪富之家，他的志向是创下一份比父亲更大的事业。在沃顿金融学院读书时，他在某地发现了一个公寓村，共有八百套住房闲置。他建议父亲将这个公寓村全部买下来，交给他经营。经过一番修缮整顿，公寓的面貌焕然一新。一年后，他就将这里的八百套房子全部租出去了。

特朗普还要读书，他就聘请一个名叫欧文的人当经理，代他管理物业。欧文颇有治事之能，很快使公寓村的各项工作走上正轨，几乎不用特朗普操心。

但是，欧文有一个令人讨厌的毛病——偷窃。看见漂亮的、值钱的东西，他就忍不住想搬到自己家里去。仅一年时间，他偷窃的公物高达5万多美元。

特朗普发现欧文这种毛病后，从心情上来说，他恨不得让这个家伙立即滚蛋。但是，从理智出发，他觉得还需要慎重。一方面，他一时找不到一个合适的人接替欧文的职位；另一方面，他认为公司不仅是一个赢利的地方，也是一个传播文化、培训人才的地方，对一个有毛病的人，不加教育就推出去，是不负责任的态度。

最后，特朗普决定给欧文一个改过机会。他将欧文找来，给他加了薪水，并指出他的毛病，建议他以后一定要检点自己的行为。欧文原以为此番职务不保，没想到特朗普对他如此大度，既羞愧又感激。自此，他改掉了恶习，兢兢业业工作，为特朗普创造了很大的利润。几年后，当特朗普卖掉这个公寓村时，总共赚了好几百万美元。后来，特朗普成为"纽约不动产大王"，被誉为"新兴的超级明星"。

用人的目的是为了做大事业，理当从需要出发，从观念上打破条条框框的束缚。此外，企业家还要根据自己的经济实力和用人能力，寻找相配的人才。庙门太窄，容不下大佛；腕力太弱，缚不住真龙，用适宜的人才，才能相得益彰。

13. 人才的十个标准

很多人都听过这样一个笑话：说一个人要刮胡子，因怕剃刀快，为了保护自己的脸皮不受损伤，弃之不用，而改用很钝的镰刀刮胡子，结果，不但胡子没有刮干净，还刮得满脸是血。

联系到用人，有许多管理者也是用这种眼光来衡量人才的，他们不敢使用真正有价值的人，只能搜集了一帮无用的糊涂虫。

以下是管理者衡量人才的十个标准：

（1）不忘初衷而虚心学习的人

所谓初衷，即创造优质廉价的产品以满足社会、造福社会。只有抱着这种初衷，才可能谦虚，也只有谦虚才能实现这种使命。日本的松下幸之助先生在任何时候都很强调这种初衷，可以说，他的谦虚正是为了达成、完满也就能够顺利实行活用人才之道。松下指出：处于管理者岗位的人，尤其不可没有谦虚之心。经常不忘初衷，又能谦虚学习的人，才是企业所需人才的第一条件。

（2）不墨守成规而经常出新的人

要允许每一个人在基本方针的基础上，充分发挥自己的聪明才智，使每一个人都能展现其五光十色的灿烂才能。

（3）爱护公司、和公司成为一体的人

在欧美人那里，当人们问及从事什么工作时，他的回答总是先说职业，后说公司；日本人则与此相反，先说公司，后说职业。一位合格的员工要有公司意识，和公司甘苦与共。

（4）不自私而能为团体着想的人

公司不仅培养个人的实力，而且要求把这种实力充分地运用到团队上，形成合力。这样，才能带来蓬勃的朝气和良好的效果。

（5）能作正确价值判断的人

所谓价值判断，是包括多方面的。大而言之，有对人类的看法、对人生的看法，小到对公司经营理念的看法，对日常工作的看法。不能做出正确价值判断的人，实际上是一群乌合之众。

（6）有自主经营能力的人

一个员工只要照上面交代的去做事，以换取一月薪水，是不行的。每一个人都必须以预备成为社会精英的心态去做事。如果这样做了，在工作上一定会有种种新发现，也会逐渐成长起来。

（7）随时随地都有热忱的人

人的热忱是成就一切的前提，事情的成功与否，往往是由做这件事情的决心和热忱的强弱而决定的。碰到问题，如果拥有非做成功不可的决心和热忱，困难就会迎刃而解。

（8）能得体支使上司的人

所谓支使上司，也就是提出自己对所负责工作的建议，并促使上司同意；或者对上司的指令等提出自己的看法，促使上司同意；或者对上司的指令等提出自己的看法，促使上司修正。如果公司里连一个这样支使管理者做事的人也没有，公司的发展就成问题；如果有 10 个能真正交使管理者的人，那么公司就有光明的发展前途；如果有 100 个人能支使领导，那公司的发展更加辉煌。

（9）有责任意识的人

这就是说，处在某一职位、某一岗位的干部或员工，能自觉地意识到自己所担负的责任。有了自觉的责任意识之后，就会产生积极、圆满的工作效果。

（10）有气概担当公司经营重任的人

在自我担当的豪气之中，我们可以看到一个人的肝胆，可以看到一个人的血性，可以看到一个人的真情实意。

尽管公司的发展需要上述十种类型的人，但正如人生在世"不如意事常有八九"一样，实际生活中，不称心之人也常有六七。

日常生活中，无论哪种场合，我们总会遇到各式各样的人。由于各自的目的不同，所以交往方式也有差别。在这些交往的人中，不遂自己意愿的总有六七，而我们自己也在别人的这"六七"里。管理者和他的属下、员工也是如此。

社会上有各种各样的人，正所谓是千人千面，千人千心，不可能有那么多和自己脾性、作风相投的人。管理者必须认识这一点。正如松下幸之助所说："得到和自己心意相投之人的帮助，当然是件值得欣慰的事；相反的，如遇见观念作风和自己格格不入的人；也无需懊恼。一般来说，在十个下属中，总有两个和我们非常投缘的；六七个顺风转舵，顺从大势的；当然也难免有一两个抱着反对态度的。也许有人认为下属持反对意见，会影响到业务的发展。但在我看来，这是多虑的。适度地容纳不同的观点，反而能促进工作更顺利地进行。"

"照理说，若十个下属中有六七个能和自己心意投机，共同努力，那是再好不过了，工作也都能顺利推动。而实际这是很难达到的愿望，不过，对一个管理者来说，除非是自己的经营方式和处事态度太不得体，否则，十个下属中有六七个人反对自己的情形应该很少，如碰到这种情形，就要深切反省自己了。在正常的情形下，能有两三个人配合工作，业务就能推动。"

"可能有人会认为我这种想法太消极，但这些都是我数十年来用人所得到的经验。"

14. 不同人才的选拔方法

许多人在上司面前，都喜欢讲上司爱听的话，从而造成"偏听则暗"。为了避免这种情形，选拔助理人员时，应该有意识的选用敢于提出不同意见的员工，从而带动大家畅所欲言。

（1）管理人才的选拔

在一个企业中，管理人员要以自己的影响力去带领、引导和激励其他成员，实现企业的组织目标。管理人员要依据组织内的实际情况，运用领导技能，采取正确的领导方式，实现引导和激励，同时要运用手中的权力，实行监督和控制。管理者是在组织中具有影响力的人。有句话叫做"火车跑得快，全凭车头带"，在一个企业中，管理者就是企业这列火车的车头，企业的成败与企业管理者的素质高低有着密不可分的关系。

发现和甄别企业高级管理人才，比发掘其他人才要困难得多，更无完整的方法可循。作为一个企业高级管理者需要具备哪些素质呢？我们可举出诸如能够驾驭全局、有战略头脑、有明确的价值判断和深刻的思想等等，但这些终究还是概念性的，作为高级管理人员，还必须具备一些具体的个人素质，如精力充沛、能够随机应变、善于处理各种突发情况等等。由于企业高级管理者这个角色很重要，各种企业面临的任务有所不同，对企业高级管理者的挑选方法并无定规。在挑选时，虽然应该重视其经历和背景，也可以使用一些科学的人力资源测评方法，但印象和直觉判断的因素仍占很大比重。

对企业一般管理人员的挑选就较为容易一些。这是因为，随着管理层次的降低，对管理人员的素质要求也相应地降低了，可以通过人力资源测评等方法来帮助选拔。

（2）经营人才的选拔

一位领导者介绍他挑选人才的经验时，曾说到："多年来，我们聘用过各种各样的人才，有 MBA、有律师、有会计师、有退役的运动员，还有一些从其他公司跳槽的人员。有些人做的是与自己的专业对口的工作，有些人做的工作却是他们从未预料到的。"

他的人才挑选经验教训是：

（1）当心熟面孔。"如果说在聘用雇员方面有什么教训的话，那就是要当心熟面孔。千万不要仅仅因为某人在你们的行业里卓有声誉就去聘用他，最后你可能会感到他熟悉的是自己的行当，而不是你的业务。我们公司在与一个著名运动员签订合约后，一开始我们打算找一个熟悉该项运动的经纪人来处理有关他的业务，为的是他们之间有共同的语言。但是很快我们就认识到并不一定非得由一个熟悉该项运动的人来向赞助人和有关公司推销我的运动员，我们所需要的是知道如何推销名人的推销员。这种情形就像你如果要推销一种新牌肥皂，是聘请发明肥皂的化学家来推销呢，还是聘请一个神通广大的推销专家一样"。

（2）考虑客户的需要。公司在聘用雇员时还要考虑客户的想法。他们曾经聘请过一个高尔夫球手在公司的高尔夫部门工作，很快他们就明白了，很难将一个人从巡回比赛的旅途中拉出来绑到办公桌后面，并且指望其他的高尔夫球员们接受他，承认他是管理自己的事业与收入的专家。客户们不可避免地说："他不过是一个高尔夫球员，他懂什么？"

在雇一个退役职业足球运动员来管理公司的团体运动部时也遇到了同样的问题。足球运动员们并不需要一个懂足球的人，他们所需要的是一个在签订合同及管理金钱方面有丰富经验的人。这一类的问题可能是我们这个行业所有的问题。

（3）助理人才的选拔

除了秘书之外，领导者身边还需要精明的经营者。当阿尔诺德·帕尔梅开创他自己的汽车销售业务时，他对这一行一窍不通，可是他雇佣了一家大汽车制造企业的一个部门总经理来管理这项业务，相信这位先生是这一行的专家。

不幸的是，这位先生对汽车的了解是站在一个制造商的角度，而非推销商的角度。他从未卖过一辆汽车。并且他习惯于担任拥有一大群下属供其发号施令的部门经理，所以已不习惯于在艰难中创业。更糟糕的是，他极容易接受工厂的意见。在汽车行业，经销商必须与工厂进行激烈地较量才能拿到抢手货。在这样的情况下，他这种态度可以说是致命的弱点。

阿尔诺德后来聘请了一位与汽车行业不相干的精明能干的商人，这位先生曾管理过自己的生意，非常熟悉企业经营管理，并且对降低成本极有热情。如果有人对他说："这件事一直就是这样做的。"他一定会想办法另辟路径，结果使公司的业务日渐繁盛。

作为领导者应该选用敢说真话的员工作为自己的助理。在工作中，如果你的身边全是一个腔调，没有任何不同意见，你也不可能做出正确的决定。事实上，许多人在上司面前，都喜欢讲上司爱听的话，从而造成"偏听则暗"。为了避免这种情形，选拔助理人员时，应该有意识的选用敢于提出不同意见的员工，从而带动大家畅所欲言。

领导者有必要找个能听你诉苦的人。领导者录用身边的工作人员，并不是要求每个人都精明能干，而应根据工作的不同需要，分别录用不同的人才，从而将这种不同类型的人组合成一个有效率的整体。比如找个能听你诉苦的下属，也是有必要的。

（4）推销人才的选拔

推销员的选择对企业来说是件相当重要的事。在选择推销员时，不妨有意识地从几个方面衡量一下，被你选择的对象是否具有这些素质。一个书生气十足的人是不可能具有这些素质的，他要有丰富的推销经验，有相当高的教育程度，又有出色的智力。智力对推销工作来说是取得成功的必备条件，但又不必要求过高，如果他是一个智力高超的人，他就不会安心做推销工作了，而很可能辞职而去。

在选择推销员时，还要注意以下几个方面：被选择的对象要能够安心推销工作，能够吃苦耐劳，以保持这一职位的人员的稳定性，否则，如果经常更换推销员，总是由新手来做推销工作，对销售业绩就会有极大的影响。被选择的对象，应具有很强的事业心，把销售公司的产品或服务作为自己的奋斗目标，为了达到这一目标，而甘愿吃苦，毫无怨言。被选择的对象还要具备对企业的忠诚，他应该是一个忠诚老实的人，而且他要凭着这种忠诚去感动他的推销对象；被选择的对象还要善于辞令，措辞很准确。

一位推销员教育专家高曼说，选择推销员时，首先应深入分析，公司到底需要何种类型的人才来担任，并观察哪些人拥有此种人才的特点和条件。高曼先生在日内瓦开设了一个训练推销员的公司，在这里受培训的是来自各个国家的大约 8000 个大企业的几十万名推销员。可见，对推销员，不但要重"选拔"，也要重"培训"。

15. 用好 20% 的骨干

组织中 20% 的人发挥 80% 的作用，这部分人是精英。领导者一定要留住"精英"，用好 20% 的骨干队伍。

作为领导者，你可能经常讲要依靠全体同仁，但事与愿违，因此，你不要忘了 20/80 法则，即 20% 的人发挥 80% 的作用。所以你一定要抓住力量所在的 20% 的骨干。你要花的力量就是依靠、发动、调动这 20% 骨干的积极性，而那些相形见绌的要让他淘汰，为保证组织的生命力，20% 是在以 80% 的竞争中形成的，因此可以说这 20% 骨干力量的生命力和素质是组织中最优秀的。

组织中 20% 的人发挥 80% 的作用，这部分人是精英。领导者一定要留住"精英"，用好 20% 的骨干队伍。

韩信怀旷世之才投奔刘邦时，刘邦并没有发现韩信有什么与众不同之处，只封了他作了治粟都尉这样一个管理粮仓的小官。而丞相萧何在同韩信的交往中发现他是一个奇才，极力向刘邦举荐，刘邦并没有马上任用。

韩信由于未获重用不辞而别，同时离开的还有其他数十名将领。萧何知道这一消息后，来不及向刘邦汇报，就一个人乘着快马日夜兼程追赶韩信。别人看见之后还以为萧何也离开刘邦另图高就了呢，于是向刘邦汇报说："我们看见丞相萧何离开汉王跑了。"刘邦听后非常生气。感觉好像失去了左膀右臂。

过了几天，萧何回来拜见刘邦。刘邦又气又喜地说："你不是逃亡了，怎么又回来了？"

萧何回答说："臣不敢逃走，臣是追赶逃跑的人去了。"刘邦忙问："丞相追赶的是何人哪？"

萧何回答说自己追韩信去了。

刘邦听了以后很生气，批评萧何说："十多个将领跑了你不去追，而单单去追韩信，你这不是胡说吗？"萧何回答说："那些将领都容易得到，只有韩信是天下无双的人才。汉王如果愿意永远居住在汉中，那么，韩信也就没什么用了；如果要争得天下，没有韩信是不行的。"

刘邦说："我怎么能郁郁久居于此，我还是有争夺天下之心的。"

萧何说："如果汉王争夺天下时能用韩信，韩信就留下，如果不能用韩信，他还是会走的。"

正是在萧何的功谏、开导下刘邦留住了韩信并拜为大将军，才使得刘邦在后来的楚汉相争中打败项羽最终夺取天下。

优秀的员工是组织的重要资产。当你的人力资源在同行业或相关行业享有盛名时，你的人才极有可能成为其他组织窥视的目标。因此，你一定要时刻注意组织中人力资源流动的迹象，不要让优秀的人才从你眼皮底下流失。

作为领导，任何时候都要保持清醒的头脑，要分析本企业20%的核心成员是谁？他们需要企业给予什么？这些人各有什么样的特点和优势？有什么样的缺点？以便采用相应的政策，通过重点培养和激励这20%的骨干力量，来带动企业另外80%的员工的积极性和创造性，促使他们向20%的骨干力量学习，从而使整个企业的人员素质、工作效率和业绩不断地向上攀升。

需要强调的是，这里所讲的20%，既是个常数，又是个变数：作为常数，你必须时刻关注这20%的骨干力量，并不断地加以培养和激励；作为变数，你必须使这20%的骨干力量具备造血机能，不断地补充新鲜血液，使这20%的机能不断地得以提升。

16. 人员结构是重要的

世界上大概没有万能的个体人才，但"万能"的人才群体是有的。"三个臭皮匠，胜过一个诸葛亮"就是这个道理。把各具特长的"臭皮匠"，科学地、有机地组合在一起，就可能出现奇迹。

20世纪40年代，美国能在短短三年时间里研制成功世界上第一个原子弹，关键是有善于组合人才的奥本海默这样的科学家和科技管理专家，他领导了18万人，把1万多名具有各种专长的科技人员合理地组合成一个整体，其中有世界上最杰出的科学家，例如英国的查德威克、意大利的费米、德国的贝蒂、苏联的基斯卡柯夫斯基、奥地利的拉比、匈牙利的特勒以及美国各大学杰出的理论物理学家、实验物理学家、数学家、辐射化学家、冶金学家等。奥本海默在原子能方面的知识远不及他领导下的科学家，但他有多方面的才能善于组合人才。

群体人才的合理结构，也就是各种不同人才的合理组合。组合得好能产生奇效，使整体效能大于各个人才作用之和，即一加一大于二；组合得不好，会使各个人才的作用发挥受到限制，甚至产生内耗，个体人才的作用相互抵消，即一加一小于零。世界上大概没有万能的个体人才，但"万能"的人才群体是有的。"三个臭皮匠，胜过一个诸葛亮"就是这个道理。把各具特长的"臭皮匠"，科学地、有机地组合在一起，就可能出现奇迹。

进行人才配备和组合的基本原则：

（1）整体互补

不管是什么样的人才群体，都是一种结构，都是一种由不同元素的结构构成，因此，整体互补便是群体的应有之义。我国著名的人才学家王通讯讲过这么一段话："凡是成就大事业者，无不是带领着一大群才性各异、秉性不同，既有才能，又有毛病的人打天下的，这才是活生生的历史。明此乎，方能真正抛弃'人要完人'的思想，回到脚踏实地的实际生活中来。"这话是讲得很透彻的。

（2）整体适度

这里是说，（1）整体大致适合即可，作为集体里的人，有时不大适应倒会更好。松下幸之助先生有段话说得很明白，他说："人员的聘用，以适用公司的程度就好。程度过高，不见得一定有用。当然较高水准的人认真工作的也不少，可是很多人会说'这个公司真倒霉'；如果换成一个普通程度的人，他会感激地说'这个公司还蛮不错的'，而尽心地为公司工作。"他还认为，招募适当人才达到70%，有时候反而会更好。（2）骨干只能是少数，如此才能有结构的优化。这里还有松下先生的一段话："我认为不一定每个职位都要选择精明能干的人来担任。……如果把 10 个自认为一流的优秀人才集中在一起做事，每个人都有他坚定的主张，那么 10 个人就有 10 种主张，根本无法决断，工作也就无法推动。可是，如果 10 个人中只有一两个确有才智的领导者，事情反而可以顺利进行。"

（3）上下级差距适当

上级的能力太强，而下级的能力又显得过弱，那么，时间一长，就很容易造成下级对上级的依赖心理，而上级则会产生主观片面等问题，形成一言堂。如果上级和下级的差距过小，上级的威信就难以树立，搞不好还影响合力的形成，甚至会各行其事。

4. 直接上下级习惯的领导方式和行为方式应该一致

领导方式一般分为民主方式、集权方式和放任方式。不少领导者都有自己习惯的领导方式，往往不注意根据不同的情境变换采用。这样，在选配干部时，就不能不注意上下级之间在习惯的领导方式上的搭配。这有利于减少摩擦、统一行动。

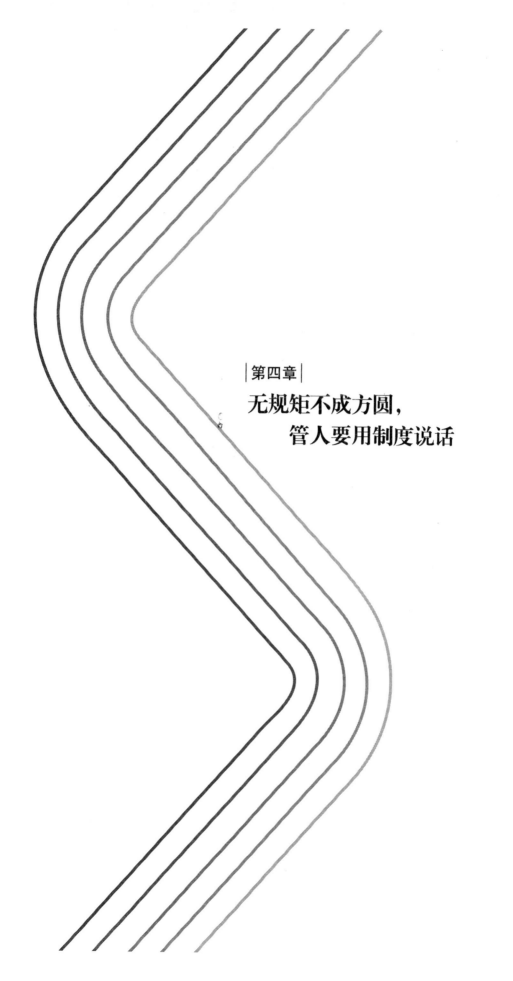

| 第四章 |

无规矩不成方圆，
　　管人要用制度说话

1. 养成良好的习惯

> 企业的管理仅凭"刺激"还不行，还需要"强化"，通过"强化"来进行正负反馈，如此循环往复，良好的习惯应该可以慢慢形成。

做什么事情都要有良好的习惯，做人如此，管理企业也是如此。我们时常听到有些家长说，这样的孩子就应该送到军队去锻炼锻炼，为什么不听话的孩子到了军队就能变好呢？因为，军队改掉了孩子身上的许多不好的习惯，使孩子具有了军人的素质、军人的作风。

军人良好的素质来自于平时训练，操练的目的不外乎有三点，一是增强体魄，二是学习战斗中的攻守技能，三是培养良好的作息习惯。

人类的行为大部分是后天习得的，著名心理学家斯金纳认为，人类习得的行为可以分为两类：

一类是经由巴甫洛夫的条件反射过程建立起来的，是对一定刺激的应答反应，这类行为称为应答性条件反射。

另一类习得的行为最初出现时并没有明显的刺激出现，也许有刺激，但不明显，也许纯粹是一种自发的行为，这一类行为称作操作性条件反射。

操作性条件反射和应答性条件反射的区别主要在于以下两点：

一是刺激在反射形成过程中的作用。

所有的应答性条件反射都可以用一个公式来表示：S—R（刺激—反应）。S 在行为的形成中扮演至关重要的决定作用，在条件反射的训练过程中，条件刺激总是伴随着非条件刺激而出现。

在操作性条件反射行为的形成过程中，刺激几乎不起任何作用，操作性条件反射也可以用一个公式来表述，但不是 S—R，而是"反应—强化"，在行为形成过程中起重要作用的不是反应前出现何种刺激，而是反应后得到何种强化。

二是强化在反射形成过程中的作用。

在应答性条件反射中，人们重视的是反应前的刺激，而不是反应后的结果，没有人关心反应以后会得到何种结果，因此"强化"在这类反射行为中没有任何意义；但在操作性条件反射行为中，强化才是最重要的。

斯金纳认为，如果人们在无意中做出某种行为之后得到了奖赏，人们以后就会多做出这类行为；如果人们无意中做出的某种行为导致了惩罚，则以后会回避这种行为，会尽可能少做这种行为。是行为的后果而不是行为前的刺激决定了行为的保持或消退。

军队之所以能成为世界上行为方式最"模范"的区域，与以上两种"反射"理论的认真贯彻有很大的关系。但到了企业，军人的规矩就不那么好立了，因为情况变了。

首先，军队是一个相对较为独立的机构，它与外界基本上只保持一个信息交换点，其内部的管理方式是直线式的；企业则不同，由于经营的需要，它的对外信息交流渠道尽量要多，与此相对应，它的管理格局也复杂得多。

其次，军队和军人的关系是"铁打的营盘流水的兵"，官兵只能在部队的大熔炉"冶炼"，而不是相反。企业与员工的关系则不这么单纯，它们之间存在着互动关系，一方面是企业改造着员工，另一方面员工也可以改变企业。

从这个角度讲，企业在推行管理时势必要碰到许多有形无形的阻力，管理只能在较量中前进。既然是较量，那就必须使力气下工夫。

企业的规章制度一般都有，之后便是"萧规曹随"，只能达到"应答性条件反射"阶段。

如此看来，企业的管理仅凭"刺激"还不行，还需要"强化"，通过"强化"来进行正负反馈，如此循环往复，良好的习惯应该可以慢慢形成。

亚里士多德有一句名言，人反复做什么事，他就是什么人。当管理者要求员工形成良好的习惯时，他们自己也就形成了良好的习惯，而当良好的习惯在企业的上上下下都形成后，管理者所希望的轻松高效管理也就不远了。

2. 建立一套好的制度

在任何单位里，都需要规章制度。一套好的规章制度，甚至要比多用几个管理人员还顶用。

制度是总经理做好工作的一根标杆，没有好制度，一切都会形同虚设。

18世纪末，英国人来到澳洲，随即宣布澳洲为它的领地。但是怎么开发这个辽阔的大陆呢？当时英国没有人愿意到荒凉的澳洲去。英国政府想了一个绝妙的办法：把犯人统统发配到澳洲去。一些私人船主承包了运送犯人的工作。最初，政府以上船的人数支付船主费用，船主为了牟取暴利，尽可能多装人，却把生活标准降到最低，所以犯人的死亡率很高。英国政府因此遭受了巨大的经济和人力资源损失。英国政府想了很多办法都没有解决这个问题。后来一位议员想到了制度，那些私人船主利用了制度的漏洞，因为制度的缺陷在于政府付给船主的报酬是以上船人数来计算的！假如倒过来，政府以到澳洲上岸的人数来计算报酬呢？政府采纳了他的建议——不论你在英国上船装多少人，到澳洲上岸时再清点人数支付报酬。一段时间以后，英国政府又做了一个调查，发现犯人的死亡率大大降低了，有些运送几百人的船经过几个月的航行竟然没有一人死亡。犯人还是同样的犯人，船主还是那些船主，制度的改变解决了所有的问题。

这就是制度的力量。

在任何单位里，都需要规章制度。一套好的规章制度，甚至要比多用几个管理人员还顶用。

无论制定什么样的规章制度，事前都要详细了解实际情况，整理分析各类问题，再制定规则，这样才有意义。若徒具冠冕堂皇的条文，而与现实情形背道而驰，则无异于一纸空文。

因此，在规则之外，还要另定一项处罚违规者的条文，以约束他人遵守。

只重理论的理想派管理者，无论在什么样的场合，什么背景下，总是一味强调"勿××"的单方面主张，比如："凡公司员工一律阅读公报，不遵守者须接受处罚。"假若公报缺乏内容、空洞无物、辞不达意，又有谁会愿意去看它呢？就算是如此生硬地执行，也收不到很好的效果。

规则制定的目的是对一些职责不明的事项，定出一个明确的标准。因此，它时间性很强，同时也是为适应时代环境而定出来的，绝非是千古不变的定律。再好的规章制度也是从出台的那一天就开始老化，因为一个单位和它的员工是随着时间不断发展变化的。作为一套规章制度，必须适应这个变化，才能发挥好作用。当时代、环境发生了变化，规则本身也必须随之变化。

因此，作为一个管理者，必须时刻注意本单位的规则，发现不切实际或不合情理的要及时纠正，不断改革，这一点很重要。可以这样说，一个好的规章制度，必然是不断发展不断改革着的。这样的规则是活的规则，只有活的规则才有意义。

曾经有过这样滑稽的规则，某单位以发生意外事故的多寡来决定是否表彰员工，这样的规则如用在几乎没有危险性的工作场所，未免就不合情理。表扬无事故记录的员工自然很好，但是要考虑各种不同的情况，对于有些人，工作本身就没有危险性，那肯定是要受表扬了。

还有这么一则故事，据说20世纪60年代在美国企业界很流传：一个不擅指挥、无能的连长获得了一项最高荣誉。获奖原因来自于一条规则。规则中规定，凡连队官兵，在军事演习中获得了最高成绩，则连长可获得最高荣誉。

这项规则在当初制定时，肯定是出于某种特殊的原因。但过了一段时期再执行起来，就显得有些迂腐，因此才会产生无能长官接受褒奖的情形。由此我们也不难看出，这则故事之所以流行于企业界，主要是它对于那些墨守成规的管理者有一定借鉴作用。

总之，规章制度的建立、制定是随着生产的发展、企业的进步不断改变的，而不应该一成不变。一个有经验的总经理要善于用规则管理员工。

3. 不要"没大没小"

上下级的关系在工作时间里万万不可颠倒，领导和下属要保持领导与被领导的关系，以防下级越权，对你造成威胁。

领导和下属之间无论多么亲密，他们的位置始终是不能变的：领导在上，下属在下。上下颠倒只会招致失败。

不知是否因为社会变得富有，导致现今我们很难遇到为了伸张自己的信念而与人激烈辩论的人。大部分人皆保持着无所谓的心态，而且避免伤害对方。

"别人是别人，我是我。""只要能够过自己喜欢的生活就可以了。""要是能打理好自己的私生活，何必去议论别人谁对谁错。"抱着以上种种见解的人是愈来愈多了。

在这种风气下培育出来的年轻人，很少有机会遇到挫折。他们未曾被父母亲责骂过，也不曾遭到邻居老人的训斥。很多老师对学生也尽量采取温和教育。因此，要对这一代的下属批评并非易事。

你必须做到一件事：与下属保持一定的距离。因为在下属的脑中没有上下的观念。

有时你以平和的口吻对下属说话，对方却误以为你在与他交换意见或开讨论会。若下属的年龄与你相仿，情况可能更加难以处理。甚至下属会认为你与他是平等的，你们只是朋友的关系。

你必须使下属清楚区分你们之间的立场并不相同——我是官，你是兵。基于此，情绪性的发怒会有其正面的效果。你必须使对方了解"我是在生气，是在责骂你"，或许这时你更需要一记相应的猛拳。

有些下属不习惯被责骂，有的甚至要求领导夸奖自己，他们会若无其事地说："我是那种不被别人捧就没有干劲的人，若被责骂的话，就会想辞职不干！"

这类型的下属其实就是将自己的个性隐藏起来，当然也掩藏自己应负的责任。他们卑怯，却又要求他人不能批评只能赞扬，非常自私自利、好逸恶劳。若你的手下中有这种类型的人时，你必须在平常便预备好各种批评的方法，并且努力使他了解你真的很重视他。

一般来说，非常讨厌被责骂的人，总无法了解被批评始于何时，以及将以何种方式结束，他就是害怕这一点。因此，当你对下属说："你来会议室一下。"花上个三十分钟，你一面听他的辩解，一面指出他的犯错之处，而在批评之后，就应该以"今后要更加小心"这句话来作为结束。

这类批评的方式在使用几次之后，通常被责骂的人就能事先做好心理准备。即使在被批评时，也能暗自忖度："再忍耐十五分钟就可告一段落！"若下属能够达到此境界，他再也不害怕批评了。

如果被批评的机会增加，下属甚至能够分析领导们的习性，比如"那位主任相当重视不二价意识"，"对于顾客抱怨的处理很敏感"及"似乎极端厌恶迟到"等等。

批评他人是件苦差事，被批评者更不好受。但批评对双方而言，是一个很好的成长机会。你应尽可能地将批评提升为进步的重要台阶。

随着批评机会的增多，你会成为批评高手，而对方亦能成长为一个能够适当应付批评的职员。换句话说，批评与被批评的"呼吸"会渐渐地融合成一体。

此"呼吸"在任何场合，皆扮演着重要的角色。它在人与人的交往上，是一个不可欠缺的互动关系。若不充足，人与人之间的对话会变得不投机，永远无法了解对方的用意。

交涉、折中、讨论、辩解、质问、谢罪等等，皆是由于"呼吸"的融合才有其正面的意义。若欠缺"呼吸"，批评与被批评就失去了意义，你将因此错失难得的成长机会。

当人们认真地向对方兴师问罪时，才会说出真心话。批评者也好，被批评者也好，若双方皆能以诚心来沟通，相信可以更加深彼此的理解程度，对于往后的一切事物，亦能产生相当大的裨益。若你将此机会视为仇恨或者无视其价值，则相当令人惋惜。

"虽然有些不放心，但是已经批评过，相信他应该能理解了！"当你有此念头时，批评行为便可打住。然后最好在一旁默默地观察下属的反应，再思考对策。

批评时，即使下属没有做适当的回应，你也不要生气，也许他已经在反省，并且改善自己的工作态度。有时，下属理解的程度，通常会超乎你的想像。

即使如此，你的内心依然感到不安。你会担心下属若继续做相同的任务，应毫无问题，但若有一天下属被调到其他部门服务时，会不会无法适当地处理客人的抱怨？然而凡事并非全如你所想的那么困难，理应不会发生这种状况。

以前那位轻易提出辞呈的下属，在习惯了工作性质，累积了丰富的经验之后，成为一位能够圆满解决各种问题的上班族，此类例子可说屡见不鲜。

身为领导的你不要太钻牛角尖，不要鸡蛋里挑骨头唠唠叨叨说个没完，这才是上策。

当下属没大没小，没上没下的时候，你一定要该批评就批评，不要再三容忍。

4. 不要让下属闲得无聊

一个领导，如果变成了一个有求必应的人，下属就无法成长起来，这同时也给管理者本人造成许多困扰，所以，要想方设法使你、你的员工们都忙碌起来。

在用人方面，你如果真的信任某个人，你实际上在不停地给他压担子，让他忙碌起来。即使他是你一个下属，他的内心会因为他忙碌起来衷心地感谢你，因为你信任他。

繁忙的工作常常会使人感到更快乐一些。给你的下属更多的工作，让他们有机会发挥自己的才能，也能治疗种种烦恼、沮丧，以及不满，使得你周围的环境更"好"起来。

人可能天生就需要忙碌一些。当你一天到晚忙于工作，甚至忙得不可开交，辛苦自然是辛苦一些，但等到你忙完了你手头的所有工作，你会发现，其实正是工作给我们带来了更多的喜悦和快乐，是工作使我们变得更充实，使我们觉得人生才更有意义。

人都需要找事情做，不管他是忙于工作，还是忙于其他的毫无意义的事情，他总要有事情做。所以，才有了"人闲生是非"这样的俗语。因为他有精力，这些精力他总得找个途径将其发泄出去，如果他没有正经的事情要做，他就会走东家、串西家，说些东家长、西家短的是是非非。因此，你可以看看你周围的人和单位，哪家单位越是闲，这家单位的矛盾是非肯定就越多。个人也是如此，你要是看谁要是闲得无聊，就会不停地到各处去拉扯是非，搅得大家都不安宁。

所以，仔细琢磨一下，你会觉得我们汉语中"闲得无聊"这句话说得实在是很有道理。

有一家公司让老板很头疼，办公室典型的纪律不佳，员工们往往只呆上几天就不想再呆下去。令人奇怪的是，这家公司的老板是个很民主、很开明的人，待员工们的态度很好，薪水待遇方面甚至比其他同类型的公司还要高一些，节假日老板从来没有说不让员工们休假的事情。老板没辙了，只好求助于一家咨询公司，将上面的情况给专家谈了。最后，他说：

"我就是不明白，我这么好的老板，可是员工们竟然为什么要把时间都用在了勾心斗角、争执和抱怨上，用在一些没有一点意义的事情上呢？"

咨询专家的结果是：老板没有使员工们忙碌起来，他们是因为没有足够的工作去做，这才导致他们心情沮丧，心绪不宁，工作效率低下。

咨询专家同时给他开出了解决问题的方法：要么裁减员工人数，要么有更多的工作让他们去做。专家同时申明，只增加员工的工作强度，不增加薪水。

这位老板选择了后一种方案，他回去之后每个星期都要三番五次地开研讨会，要求员工每天都要完成预定的进度。由于工作量很大，员工们只好自动加班加点，拼命工作。可奇怪的是，工作比原来多了许多，薪水没有增加，员工们却没有丝毫怨言，而是以一种积极的态度跟老板一起讨论工作，制订新的计划。

之所以会出现这样的结果，原因倒很简单：员工们忙得再也没有时间发牢骚，也没有时间到处去拨弄是非。

还有一家企业的业务科长刘先生，是个做事勤快、富有亲和力的好好先生，但是他的这些优点却为身兼领导者的他带来了无穷的困惑，上司、下属、甚至是其他部门的同事，大家都异常地依赖他。有些职员连一些很细小的问题也都要来请教他，他倒是来者不拒，耐心地一一作答，所以到了最后大家一遇到问题都来找他解决，而他也都会毫不犹豫地接受下来。直到后来一些人连自己能够解决的问题、自己的本职工作都来麻烦刘先生。

但是，结果却很不如人意，刘科长的下属们永远都无法独当一面，因为刘先生把下属们该做的工作都做了。所以，整个单位一天到晚就见刘先生一个人在忙碌着，其他的人却一天到晚无所事事。

类似这样的事情一定要尽量避免。一个领导，如果变成了一个有求必应的人，下属就无法成长起来，这同时也给管理者本人造成许多困扰，所以，要想方设法使你、你的员工们都忙碌起来。

用这种使自己和员工们忙碌起来的方法去治疗"闲得无聊"的毛病，在许多情况下都可以使用。

作风大胆，敢为下属设定快速步调的销售主管，要比那些"让推销员自己规定销售目标，却不怎样催逼他们"的主管，更快乐、更具生产效益。

在部队中，那些想要使自己的部队具有严格纪律的军官们，都会尽量使他的部下"保持一种忙碌状态"，让他们忙碌得没有时间想其他事情，以消除士兵们的思乡情绪。

在家庭教育中，一些做父母的把孩子的时间安排满，让孩子经常忙忙碌碌。这样的父母会比那些让自己的孩子饱食终日、无所事事、到处闲逛的父母要高明得多，而孩子们发生问题的机率，也比那些"闲"孩子低很多。

繁忙的工作常常会使人感到更快乐一些。给别人更多的工作，让他们有机会发挥才能，也能治疗种种烦恼、沮丧，以及种种不满的情绪。

所以，当你发现你自己、你的员工们变得几乎绝望，而且神经紧张的时候，你也可以使你自己和你的员工们尽快忙碌起来。

工作是医治"闲得无聊"的最好药方！

5. 轻松管理的六个技巧

企业管理者凡是终日忙得不可开交的时候，甚至感到顾此失彼、忙于应付的时候，最好审视一下自己的管理手段和方法是否对头？是否需要进行一些必要的调整？

回想多年来管理企业的成败得失，我认为要想轻松地管理企业，下面这几项可能是应该遵循的：

（1）要分级管理而不要越级插手问事

企业发展到一定规模后，要进行必要的分级管理。主要管理者不要一竿子插到底。那是"出力不讨好"的事。对下属的管理人员要在明确责任和奖罚的基础上，让他们有职有权。即使碰到问题，只要不是事关企业大局的事，也要所属的部门自己去处理和解决。这样，企业管理者不仅能从管理几百人、几千人甚至几万人的沉重负担中解放出来，只要管理几个人就能维持企业的正常运转，而且能够充分地调动下属人员的积极性、创造性、主观能动性和责任感，还可以有更多的时间研究企业的发展方向或重大决策。

（2）多想、多看，少说、少干

这是高明的企业管理者必须掌握的原则。千万不要大事小事都要事必躬亲。许多时候，你只有站在一旁观看，才能真正做到"旁观者清"，而避免"当局者迷"，才能更公正。更有效的判断是非曲直，才能真正看清那些事情是企业应该坚持的，那些事情是需要改进的。即使你比你的下属干得还要好，也不要事事都亲自去十。一个元帅如果必须亲自去冲锋陷阵，一个教练如果必须亲自到运动场上去拼搏，不仅不能说明这支军队的强大和运动队的水平很高，反而说明他将寡兵弱，可能离失败为期不远了。比如一台戏，如果是企业管理者在台上又唱又跳，而企业员工则坐在台下观看，还可以指手划脚地挑毛病，这样的情景就有点"本末倒置"了。轻松管理企业而又驾驭全局就要多当教练员少当运动员，多当导演甚至观众而少当亲自登台演出的演员。

（3）大事聪明，小事糊涂

作为一个企业管理者，首先要分清什么是企业的大事，什么是企业内无关紧要的小事。凡是关系到企业发展和生死存亡的大事，一定要慎重对待，决不可等闲视之。而大事往往不是每天都发生的。对于那些个鸡毛蒜皮的小事，要让下属部门按照分工自己去解决，不要陷于繁琐的事务之中而不能自拔。但是，也要敏锐地观察和分析一些小事的起因和影响，不要因小失大。但是，一般情况下，不必亲自去处理。

（4）要豁达大度，不要小肚鸡肠

"泰山崩于前而不惊，无故加之而不怒"是古人称道的所谓大智大勇。企业管理者也要培养自己一种处变不惊的素质，以对付复杂多变的商业环境。即使企业陷入困境，也要有毛泽东那种"大不了再上井岗山"的气魄。对下属，即要严格要求，又要适当容忍。不要听风就是雨，也不要时时盘查，事事追究。必要的时候，也要睁只眼、闭只眼，看见全当没看见。只要不影响企业的重大利益，对一些事情不必去兴师动众地深查深究。水至清则无鱼，人至察则无友。尤其是中层管理人员，还要适当照顾他们的"面子"和威信，以便他们今后更好地工作。人都有犯错误的时候，甚至会有"一念之差"。有些问题可能会越深究越麻烦，随着时间的推移不少问题会自行消失和解决。如果企业管理者没有客人之量，很难形成一个"团结战斗"

的集体，也很难调动一切可以调动的积极因素。要知道：如果养活一班没有缺点的"圣人"，是什么事情也干不成的。

（5）管理企业不要头痛医头，脚痛医脚

企业的管理制度在颁布之前一定要慎之又慎，颁布之后不要朝今夕改。即使出现一些这样那样的问题也不必手忙脚乱。中国很多事情都是无为而治，改革初期，农村基础组织瘫痪的几年间正是中国农村经济发展最好的几年。企业管理也是如此，你越想管细管严，管得滴水不漏，反而会越乱。很多时候是"有心栽花花不成，无心插柳柳成荫"。

（6）不要事事追求"尽善尽美"

很多企业管理者，都想把自己管理的企业办成一个非常完美的企业。实际上，这是不可能的。要知道，世界上的万事万物，完美都是相对的而不是绝对的。过分的完美无缺，往往就要走向反面，什么事情都是八个字"适可而止，物极必反"。一个由来自四面八方的群体组成的组织，要想一点问题都没有，那是不可能的。

古人云：宁静致远，虚怀若谷。企业的领导者只有摆脱繁琐的事务，才能站得高，看得远，才能从更高的角度正确地权衡企业经营管理上的利弊得失，才能更好地考虑企业的发展大计和重大决策。当然，要轻松而高效地管理企业，实现某种程度上的"无为而治"，也需要有一定的条件基础。企业管理者要有理论知识和实践经验，要十分熟悉企业的人和事，还要有一定的肚量或胸怀。这样，才能"熟中生巧"、"艺高人胆大"，从而实现轻松管理。因为企业管理从科学到艺术是要有一个过程的。

6. 制订合情合理的规则

> 一个公司不懂得创新，等于自己把自己推向绝路。道理很简单，你不变，别人变，等于你越来越落后；你落后了，还有出路吗？

公司的生存发展绝不能靠"一意孤行"、墨守成规、一成不变，公司只有通过公司老板坚持不懈的创新，才能使公司有应变力、有市场、有生命力，公司才能获得成功。同时，公司老板自己也能获得应有的回报和创新魅力。

多半的部属，往往会忽略所在单位的工作规则。

因此，公司老板经常质问部属："目前公司有哪些条文规定？请你加以说明。"

公司老板以为：若不这样，部属在精神上根本不会关心到这个问题，更甭提以这些规则为基准，来从事他的工作。若真是这样，那么这种公司老板只是在做表面工作，忽略了工作真正的内涵。

另一个问题则是关于规则本身。规则的制订，目的在使一些暧昧不明的事项，经过明确判断，定出一些共同的标准。因此，它是具有时间性的，同时，也是为适应时代、环境而订出来的，因而绝非是千古不变的定律。当时代递嬗、环境变迁时，必然也会跟着失去合理性或时间性，因此，如何使规定切合实际的需要，这是公司老板工作最重要的一环。

这里有一则故事，大意是说："有一个不擅指挥、无能的连长，获得了一项最高荣誉，原因来自一个规定：'凡连队中有任何官兵，在军事演习时，获得最高成绩，则连长可获最高荣誉。'"这项规定在当初制订时，可能基于某种因素，但在今日实施起来，则显然过于迂腐，因此才会产生无能长官接受褒奖的情形。

在你的周围，有类似这种滑稽的规则吗？例如：以发生意外事故记录的多寡，来表彰员工。像这种规定，同时运用在危险性少和危险性高又忙碌的工作场所，未免过于笼统。表扬无事故记录的员工，固然很好，但却要仔细考虑各种不同的情况，再拟订其适当规则。

假使墨守成规、不加改善，则表面上看起来妥善完备的规定，实行起来往往会引起料想不到的纠纷。规则是人制订的，但往往规则一订，却回过头来把人套住。也就是说，当初制订时，是大家绞尽脑汁想出来的，但经过一段时间后，就与实际需要脱节，而产生种种缺陷。若要加以修正，则须花费相当的时间和精力，因此，人们只好继续墨守成规，成为规则下的牺牲品。

总之，一个公司老板必须时时注意自己所订的规则，是否有不合情理或不切实际需要之处。一旦发现有这种情形，就应当拿出魄力，不畏艰难，确实地加以创新，这一点是千万不可忽略的。创新越多，你的公司就越充满活力。

7. 情法合一，中西合璧

很多事情道理很简单，经营管理不能只靠制度，更重要的要靠人。制度是人订出来的，也要人去执行。

由于历史、文化以及社会制度、经济发展水平的原因，东西方在管理思想上存在着很大的差异。所谓"东方重人情，西方重制度"虽略有偏颇，但大致概括了两种管理观念的不同之处。海外华商取长补短，将东西方的管理思想统一起来，把二者的优势互补在企业管理中发挥得淋漓尽致。

世界上主要有三种经营管理模式：一是中国的传统"感情激励"模式，二是日本的讲究"严谨细微"模式，三是美国的现代"严密制度"模式。

我国传统的"感情激励"模式强调人是有感情的，人的一切行动都受着感情的影响。"人非草木"，对人的管理必须"晓之以理，动之以情"，才能充分发挥被管理人的积极力量。吴耀庭认为，这一点是我国悠久历史文化的结晶，是优于别的民族文化的象征，是企业管理的行之有效办法。但是，这种优良的民族文化传统也给一些人庸俗化了，在企业管理中只强调"感情"，把感情视为"人情"、"情面"，而忽视了约束，放弃了制度，这是与现代的科学管理相悖的。

日本讲究的"严谨细微"管理模式有其明显的优点，它以无微不至地为顾客服务而赢得市场。如不断改进的产品能满足各阶层消费者的需要；从推销员到总裁都对顾客鞠躬微笑的礼仪之举等等，都十分有利于经营者赢得市场，也有利于融合企业内上下级及员工之间的关系，形成对企业的归属感。但吴耀庭认为日本式的管理模式缺少"感情"色彩，同样也有疏于制度的弱点。

美国的现代"严密制度"管理模式，是符合当今的生产、经营和生活的高度科学化状况的。先进的科学技术，必须要有严密的管理制度约束运作，约束被管理人员的工作，样样规范化，没有感情可讲。这种模式有将人

第四章

无规矩不成方圆，管人要用制度说话

101

与机器同等对待之感，对激励人发挥积极性不利。

聪明的华商在对上述三种经营管理模式分析比较后，没有偏颇于其一，而是吸收每种模式的精华，摒弃其不利之处，融合成一种适合我国人的管理模式，做到情法合一，中西合璧。

这一点，我们可以从郭鹤年身上找到典型的事例。

郭鹤年的中、小学教育都是在英文学校完成的，20 世纪 50 年代又曾侨居英国数年，因此对西方文化尤其西方管理哲学，包括社交礼仪等都有较多的了解。同时他受父母的教育和熏陶，从小就接触学习中华优秀传统文化。这里需要特意指出，郭母郑格如女士对他起了关键性、决定性的影响。郑格如女士学识渊博，尤其有着较深的中华传统文化的知识和修养，郭鹤年自幼事亲至孝，侍奉左右而聆听谆谆教诲。成为郭氏集团掌舵人后，虽然事务繁忙，不得不经常来往各地之间，不过不管他身在何处，都会与慈母电话谈心，而且一有机会就要回去探望。因此，郭母对郭鹤年潜移默化的影响和启示。在郭鹤年及其儿子的办公室中，都摆放着郭母用华文手书的儒家思想的处世警言，以此作为座右铭。

郭母的教育和中华传统文化的熏陶，使郭鹤年继承、发扬了中华民族吃苦耐劳的传统美德。他说："我们华人经常讲要吃苦耐劳。这句话的意思是要能够克服艰难和困苦。"在别人问及经营实业获得巨大成功的秘诀时，他总是回答："没有什么能取代苦干，惟有一个人付出了劳动的成果是最甜美的。"他自己确实一直以吃苦耐劳自律，不论是在艰难的创业初期还是在成为超级富豪的今日皆是如此，每日工作 12 小时以上。

很重要的是，郭鹤年将中华民族吃苦耐劳的优良传统，注入了现代经营管理所需要的新内容，即竞争意识。他说："创业之初，竞争是很激烈的，所以如何在竞争中求生存，这是我们学到的第一课……当时我们并没有太多的资本，而且从银行得到帮助也不容易，因为他们往往只对拥有巨额资本的商人感兴趣。我们拥有的一个'资本'，就是这样一种朴素的哲学——努力工作。这种哲学使我们渡过难关，并使我们保持在竞争中的领先地位。"他强调指出，多少年来，吃苦耐劳、努力工作都是郭氏企业集团竞争制胜的重要法宝，"我们所有员工每天都非常紧张地工作很长时间。我们每个人都信仰这样一种观念，即不浪费时间，并要以有用、高效的方式利用每一分钟"。

在海外华人实业界中，郭鹤年是其中最早把西方现代化管理制度、方法应用在企业行政管理的人，他学习、借鉴西方的管理制度，对企业的发展起到很大的作用。有人认为，郭鹤年事业的成功，是因为他懂得企业管理并加以制度化。他自己也指出："严格的制度、良好的纪律，对维护一家公司的正直作风及向前、向上发展大有裨益。"正是严格的制度管理，才使众多的香格里拉酒店不约而同地向客人提供第一流的服务，能在旅游业、酒店业中成为骄人的金字招牌，每年的"全世界十大最佳酒店"评选都名列金榜。也正是经营管理的制度化，使深圳、厦门等地的精炼食油厂和马来西亚的糖厂、面粉厂等企业，狠抓质量控制，以各种优质名牌产品赢得了越来越多的顾客，占有了较大的市场份额。仅举一例：深圳南海油脂工业（赤湾）有限公司的名牌产品金龙鱼高级食用油自1991年底进入北京市场后，迅速被北京市民认可并形成消费热潮。1993年8月，北京50家副食商场统计显示，金龙鱼食用油在竞争强手如林的情况下，售出占有率达到42%。

　　值得注意的是，郭鹤年的经营体验是制度管理应与情感激励紧紧联系在一起，努力做到"以法服人，以情感人"，两者密不可分，缺一不可。郭母经常教导郭家的每一个人，不管大小，都要牢牢记住"家和万事兴"的古训。她认为，一个家庭或家族，只有每个成员和气相处、互相帮助、合作无间、精诚团结，才会兴旺发达、富足如意。郭鹤年将中华传统的"家和万事兴"常常印在脑海中，他不仅把家族的全体成员团结在一起，共同开始艰苦的创业，共同推进事业的不断发展；而且他把"家和万事兴"推广、应用于企业的全体员工，在公司中创造、培育一种家庭式的氛围，以使情感激励真正发挥作用、落到实处。他说："很多事情道理很简单，经营管理不能只靠制度，更重要的要靠人。制度是人订出来的，也要人去执行。我经常讲，公司中的员工像兄弟姐妹一样，甚至更亲密于同胞兄弟，因为公司的人天天在一起……只有上上下下有感情，合作得好，才能调动每个人的才能，发挥他的最大的潜能。"

　　以法服人，使人有法可依；以情感人，使人怀恩图报。郭鹤年以这样的理念，加上任人得当，结果上行下效，形成了各个公司进而整个集团难得的和谐团结的氛围。这是儒家所提倡的"仁"的"爱人"哲学和"得其心斯得其民矣"的"得人"思想在他身上的体现。

8. 了解员工才能管好员工

应时时刻刻不忘提醒自己对员工实际是"毫无所知"，怀有这种谦虚的态度，才能不忘处处观察自己员工的言行举止，这才是了解员工之最佳捷径。

有这样一个事件，某高级宾馆一位年轻的厨师因从厨房往家拿菜被人告发，宾馆后勤部门给这位平时非常勤奋的厨师降了一级工资，并给予警告处分。这位厨师什么都没说，还像往常一样勤奋地工作着。回家办事的厨师长归来后，听说了这件事立刻找到了后勤部经理。厨师长对后勤部经理说："这位厨师往家拿菜和我打过招呼，他母亲患癌症多年，现在已到了晚期，他是独子，每天下班后都要到菜市场买菜，回家后照料母亲。前一段时间咱们宾馆顾客多，厨房的工作量非常大，厨师经常干到很晚才回家。所以，他没有时间买菜，他跟我说从厨房拿点菜回家，待到开工资时再把菜钱给补上，这是他自己记录的拿菜清单。"后勤部经理接过清单，只见上面记录得清清楚楚，什么时候拿的菜，菜的品种是什么，价值多少钱。后勤部经理看着这份清单感慨万分地说："我对本部门的员工了解的太少了，这是我的失职啊。"当晚，后勤部经理和厨师长一起来到了这位年轻厨师的家，看望了他的母亲，并恢复了他的工资，也取消了给他的处分。

身为部门主管，你到底对自己的员工了解有多深？

即使是在同一工作单位相处五六年之久，有时也会突然发现竟然不晓得对方的真面目。尤其是自己的员工对他的工作有怎样的想法，或者他究竟想做些什么，这些恐怕你都不甚清楚吧！结婚很久的夫妻，有时也难免彼此不大了解，实在不是很意外的事。

作为一名部门主管，应时时刻刻不忘提醒自己对员工实际是"毫无所知"，怀有这种谦虚的态度，才能不忘处处观察自己员工的言行举止，这才是了解员工之最佳捷径。

人们有时对自己都无法了解，因此，对他人也常是虽然相处数年而依然陌生，也就是未能理解对方。假如能多多少少晓得对方一点的话，那就好办了。一个主管，常为了不能知悉员工而伤透脑筋，有句古话："士为知己者死"，不过要做到这种"知"的程度，可不是那么容易的。如果你能够做到这一点，那么，无论是在工作或人际关系上，你都可以列入第一流的部门主管之中。

了解员工，有一个从初级到高级阶段的层次划分。

（1）假如你自认为已经了解员工一切的话，那你只是处在初步阶段而已。员工的出身、学历、经验、家庭环境以及背景、兴趣、专长等，对你而言是相当重要的。如果你连这些最起码的都不知道，那根本就不够资格当主管。

不过，了解员工的真正意义并不在此，而是在于晓得员工的思想，以及其干劲、热诚、诚意、正义感等。主管若能在这些方面与员工产生共鸣，员工就会感觉到："他对我真够了解的"，只有达到这种地步，才能算是了解员工了。

（2）即使你已经到达第一阶段，充其量也只能说是了解了员工的一面而已。当手下的员工遭遇困难时，如果你能事先臆测他的行动，并且给予适时支援的话，这就是更深一层地了解了员工。

（3）第三阶段就是要知人善任，使员工能在自己的工作岗位上发挥最大的潜力。俗话说："置之死地而后生"，给他足以能考验其能力的艰巨工作，并且在其面临此种困境时，给予适当的指引，引导他如何起死回生，从而使他在实践中不断地锻炼自己，迅速提高自己的工作能力。

总而言之，部门主管与员工彼此之间要有所认识，在心灵上有相互间的沟通与默契，这一点尤为重要。

9. 绝不为处罚而处罚

只是一味地处罚往往并不能收到理想的效果，况且处罚的目的并不是为处罚而处罚，引导其走入正途才是最重要的，所以要标本兼治。

如何正确对待下属的优缺点，是对领导的一张考卷。从一定的意义上说，一个好的领导，正是善于组织、协调、带领一批有缺点的人，形成优势互补关系，把每个人的优点发挥到最大限度，把每个人的缺点抑制到最小限度。

在现行的组织中，对于员工迟到、早退和旷工行为，没有什么太好的惩罚办法。也就是开会批评或扣除部分工资。但是效果常常很差。

记考勤也好，打卡也好，看上去起到了管理员工的作用，其实治标不治本。因为这些近乎于机械性的措施，只是限制了员工的外在行动，却不能了解员工内心究竟对工作抱着一种什么样的态度。

建立员工日常规章制度与仓库保管员的工作是截然不同的。仓库保管员只需记清物品进出库的数目即可。而要改变员工的工作态度，则不是简单地靠记迟到、早退的次数，然后罚款，所能做到的。还是要从员工本人的实际情况以及领导者自身的工作办法上找原因，以便对症下药。一般情况，领导者可以从以下几个方面加以考察：

首先，了解清楚员工是否对上司及工作环境不满。也就是说领导者要先检查一下自己的行为。假若领导者本人就经常不以身作则，不遵守工作秩序，就必然会给组织内部造成一种不守时的风气，员工怎么能不受影响呢？或者某一部门中有极少数的员工经常迟到、早退，时间一长，他们的行为也一定会影响到本部门的其他员工。

其次，在人员的使用上是否不得法。比如，适合做业务工作的人让他做内勤。每天面对着一大堆自己毫无兴趣的报纸、杂志和工作汇报，而又必须把它们整理、分类并妥为保管，这时员工心情一定不会太好，工作积极性也不会太高。如果做领导的能了解到这一原因，并及时让其发挥所长，迟到、早退之类的现象恐怕就会自然消失了。

第三，要随时掌握员工工作情绪变化的原因。或许某个下属以往工作一直很好，也取得过出色的成绩，但在工作总结会上，你只是轻描淡写地一笔带过，并没有给予应有的表扬，这自然会使这位职员产生一种干多干少、干好干坏一个样的感觉，因此就消极怠工。

这一点应引起领导者的足够重视。有的下属表现欲极强，他们在工作中有所建树，就非常希望能得到上司的认可；如果希望落空，立即就会垂头丧气，信心全无、作为领导者，如果能根据他们的这一特点，而采取相应的办法，激发其工作热情是件轻而易举的事。

最后，还可以找下属谈谈，是不是因为家庭方面的困难而影响到工作：

虽然大家白天在一起工作，但是下班后联系较少，因此对于彼此的家庭情况不很了解。或许有的下属家里有长期卧床需要照顾的老人，或许有的下属小孩经常生病，离不开大人。

这些原因都可能影响到他们按时上班，这绝非是下属自己故意如此，实在是无可奈何之举。这就需要领导者能够给予足够的关心和热诚的帮助，以设法解除他们的后顾之忧。员工在感激之余一定会加倍努力地去工作。

20世纪60年代，美国的一个海边小镇四季风景如画。初春，许多大学生来小镇度假。商人们乐此不疲，因为学生能为他们带来财富。但许多学生变得越来越不规矩，还酗酒闹事。无奈之下，当地的警长不得不把他们关进监狱，以作警诫，以为关上一夜会使情况好转。可是出人意料的是，问题反而变得更糟！在监狱里呆过竟然成了受人尊敬的、有英雄气魄的、有男子汉气概的证明，如果谁没有呆过，就会因此而感到惭愧。

在这种情况下，他决定采取强硬措施，只发给他们面包和水，以示惩罚。可是又错了！于是好多人甚至假装喝醉，要进监狱。然后第二天向别人炫耀自己在监狱里有过的体验。多么难以想象，学生们以未进过监狱为耻。监狱变得拥挤不堪，警察真是不知所措。不秉公处理吧，这是工作，不知自己何以使问题变得更糟，该怎么办？花了两天时间绞尽脑汁想，终于有了主意。现在，请看警长是怎么做的：

他给监狱里的学生吃婴儿食品，不把他们当作犯人而是当作婴儿。于是，一夜之间这些学生被传为笑柄。

警长很机敏。他先问自己："我怎样更严厉地处罚这些违法的学生？"当这不见效时，他问自己："我怎样使学生们感到羞愧难堪？"这还真的见效了！

只是一味地处罚往往并不能收到理想的效果，况且处罚的目的并不是为处罚而处罚，引导其走入正途才是最重要的，所以要标本兼治。

10. 胡萝卜加大棒一个都不能少

用制度的大棒围成一圈栅栏，在栅栏内广散胡萝卜。毋庸置疑，这块芳草地一定会发展成蓊郁的森林。

"胡萝卜加大棒"，是指运用奖励和惩罚两种手段以诱发人们所要求的行为。它来源于一则古老的故事："要使驴子前进"就在它前面放一个胡萝卜或者用一根棒子在后面赶它。马戏团里的驯兽师最拿手也是最有效的驯兽方法是一只手拿着鞭子或电棍，另一只手拿着野兽们爱吃的东西，西方人把这种方法叫胡萝卜加大棒。我们中国人不这么说，中国人有句俗话叫"打一巴掌，给个甜枣吃"。

但不管胡萝卜加大棒也好，还是打一巴掌给个甜枣吃也好，其意思是一样的，即对于下属每个人都有两手。一方面要批评，另一方面要做好批评后的善后工作，以减少负面效应。

某公司一位在职的干部介绍说：某次他犯一个错误而惹怒了董事长，当他一进入办公室，就见董事长气急败坏地拿起一支火钳死命地往桌面拍击，一面对他破口大骂。他被骂得十分不是滋味，正欲悻悻地离去时，突闻董事长说道："等等！刚才因为我太过于生气，不小心将这把火钳弄弯了，所以麻烦你费点力把它弄直好吗？"

他在无奈之下只好拿了把铁锤拼命地敲打，而他的心情也随着这敲打声而逐渐平静。当他将敲直了的火钳交给董事长时，董事长看了看便说："嗯！比原来的还好，你真不错！"然后就高兴地笑了起来。气氛马上缓和下来，两人的情绪得到了控制。

事情发生后不久，董事长便悄悄地拨了电话给这位干部的妻子说："今天你爱人回去时，可能脸上显出不高兴，希望你能好好地照顾他。"

本来这位干部在受了上级的责备后，便想即刻辞职不干，但董事长的做法，反而使他十分感动，而且决心好好工作。

古典管理理论把人假设为"经济人"，认为人的行为是在追求本身最大的利益，工作的动机只是为了获得经济报酬。这种理论认为，人的情感是非理性的，会干预人对经济利益的合理要求，组织必须设法控制个人的感情，对此，拿破仑曾经形象地说："我有时像狮子，有时像绵羊。我的全部成功秘密在于：我知道什么时候我应当是前者，什么时候是后者。"

人是要有压力的，养尊处优，只能使人安于形状、丧失斗志、降低效率。不可否认，大棒会给员工带来一种恐惧感，而这种恐惧感并不是在任何条件下都是负面效应的。恐惧来源于人们对生存的威胁，而只有当人们受到生存威胁的时候，人才大都会集中精力、激发思维、提高效率。美国哈拂大学克莱默教授的一项研究表明，很多人喜欢给比较凶的和比较严厉的管理者做事情。

古罗马军队有一句最著名的格言，好的士兵害怕长官的程度应该远远超过害怕敌人的程度。

但员工是人而不是一般动物，除了面包以外，还需要梦想、阳光、愉悦、尊严、荣誉、友谊和人文关怀。他们需要经济性报酬，也需要非经济报酬，需要"胡萝卜"和"甜枣"。

不少现代企业已经开始越来越注重员工的非经济报酬。

——在辉瑞公司，吸引员工的是：通过员工的工作可以有一份不错的收入来维持家庭稳定和体面的生活；可以在这里学到很多东西能够满足员工职业发展的需要；成为辉瑞公司一员的成就感和社会地位。

——在安利公司，为加强对员工的精神奖励，专门对营销人员设立了银章、金章、红宝石、明珠、蓝宝石、翡翠、钻石等奖章，颁发给营业主任及营业经理，通过颁发奖衔来肯定勤奋向上的人们的成就。

——在雅芳公司，每逢员工生日、新婚，都会送上一份小小的礼物，与员工一起分享快乐，还专门为生育第一个孩子的员工发放适当的贺金。

——在摩托罗拉公司，非常重视员工改善人际关系的培训。它包括：员工与员工之间的感情、交往；员工自己本身的社会关系和心理状况；员工对单位、整个组织的认同感或疏离感；以及组织内单位，与单位、部门与部门之间的关系等。

博时基金经理肖风说："我不希望只是把博时办成一台商业的机器，不要把这家公司办成人与人互相利用的组织，而是希望办成一家具有中国文化味道的公司，人文关怀多一点。"

管理者要讲理想，而员工是要讲实惠。因此，老百姓首先考虑的是吃饭穿衣和柴米油盐酱醋茶的问题，是看得见摸得着的利益，激励首先应从老百姓最基本的最关心的需要开始。小平同志的改革，就是从农村家庭联产承包责任制开始，并以此推动中国的改革开放。简单道理解决了中国大问题。

曾国藩是一个文人，他把湘军治理成为一支很有战斗力的军队，方法很简单，他认为农民出来卖命打仗无外乎是为了升官发财，对想当官的人：打小胜仗当小官，打大胜仗当大官；对想发财的人：打小胜仗发小财，打大胜仗发大财。把打仗的胜负与士兵的升官发财联系在一起，这就为这支军队注入了活力和生命力。

人毕竟是人，人与人之间的关系主要靠着感情而维系着。人性化管理就是人情管理。如果说企业是一架大飞机，那么公正而严厉的管理和人情管理就是飞机的双翼，哪一翼损坏，都会令飞机"折戟沉沙"。

善于管理的领导聪明的做法就是，用制度的大棒围成一圈栅栏，在栅栏内广散胡萝卜。毋庸置疑，这块芳草地一定会发展成翁郁的森林。

11. 恩威并重，严爱结合

恩威并重，严爱结合，是一把治政治军治企的双刃剑。我们的领导者千万不要忘了，在严厉的后面献上一片爱心哦。

一个团队没有严格的规章制度和纪律是很难做到成功的。严格管理不论在什么时候什么团体都是对的。松松垮垮的团队是无法在竞争中获胜的。但是，严格管理不等于不尊重员工，不等于不讲情面。人都是有感情，要脸面的。我们尊重人才就要尊重人的感情，不要伤害人的感情。一个人的感情受到了伤害，要比他身体受到伤害更难治愈。伤害了一个人的感情，就永远失去了一个朋友。正确的做法是恩威并重，严爱结合。

不管是古代还是现代，明智的领导者都是非常尊重人的，不做伤害人感情的事。

曹彬是北宋开国名臣，他曾经率军横扫南唐、北汉、后蜀，为北宋统一南方立下了大功。曹彬为人廉洁恭谨、宽厚仁和、尊重下属，特别是对属下体贴入微，善于以情治军。

曹彬镇守徐州时，属下有一名小军官犯了军纪，按律应该判罚杖责，即打几十军棍。可是行刑部门将案子报到曹彬那里，石沉大海，音讯皆无。负责行刑的人催问了几次，曹彬也不回复。有人提出非议，曹彬也不理睬，就这样一直拖了一年多。众人以为他已经把这件事忘了，也就不再提了。突然有一天，曹彬把那个案子批回去了，要求按律行刑结案。事后众人不明白他的意思，问他为什么拖了一年多。曹彬笑着问："此人是什么时候结的婚？"

众人更不明白了，这与他结婚有什么关系啊？曹彬见他们不理解，笑着解释说："去年判刑时，此人正新婚燕尔，如果受了杖责，不仅本人疼痛难忍，新媳妇也要跟着受牵连，岂不委屈。我有意暂缓刑期，既可以严格执法，又体恤人情，有何不好啊？"众人听后无不为他宽厚待人，体贴入微而感动，受刑人更是感恩戴德，表示今后一定要誓死效力于曹彬。

公元974年，曹彬率军征伐南唐，大军势如破竹，很快就打到了金陵。在即将破城之日，曹彬突然病倒了，千军万马失去主帅，众将个个焦虑不安，纷纷来到帐中问候。曹彬见众将到齐了，语重心长地说："我主要是心病，不是药物所能治好的。只要你们在破城之日不要滥杀无辜，我的病就会好的。"于是众将焚香发誓，保证进城遵守诺言，不妄杀一人。众将发誓后，曹彬马上起来，部署攻城方案。第二天，大军攻入金陵城里，果然军纪肃然，秋毫无犯，受到了金陵百姓的热烈欢迎。南唐旧主李煜一看大势已去，只好率领百官投降。

曹彬以情治军，效果是非常显著的。不过曹彬也不是单纯靠以情治军，他的军纪还是非常严厉的，以情治军不过是他以法治军的一个补充。事实上，没有铁的纪律的军队是不可能打胜仗的；但铁的纪律不代表无情无意。大军事家吴起，一方面制定了铁的纪律，另一方面他又不忘以情感人，他为受伤的士兵吸脓，替老弱士兵背粮就是以情治军的最好例证。

现代管理企业也是一样，要注意"情"的运用，以"情"治企。

康佳公司之所以取得今天的成绩，与其"以人为本，员工至亲"的企业文化有直接关系。在"以人为本，员工至亲"的企业文化精神的指导下，康佳发生了许多动人的故事。

在"牡康"，有一位40岁的女工，因为生病不能在生产一线上干活。她想这次肯定被企业炒了，因为厂规很严，连上班吸烟都要被开除。然而，等待她的不是一纸辞退书，而是一张换岗通知单，她被调到厂办公室负责接待工作。这个女工告诉家人说："牡康对得起咱们，咱们不能辜负牡康。"康佳会因为一个烟头炒人，但不会因为员工有困难而辞退，因为康佳爱惜所有热爱康佳集体的人。

有一年，莞康一名女员工被诊断患有脑瘤病。公司领导心急如焚，将她迅速送进东莞市华侨医院，后又转到深圳医院，但可惜没有留住这名女工的生命。这名女工的家里生活很困难，处理完后事，莞康公司总经理带头发起了献爱心送温暖活动，上至几百元，下至十几元，全厂捐了9700多元。公司不但给报销了 2 万多元的医疗费，还给其家属送去了 4000 元的慰问金。通过这次献爱心送温暖活动，不但感动了这位员工的家属，还教育了大家，使大家感到了这个集体的温暖，为在这个集体里工作而自豪。

每年春节，对驻外地不能回家过年的营销人员的家属，公司领导都亲自慰问。为了表彰营销人员及其家属的奉献精神，公司在迎春晚会上，把驻外营销人员的家属请到晚会上，让他们站在主席台上，接受公司领导和全体员工的慰问和祝福。老总陈伟荣激动而哽咽地说："感谢你们，康佳的事业有你们的一半，康佳人忘不了你们！"这种场面不但深深感动了员工的家属，而且深深打动了员工的心，让员工感到作为一名康佳人是多么的骄傲。

应该说康佳的管理是以严厉而著称，内部竞争以激烈而闻名的。但康佳的陈老总在"严厉"和"激烈"的同时，不忘"爱心"两个字，不忘以情感人，以情动人，以情用人。正是因此，康佳才得以能蒸蒸日上，蓬勃向前。

恩威并重，严爱结合，是一把治政治军治企的双刃剑。我们的领导者千万不要忘了，在严厉的后面献上一片爱心哦。

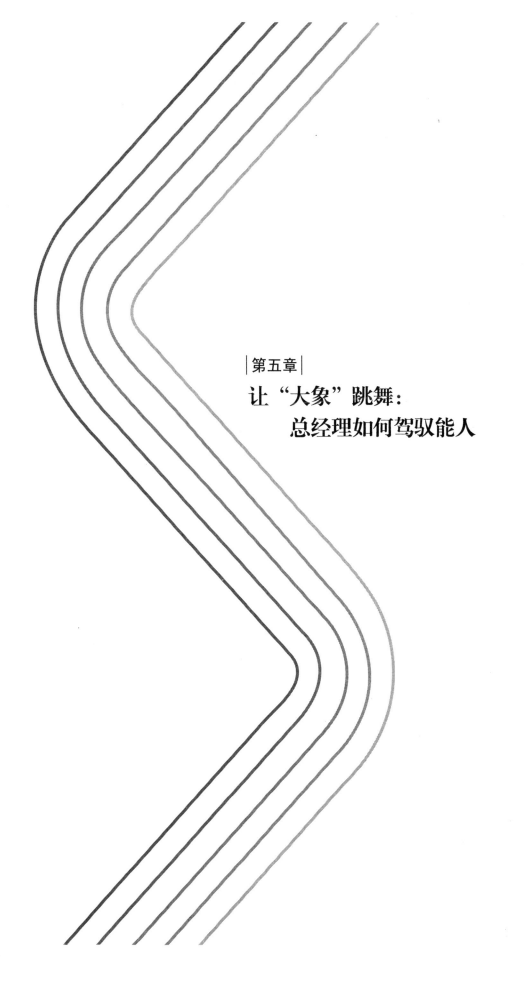

|第五章|

让"大象"跳舞：
总经理如何驾驭能人

1. 如何驾驭能力超群的人

> 大多数能人都具有强烈的个性。因为如果人才没有个性，他只能循规蹈矩，不会有发展的潜力。

中国有句俗话："得人者昌，失人者亡。"古往今来，尽管人们对人才的定义不一，对人才的使用目的不同，但惊人的相同点在于大凡有志于建功立业的杰出人物，无不爱才惜才，悉心讲求选才、用才、育才之道。爱才是成功老板的一大基本素质。

面对能人，不少老板容易犯一些错误。他们不会轻易放手让这些人大刀阔斧地干一番事业，也有些老板好嫉妒，总感觉这些人是对自己的一种威胁，他们越能干越衬托出自己无能，所以，想方设法地压制他们，不轻易给他们机会。还有些老板有着强烈的支配欲，想方设法要体现自己的地位，软硬兼施地企图控制他们。显然，这些做法都不能使这类人充分发挥他们的聪明才智，结果很可能是他们离你而去。其实，要驾驭一个人，最有效的办法就是设法让他知道：我了解你，然后能满足你最需要的，同时毫不留情而又妥当地指出他的不足，这时你就能处于一种积极主动的位置。对于能人，可以给他们提出比较高的要求，这会让他们感到一种信任和挑战。然后，限定日期，这是压力，以充分发挥他们的才能，同时能给他们一些特殊的优惠、特殊的权力，这是一种特别的重视，更能激发他们的斗志。在平时，要冷静地指出他们观点中的不足，同时也要给他们机会发表自己的观点。适当指出一些不足还是十分容易的，也是很必要的，这样，可以很好地驾驭他们。当然，在工作中，千万不要忘了对他们出色的表现给予及时的赞扬，适当增加其收入，否则他们会感到不受信任。

大多数能人都具有强烈的个性。因为如果人才没有个性，他只能循规蹈矩，不会有发展的潜力。作为老板，应该鼓励能人发挥他们的创造力和创新思维，鼓励能人照他们的方式而不是照上司的方式行事，给他们创造一个独立行事的工作环境。在能人的个性中，有的是良好才能，有的是不利于企业的。作为老板，我们要做的就是将人才的好的个性发挥出来，而将不利的个性通过各种制度要求加以清除。当然，尊重个性，发挥个性并不意味着无政府主义，工作没有界限，发挥个性也要遵从整体利益。国外有一种叫做"头脑风暴法"的智囊技术，这种技术包含着让智囊人员独立地研究、思考，独立地提出自己观点的技巧。最后，要求能人无拘无束、自由奔放地思考问题，"没有绝对的禁止"是他们的信条。

老板要特别关注下属，要能体现对能人的真诚、善意与赞许。疏远最容易导致能人工作效率降低，因此，要让他们参与到目标设定和计划制定工作中来，包括业务的分配、实施、洽谈、联系、工作环境的改善，一直到解决问题等，自然而然地就为其创造了发挥才能的机会。

老板一旦确信自己已经把最合适的人安排在合适的位置上之后，就应该授予他相应的权力，充分发挥他的主动性和创造性。这样，才能使他以极大的热情做好工作。如果对他干涉过多，他会逐渐丧失积极性，也就无法发挥聪明才智。权力下放是最有效地调动员工积极性的方式之一。

福特汽车企业的成功在很大程度上得益于它高明的用人之道。亨利·福特二世是一位善于用人的老板，由于他的统一经营，福特汽车企业历经70年而不衰。福特汽车企业的用人之道，的确与众不同。就拿艾柯卡来说，福特企业培养了他，这不是一般人所能理解的。对此，福特宁愿得罪一人而自己挨骂，也不愿为顾全一人而使企业业务受损。福特企业的突出特点在于不拘一格，选贤任能。福特认为，用人必须不拘一格，只要谁对发展企业业务最有利，就应把谁放在最有用的位置上。

几十年来，福特二世一直坚守这一信条。他自任企业董事长，对其他高级职员，他总是一会儿用这个，一会儿用那个，有时甚至一个部门的负责人也会在全企业发挥巨大作用。外人总认为，福特二世用人反复无常，其实，这正体现了他不拘一格用人才。例如，以桑顿为首的卓有才华的年轻军官组成的桑顿小组，是第二次世界大战美国空军的一个统计管理小组，由于对空军作战的贡献而名噪一时。第二次世界大战结束后，这群年轻军官退役时都是二十几岁的后生，福特把他们全都聘到企业来。许多人认为，福特把企业交给这些年轻人一定没有好结果，但是，福特充分发挥出了他们的重要作用。桑顿小组的10名成员中，先后产生了4位企业高级老板，为福特企业的发展做出了很大贡献。桑顿小组后来被美国报界誉为"天才小子"。福特企业产生了很多在国内经济界和政界赫赫有名的大人物，其中，曾任企业经理的麦克马拉纳还出任了肯尼迪政府的国防部长。

2. 把握住团队中的关键人物

　　可以说，远到各朝各代，近到大小公司，若没有杰出人才当朝效力，王朝是不会兴盛的，公司也不会发达的。

你的总经理生涯中，有没有过这样的情景：

"能够为你工作，和这里的人共事，我真的很开心"，你的某位下属说："但下个星期一，我去另一家公司工作。这跟你没有关系，跟这里的工作环境也没有关系。我只是觉得，换个地方能有更多的机会提高自己。"

你可以微笑着祝他顺利，并告诉他，要是他回来工作的话，你会乐意考虑的。但是，你的微笑并没有真正反映你真实的情感，因为类似这样的事已经并会继续发生。

在今天，人才流动速度越来越快，类似于"跳槽"一类的事不足为奇，不见得是一种错误。但要是其他群体没有作出加高薪或是升高职的承诺，却还是把你的优秀下属给挖走了，这就可能真的是一个错误了。如果这些东西不是金钱，不是更高的职位，那又是什么呢？这个问题，你要好好想想了。

一个公司要向前发展，一个总经理要创造业绩，离不开优秀杰出人才的辅佐，这样才能成就大业。

汉高祖刘邦是一个布衣，不愿从事寻常百姓的工作，反倒结交了众多游侠，当他见到秦始皇出巡的行列时，仰天长叹道："大丈夫当应如此。"从此广交各路豪杰，礼贤下士，将萧何、张良、韩信等杰出人才收于帐下，终于打败霸王项羽，成就帝王大业。

可以说，远到各朝各代，近到大小公司，若没有杰出人才当朝效力，王朝是不会兴盛的，公司也不会发达的。

看了这个故事，对你思考刚才的问题有没有启发呢？下面是一些可能的原因：

下属们认为你并不是一个好经理，他们觉得替别的经理工作更值得。

你的团队名声不好。下属们认为，只要他们不离开这个团队，提升的机会就少得可怜。

你表现得太想留住下属。他们认为，时间再长，你就会尽力阻止他们离开。这样，他们一有机会就马上离你而去。

下属们觉得你不会欣赏他们作出的努力。

如果他们一分钱都加不了，那么至少可以找个能够赏识自己的老板。

当然，除了这些，还会有很多其他的原因。但不管是什么原因，你团队中人才的流失，直接威胁到你自身的地位和发展，你必须阻止这种现象。先仔细反省一下自己的"所做所为"，这可不是件让你开心的事，但如果你不想再失去下属的话，就必须这么做。然后，参考参考下面的几条建议：

（1）礼贤下士，招揽人才

招揽了杰出人才，他们很快立下了大功，出了风头，这时，有些主管就心里不平衡，因为无论自己的上司还是部下都把注意力与称赞投向了别人，而不是自己。从此后，常常故意找茬、挑剔，直到最后把有才能的部下挤走。

（2）给予利益，留住人才

杰出人才之所以留在你的身边，而非另奔他人，是因为他希望从你这里获得最大收获，也只有在这种情况下，部下才能最大限度贡献力量。所以对于杰出人才要给予一定的优待与利益。

（3）做出调查，弄清原因

你也可以试试另一种方法。调查一下其他公司是怎样运作的？他们的优势何在？然后，留意别人告诉你的每一条意见，着手进行改革。

（4）该放就放，再想也没有用

你的手下会不会是"身在曹营心在汉"的下属？不要小看这一点，如果你的团队业绩平平，或者你紧抓着员工不放，替你工作的人就会心不在焉。你不需要这样的人。把愿意留下来的人留住，别的人就走吧——并且要送上你的祝福。

可以说，一个公司潜力的大小要看这个公司拥有人才的多少及对人才重要性认识程度的大小。

因此，把握杰出人才是主管手中的一大法宝。

3. 择优而用人才

掌握科学的选拔人才的工作方法和思想方法，是充分开发人才资源的一个关键环节，也是掌握高超的用人艺术的"必由之路"。

"择优录用"是总经理选拔人才的一项基本原则，有了这项原则，就能让比较优秀的人才走到前台来，担任重要角色。然而，在实际工作中，这一阶段往往会遇到很多棘手的问题。比如，怎样"择优"；何为"最优"；你能保证所选择的人才是"最优"的吗；为什么有时候"最优"者居然落选，而"较优"者却反而上岗了，等等。这些问题，是目前许多总经理共同感兴趣的问题。为了帮助大家较好地解决这些问题，下面，我们着重从思想方法和工作方法入手，和大家一起探讨"择优上岗"中几个值得注意的问题。

（1）"择优"中的积极平衡

尽量维持积极的人才平衡和心理平衡，是做好"择优"工作的一个重要前提，也是选才者必须优先考虑的一个重要因素。由于各种内外在因素的制约和影响，选拔对象之间的德才素质和实际表现，呈现出千姿百态的不平衡状态，有的强些，有的弱些；有的此强彼弱，有的彼强此弱；有的明强暗弱，有的明弱暗强。对于这些选拔对象，选才者当然应该在扩大视野的基础上，首先对其进行科学、准确地考察和鉴别；然后，再经过认真的类比和筛选，择优用之。为了确保"择优"的准确性和合理性，我们主张搞积极的平衡，反对搞消极的平衡。也就是说，通过"择优"，要使各类人才心情舒畅，充分发挥其聪明才智——取得"人才平衡"；还要使人才周围的广大职工心服口服——取得"心理平衡"。

（2）单项"择优"与综合"择优"

"择优上岗"，理当选择"最优"的人才。然而，"最优"并不等于德才积分"最高"。所谓"最优"人选，应该是能够适应岗位的能级的多种需要，并能在人才群体中组成"最佳群体结构"的那一个"选拔对象"。按照这一理解和要求，选才者在"择优"时，就应该既要考虑到人才的单项优势，同时又要考虑到他的综合优势，并根据各种选才需求，全面权衡利弊，然后作出"终端决策"。唯有按照特定的岗位能级和人才群体的结构需求，酌情进行单项"择优"或综合"择优"，分别挑选擅长组织管理的"通才"和能够与其他成员搭配成"最佳群体结构"的"专才"，才能使被选者成为"最优"的人才。据此，我们便可以充分理解，为什么有时候"最优"者居然落选，而"较优"者却反而上岗这一"似怪非怪"的人才现象了。

（3）顺境"择优"与逆境"择优"

人才在成长过程中，经常会交替遇到顺境和逆境。当人才处于顺境中时，优越的外在条件，往往能使他的内在条件得到充分发挥，从而较容易地获取显著的社会效益；反之，当人才处于逆境中时，恶劣的外在条件，又势必抑制或抵消掉他的一部分内在条件的发挥，从而使人才较难获取令人满意的社会效益。显而易见，在这两种情况下，对同一人进行德才测评，其德才积分是不大相同的。为此，选才者在选才决策时，就应该充分考虑到纷繁复杂而又千变万化的客观现实对人才成长的可能影响，以及在这种影响下出现的"放大"或"缩小"的实绩效果，从而对人才的德才表现和绩效水平给予公正、合理的评价。只有这样，才能透过表象，将真正优秀的人才选拔上来。在实际生活中，顺境和逆境的条件极其复杂，人才的境遇也千姿百态，这就要求选才者，在"终端决策"中，要正确处理好顺境"择优"与逆境"择优"的问题。我们既要大力选拔那些在顺境中充分显露才华的人才，也要放手选拔那些虽然身处逆境，却百折不挠奋力进取，依然为党为人民作出可贵贡献的人才。只有这样，我们才能尽可能多地挖掘出各类人才。

（4）静态"择优"与动态"择优"

在选才决策中，我们往往发现，有一种选拔对象，人们通常称之为"有争议"的干部，他们的优点突出，缺点也很明显，群众反映不一致，总经理也有不同的看法。由于他们曾在工作中得罪过一些人，致使一部分群众对他们的缺点看得过重，甚至有意添加不少缺点。还有一种选拔对象，其优点并不突出，缺点也不大明显，由于上下关系处理得好，民意测验票数遥遥领先，不少群众甚至用溢美之词，为其涂上一层美丽的"色彩"。对于这两种选拔对象，如果选才者贪图省事，仅仅处于静态之中来观察其德才素质，往往会不辨良莠，难识真伪。此时识别的惟一有效的方法，就是将选拔对象置于动态之中，用他们过去和现在的实际表现，去验证他们的优缺点。因为人为添加的"缺点"和有意粉饰的"优点"，都经不住客观实践的检验。从这个意义上说，所谓动态"择优"，就是在选才中，注意考察人才的德才发挥态和德才转化态的思想方法和工作方法；所谓静态"择优"，则是偏重考察人才的静止持有态的片面思想方法和工作方法。我们一般并不反对根据现有的考察资料来分析评估人才，但是，这种静态"择优"，必须和依据发展运动中的德才表现来分析评估人才（即动态"择优"）结合起来，才能获得准确的选才效果。

总之，掌握科学的选拔人才的工作方法和思想方法，是充分开发人才资源的一个关键环节，也是掌握高超的用人艺术的"必由之路"。愿各级管理者，在自己的用人实践中，勇于进取，大胆探索，不断掌握更多、更新的选才方法。

4. 正确选择亲信，做到用人不疑

> 曹操实践了他对人才的重视和爱惜，把人无完人、慎无苛求的思想，把才重一技、用其所长的思想，把只用人才、不用庸才的思想推向顶峰。

管理者"开疆拓土"，不断壮大发展自己的事业。事业愈来愈大，不可能事必躬亲，当然也不应事必躬亲，他不可能样样亲自去管。管理者这时需要委托自己信得过的人来协助或代为自己去处理。然而，怎样的人才算是靠得住、信得过。

这里靠得住包含两个内容：一是他是否胜任，是否有能力承担这项任务，是否有能力代为管理者处理这样的事；二是这个人是否品德有保障，是否对管理者忠心耿耿，是否愿意为管理者出力、卖命，为管理者排忧解难。这里涉及到一个对人才选择的标准，到底是品德优先，还是能力优先。

当然，所有管理者都希望自己选择的人能够是德才兼备之人，毕竟谁都想"鱼和熊掌"都能要，但万一"鱼和熊掌，不能兼得"时，管理者该如何做决断。

三国时，一代枭雄曹操首先提出了选才标准：唯才是举。曹操曾经多次下令，公开向全国求贤。他针对东汉选官的积弊，以无畏的胆略，把"德行"、"名节"、"门第"等迂腐无用的选才标准一扫而光，提出了惟才是举的选人标准，极具个性。

他要求各级官吏，要不拘微贱，不拘品行，勿废偏短，把那些具有真才实学的人统统推荐上来。

曹操实践了他对人才的重视和爱惜，把人无完人、慎无苛求的思想，把才重一技、用其所长的思想，把只用人才、不用庸才的思想推向顶峰。

应该说，曹操更注重"才"。而我们现在一般把人分为四等，依次为：有德有才、有德无才、无德有才、无德无才。这个却体现了中国传统的"德本才末"的观点。

换句话说："可靠比有能力更要紧。"这两种观点侧重点截然不同，管理者一般更重视"德"，尤其是其选择心腹时，更加注意重视"德"，即看他是否忠诚，若是不忠，不管他有无能力，他也不能给你帮什么忙，甚至会帮倒忙。因此管理者应更注重"德"方面的因素。实际上，这与曹操的唯才是举并无多大矛盾，因为曹操对按他的标准看来，有严重"品质"问题的，比如坚决反对他的弥衡、孔融等人，他是决不姑息。

要培养得力亲信，就必须坚守三大原则。大凡管理者选择亲信，喜欢在"同乡"、"同学"、"同宗"、"同门"、"过去老同事"等"同"字辈选择，结果多半为"同"所害，不能不谨慎处理。我仍觉得选择心腹知己不应拘泥于"同"字辈。如果非要有个"同"字，则应该以"同心"为首要条件。而"同心"则是应在工作中自然培养的。而管理者培养了亲信必须坚守以下三个原则：

第一，坚决贯彻"所爱者，有罪必罚"。

管理者平日和亲信在一起，要把握自己的主张。在向他们解释自己的见解时，态度要诚恳语气要婉转，要充分向他们说明、同他们讨论，使他们了解自己的意图。

管理者在与亲信相处中正告他们自己不会姑息纵容他们，表达自己信赏必罚的决心。可以向他们叙述"诸葛亮挥泪斩马谡"的故事：

马谡是孔明好友马良的弟弟，孔明派他守街亭，一再指示他要固守。年轻气盛的马谡则在山上设阵，企图击败魏军。结果，反遭魏军包围，以致街亭失守，牵动全局，使蜀军不得不退到汉中。孔明追究战败责任，把马谡依军法判处死罪。将领们纷纷求情，孔明固然于心不忍，却终究毅然决然挥泪斩马谡。

历史上为守法度"大义灭亲"的何止诸葛亮一个。连汉武帝也"大义杀婿"。女婿乃是自己的半个儿子，何况他又是汉武帝的亲外甥，但汉武帝聪明决断，善于用人，执法严厉，毫不容情，决不姑息骄纵肆横，以杀一儆百，使其他亲信不敢骄纵。管理者们也应该清楚即使是亲信，也要有罪必罚。一方面大家信服，一方面对亲信也是一种约束。据以自律，彼此都有好处。

第二，坚决"严守上下分寸"。

无论是对国家还是对一个企业来说，上下之间总有尊卑之分，有命令或服从的关系。管理者一定要和亲信间把握好这个界限，不可越此一步。

比如三国时，曹操以勇猛过人的典韦、许褚为贴身的保镖。有一次曹操酒醉卧床。许褚仗剑守卫门外，曹仁欲入，被许褚挡住。曹仁自恃曹氏宗族，大发脾气，许褚毫不相让，驳斥道："将军虽亲，乃外藩镇守之官，许褚虽疏，现充内侍。主公醉卧营上，不敢放入。"

许褚说的没错，不管你是什么亲信，总有自己应该坚守的本分，有自己必须遵循的规矩，"不以规矩，不成方圆"。难怪曹操事后知道，大大赞扬了许褚一番。

管理者应该清楚，亲信倘若不能安守本分，就会滥用职权，以收揽民心，到了目无法纪的地步，再来挽救，往往已经太迟了。严守上下分寸，保留重大事项的最后裁决权，乃是维护亲信在既定范围内不失责亦不越轨的根本办法。

第三，以心换心，真诚相待。

管理者对亲信应该以诚相待，真心相通。管理者和亲信之间的关系应该是愿打愿挨，毫不勉强，正如俗话所说：姜太公钓鱼，愿者上钩，且"强扭出来的瓜不甜"。论语说："君子和而不同。"管理者和亲信要"和"却未必皆"同"。"和"是指"真情"而"同"为"利害"。管理者若凡事以"情"出发，拿"真心"换亲信的"真心"，他们将会与管理者同心同德，不会心怀杂念，不做逾越本分的事情。总之管理者若能与其员工同甘共苦，则亲信自然也以"公天下"为重。

5. 别以个人好恶识人

> 领导者识别人才时，必须把个人的感情置之度外，抛开自己的爱好与志趣，以整体利益为重，这才是治国安邦、勤家敬业之根本。

对人的看法，不能以个人的好恶来决定其好坏。因为人的兴趣、爱好、性格各有所异，不能只凭自己的爱好，以己之见来断定某人是否有用。有的领导往往感情用事，看到某人的脾气和志趣与己相投，就把他当成人才。这样，往往会出现只有情投意合才被重用，搞自己的"人才小圈子"，而埋没了很多为领导者所"不了解"的人才。

刘备在得到诸葛亮之前，只凭个人的喜好作为识人标准，凭个人的印象和臆测选识人才，并自认为自己"文有孙乾、糜竺之辈，武有关、张、赵之流"。殊不知，天下之大，人外有人，只凭个人感情来评判人，结果往往会走入迷津。他常叹自己思贤若渴，身边无人才，以至于第一次见到司马水镜时竟无端埋怨说："我刘备也经常只身探求深谷中的隐贤，却并没有遇到过什么真正的人才。"司马水镜引用孔子的一段话，批驳了刘备的错误观点。他说："孔子说过'十室之邑，必有忠信'，怎么能说无人才呢？"继而又指出，荆襄一带就有奇才，建议刘备应该去访求。这就为三顾茅庐拉开了帷幕。所以，仅凭个人意志、个人印象来肯定或否定某个人，只能空怀爱才之心，不会得到真正的人才。

唐高宗时，大臣卢承庆负责对官员进行政绩考核。被考核人中有一名粮草督运官，一次在运粮途中突遇暴风，粮食几乎全被吹光了。卢承庆便给这个运粮官以"监运损粮考中下"的鉴定。谁知这位运粮官神态自然，一副无所谓的样子，脚步轻盈地出了官府。卢承庆见此认为这位运粮官有雅量，马上将他召回，随后将评语改为"非力所能及考中中"。可是，这位运粮官仍然不喜不愧，也不感恩致谢。原来这位运粮官早先是在粮库混事儿的，对政绩毫不在意，做事本来就松懈涣散，恰好粮草督办缺一名主管，暂时将他做了替补。没想到卢承庆本人恰是感情用事之人，办事、为官没有原则，二人可谓"志趣、性格相投"。于是，卢承庆大笔一挥，又将评语改为"宠辱不惊考上"。卢公凭自己的观感和情绪，便将一名官员的鉴定评语从六等升为一等，实可谓随心所欲。这种融合个人爱憎好恶、感情用事的做法，根本不可能反映官员的真实政绩，也失去了公正衡量官员的客观标准，势必产生"爱而不知其恶，憎而遂忘其善"的弊端。这样，最容易出现吹牛拍马者围在领导者左右，专拣领导喜欢的事情、话语来迎合领导的趣味和喜好。久而久之，领导者就会凭自己的意志来识别人才，对有好感的人委以重任；而对与领导保持距离、印象不深的人，即使有真才实学，恐怕也不会委以重任。所以说，偏爱、偏恶对人的识才与任用是主观的，对国家、对事业将会造成不良后果。

最典型的事例要算是秦始皇以自己的爱憎标准来判定"接班人"，致使江山断送的那段历史了。秦始皇偏爱幼子胡亥，偏恶长子扶苏，这与他重法轻儒有关。秦始皇非常信仰法家学说，他喜读韩非的《孤愤》，韩非的思想对他进行统一战争很有作用。韩非指出，国家强弱的关键在于"以法为教""以吏为师"。由于秦始皇崇信法家思想，蔑视以"仁爱"为核心的儒家思想，更容不得其他思想的存在。恰恰在这个关键问题上，扶苏与之意见相左，他坚持儒家思想，建议以仁义治国，以德服天下。这引起秦始皇的不满，赶扶苏去做监军。因赵高学法，而赵高又是胡亥之师，所以，始皇宠信胡亥。不可否认，秦始皇以法治国对统一中国是起了决定作用的。但应该注意到任何学说，都必须随时代的变化、条件的更新而向前发展，或被其他学说所吸引，或兼容并蓄。秦始皇执己之偏好不讲德治是一失，而以个人好恶识人，对长子的直谏，不采其合理之言，反而责为异端，对那些以法为名、实为害民的胡亥、赵高等爱之、用之，终于致使秦传至二世而亡。所以说，识人才，绝不能仅凭自己的爱憎，轻易断言。

今天的现实社会中，有些企业管理者总是以感情上的偏好、偏恶来识别人才、选拔人才。喜欢的、志趣相投的，就备加称赞，即使本事平平，企业上的大事也要把其召来商议；不喜欢的，往往刁难、非议，即使有才干，也看不到，更谈不上重用，最终使有才干的人伤了心，离开企业。企业的凝聚力是靠人心换来的，人心散了，企业岂能有所发展。

事实上，以自己偏爱、偏恶的标准来识别人才时，这种管理者大多心态不正，最根本的原因在于其为人做事没有原则，感情用事，随心所欲。这样的领导自觉不自觉地以志趣、爱好、脾气相投作为识才的惟一尺度，实际上，这是一种把个人感情置于企业利益甚至社会利益之上的错误做法。从近处来讲，许多与他志趣不投的有才之士，他视而不见，其结果是企业的人才流失；从长远看，以个人的好恶识别人才，没有客观标准，没有原则性，在管理上，就会随心所欲地处理问题，管理制度就会失去约束性和原则性，在领导者周围就会出现一群投其所好的无能之辈左右企业，长此下去，势必会严重影响企业的发展。

所以，领导者识别人才时，必须把个人的感情置之度外，抛开自己的爱好与志趣，以整体利益为重，这才是治国安邦、勤家敬业之根本。

合理使用人才，就要善用人才的长处。俗话讲："尺有所短，寸有所长。"要用人就要用其长，能用其长就能最大限度地调动人才的积极性。

6. 大度容才就能最佳用才

倘若总经理能对失败者说一声"接着再试，相信自己"来宽容人才的失败，这将减轻人才的心理负担，使他们启动智慧，反而能够创造出奇迹。

大度容才就是说总经理要有容才纳贤的气魄和度量。

只有具备宽容的气度，才能有团结众人的力量，最大限度地发挥人才的效能。宽容是激励的一种方式，也是管人的一种方式。总经理的宽容品质能给予员工良好的心理影响，使员工感到亲切、温暖和友好，获得心理上的安全感。同时也因为总经理的宽容，员工由于感动而增强了责任感，他希望能让你因为他的成功而高兴。自尊心恰是一个人做了错事后促使其态度发生转变的心理动力。

缺乏宽容心态、对别人的不同意见不能相容的总经理，是在拒绝员工积极参与管理，结果只会使员工丧失了责任感和积极的心态。因为提意见者往往是积极的思考者。总经理能有宽容精神，必将使员工获得发挥才能的最佳心理状态。

（1）对人才要扶不要压

一些总经理对一般的人才可以任而用之，可对八斗之才、拔尖之才，尤其是超过自己的高才却容忍不了，认为人家构成了对自己权力和中心位置的威胁。于是，嫉妒之心油然而生，压才之举随之而行。孰不知，这是愚人之见。真正的优秀人才必将脱颖而出，任何人也压不住。高明的总经理，对高才是喜不是忧，是扶不是压，是求不是弃。必须懂得，高才是事业成功的希望。

（2）包容人才的短处

人才虽有所长，也有其短。有的优点突出，缺点也突出；有的恃才自傲；有的不拘小节；有的性情怪僻，人才之间还有各种矛盾。因此，总经理既要用其长，也要容其短。

（3）接纳人才的建议

即要听取贤才的各种主张、意见，鼓励他们讲话，尤其能听取他们讲出不合自己口味的意见。因为，既然是人才，必有自己的真知灼见，必然对自己的见解充满自信心，对上司的意见不会随声附和，往往固执己见。有的人才还往往不懂世故，不顾情面，不分场合，秉公直言，总经理容人之言，也是发扬民主的表现。作为一个总经理，应当接贤纳谏，广开言路。

（4）宽容冒犯的人才

容人之中，容人之冒犯最难。某些总经理如"老虎的屁股摸不得"，"太岁头上的土不能动"，一摸即跳，一动就怒，你稍有冒犯之举，他就伺机报复，以"兵"相敬。真正有远见、有度量的总经理从不给冒犯者"穿小鞋"，对合理的冒犯，引咎自责；对不合理的冒犯，也能以事业为重，从大局出发，毫不介意。因为他知道，这些"胆大包天"的冒犯者大都秉性耿直，光明磊落，这正是难得的人才，是事业希望所在。

（5）宽容人才创新的失败

总经理不仅要宽容人才的缺点，更要宽容人才工作中的失败。失败常常来自于创新的路途。创新是企业获得向上动能的源泉。如果一个总经理不能容忍人才因为创新引起的失败，就是在提倡一种保守、墨守成规和静止的管理思维。

倘若总经理能对失败者说一声"接着再试，相信自己"来宽容人才的失败，这将减轻人才的心理负担，使他们启动智慧，反而能够创造出奇迹。

3M公司的董事长里尔是鼓励创新的"激进前者"，这位"探险家"出身的董事长认为：一个人若是从来没犯过错误，那多半是因为他毫无建树。他说：在3M公司内，有坚持到底的自由；有不怕犯错误、不畏惧失败的自由。有了3M公司总经理的"容忍失败"的管理风范，才有了该公司持续不衰的创新业绩。

工作并不总是顺利的，员工的失败很正常，可怕的是失败后没有勇气再试，总经理在员工失败时给予一句亲切的问候，一次"下次努力"的宽容和激励，会打破员工沉重的失败感，解除束缚他心灵的挫折感，让他有敢于再尝试的勇气。

7. 高层管理者要有政治家的胸怀和气量

具有大度量，才能团结人心，使用人才。而无论是战场上还是商场上的胜利，都是与加强内部团结密不可分的。

无论是战争还是商业运作，都不是单纯的个人行为，而是一种较复杂的社会行动。因此，要求军事指挥员和企业经营管理者，应该具备政治家的眼光和气量。

《三国演义》第三十回提到，官渡之战结束后，曹军打扫战场时，从袁绍的图书案卷中，捡出一束书信，皆是曹营中的人暗地里写给袁绍的投降书。当时有人向曹操建议，要严肃追查这件事，凡是写了黑信的人统统抓起来杀掉。然而曹操的想法与众不同，他说："当绍之强，孤亦不能自保，况他人乎？"于是下令把这些密信付之一炬，一概不去追查，从而稳定了军心。

可见，曹操这位史称"治世之能臣，乱世之奸雄"确有其非凡之处。尽管他在某些地方行事残暴，但在使用人才方面却始终表现出政治家的宽阔胸怀，尽管曹操多疑，但用人不计旧仇，还是可赞颂的。

除了官渡"焚书信"一事外，演义中还在其他几处描写了他豁达大度的政治家胸怀。例如宛城之战中，张绣率军杀死了曹操的长子曹昂、侄子曹安民和大将典韦，曹操自己的右臂也在乱军中被流矢所中。后来，张绣听从贾诩的劝告投靠了曹操。曹操热烈欢迎张绣的到来，不仅没有报杀子之仇，而且还与张绣结成了儿女亲家，并拜他为杨武将军。张绣十分感激，他在后来的作战中，为曹操统一北方，建立了汗马功劳。

可以肯定的是，凡是有大作为的人都有大的度量；完成大事业者必有大的胸怀，千古万世，莫不如此。

春秋时期，晋文公重耳外逃十九年，得位后，平定了国内的乱党。为了安定人心，便让过去偷过他东西的仇人头须，作他的车夫，驾着车四处周游。那些曾跟着旧主子逃亡的人终于相信了文公是不计前怨的人。由此，晋文公赢得了国人的信任和拥护，社会迅速安定下来。

周定王元年，楚庄王平定叛乱后，大宴群臣，并让爱妾许姬为大臣们敬酒。突然，一阵轻风吹灭了厅堂内的灯烛。黑暗中，有个人拉着许姬的衣袖调情。许姬不从，顺手扯下了他的帽缨，并告诉庄王，要求掌灯后立即下令查出帽子上没有缨带的人。庄王听了哈哈大笑，当即宣布：请百官们都把帽缨去掉，以尽情痛饮。待大家都把帽缨扯下，庄王才下令点灯。这样，究竟谁是行为不轨者，已无法分辨。许姬不理解，庄王说："酒后狂态，人常有之，倘若治罪，必伤国士之心。"后来，在吴兵伐楚的战争中，有个人奋不顾身，英勇杀敌，为保卫楚国立了大功。此人名叫唐狡，他就是"先殿上绝缨者也"。有诗写道："暗中牵袂醉情中，玉手如风已绝缨；说君王度江海量，畜鱼水忌十分情。"

汉光武帝刘秀在攻克邯郸平定王朗之乱后，也曾缴获郡县吏民与王朗往来文书"数千章"，但刘秀不屑一顾，命人全部销毁，并说："令反侧子自安"，结果立即安定了人心。

具有大度量，才能团结人心，使用人才。而无论是战场上还是商场上的胜利，都是与加强内部团结密不可分的。

就拿曹操来讲，其当时虽然取得了官渡之战的胜利，但是袁绍还占据着冀、幽、青、并四州的大片土地，曹操只有集结更大的力量，乘胜前进，才能平定河北，统一北方。同时，从整体战略大棋盘上看，曹操的正面有袁绍，背后和侧后有刘表、刘备以及江东实力雄厚的孙权，仍处于内线作战并未完全摆脱困境的状况，此形势正是急需用人之际。因此，只有从长远和全局的利益出发，转消极因素为积极因素，巩固内部团结，才能继续胜利进军。

还需看到，当时秘密写投降书给袁绍的并不只少许人，而是一批人。试想，若是严加追究，必然牵扯面广，会造成人才大量的流失，也会对整体事业带来极大不利。例如一些企业或部门，由于主管领导的人事变动，初上任者一上来就是"三把火"，其中最重要的一把火往往就是先把"逆我者"屁股烧红、烧焦，或打入另册或干脆让其滚蛋，不论人才与否概无幸免。这种做法正好是曹操等当年的反证，其结果也就不难猜测了。

曹操烧密信，不但安定了人心，防止了人才损失，而且使写信的人越加佩服曹操的威德，效忠曹操。这样，一批被免去追查的人才所激励出的新能量，要比原来大得多。由于曹操是"未看密信就予烧掉"，也就无"秋后算账"或"兔死狗烹"的打算与迹象，可让人真正放心，充分表现出政治家的胸怀。

综上所述，我们同样希望现代企业家，应持有相当的气量，不仅向古代典范人物学习，能够大度地吸收其他群体投奔的成员，或允许本群体内曾有异心的人校正过来，且充分发挥他们的聪明才智，以利于整体事业的兴旺发达。

8. 让有能力的人拥有权力

权力是一把利剑，有的管理者注意暂时放手，有的管理者则绝不放手。正确的方法是：让有能力者拥有权力！

我们常会遇到一些单位的管理者只是把负责人叫来说这样一句话："其他的就由你和这位负责人一起作决定"，然后就安排另外工作的情形。这就是放手给有能力的人授权！通常领导者只决定个大概，其他细节部分则交给负责人处理，这是一个让负责人发挥能力的机会，而且，他们对工作细节的了解也比领导者多。

但是，有时当负责人决定的事情，已经开始有进展时，他的领导又突然出面干涉。结果，一切都要等领导裁决后才能运作。虽然他口头上说要把权力交给下属，但事实上，决定权还是在他手上。我们常听到看到一些领导连工作细节也要干涉。

所以，管理者事先要和负责人做好意见沟通，不能说好"都交给你"，还要过分干涉。一旦说出这句话，就要有绝不干涉的觉悟，否则会让下属失去工作热忱。如果是和单位外的人谈公务，又会牵涉到单位的信用，因此更要特别小心。

管理者如果没有"委托"的自信，"委托"之后又想干涉的话，那么最好整件事从头到尾都由自己决定。"委托"并不是件坏事，当自己决定将任务交给别人去做时，即使真有不满意的地方，也不能再发表意见。当负责人由于无法对付某个问题而感到苦恼时，身为领导者不妨以个人的经验提供负责人一些方法。然而许多时候，情况往往在开始时便弄巧成拙，领导者虽想用温和的方式传达给负责人，但是语气上却隐含命令的意味，那么负责人表面上也许接受，心里却未必服气。因此，这一点必须特别注意。要知道，当负责人因为不知如何做而感到闷闷不乐的时候，管理者如果趁机在一旁干预，对于负责人而言，或许意味着对他不信任。

在此情况下，管理者不妨对负责人表示："如果是我，我将这么做……你呢？"以类似的做法来指导负责人，不但可保持自己的立场，也可将意见自然地传达给负责人，甚至负责人极可能会认为领导者是站在自己的立场上考虑。这样，领导者说服的目的便达到了。

如果管理者硬是规定负责人必须按照自己的方法去做，那么负责人除了服从以外，便毫无选择可言。

其次，对负责人而言，只要服从领导者的指示，自己根本不必花头脑思考，反倒轻松，何乐而不为呢？

然而事实上，领导者直接表示自己的方法，毕竟无法让负责人真正学到工作的实际技巧。

如果领导者能够指出多种方法，让负责人有机会加以思考，负责人一方面会认为领导者是给自己面子，另一方面则将提高对领导者的信赖感。

此外，领导者在指导工作时，有时也可稍加改变说话的方法及语气。例如可先考虑对方的立场，让对方了解我们的利益，也就是他们的利益。如此指导工作就可事半功倍，何乐而不为呢？

大家知道讲课与演讲完全是截然不同的两回事。在大学讲课，主要任务在于传授知识，只要有知识，人人均可以上讲台。然而，演讲则不然，为了

第五章　让『大象』跳舞：总经理如何驾驭能人

131

使自己的思想能与听众沟通，必须"制造"刺激，换言之，就是在他们想学习的心态上点燃学习的火花。

在交往中"讲话和谈话"并不困难，但是领导者要让对方理解则不容易。就是说，要让对方用耳倾听并不难，要让对方用心思考则不是易事。在教导他人时，必须认识此两者的差异，才能达到预期的效果。

当负责人有过失时，无法将前述二者划分清楚的领导者，便会一味地想把自己的知识告诉对方。例如向他们指出：过失的原因在于此时此地发生此事，经由某作用而产生某影响，所以我们应该如何做，如此就变成讲课了。话虽然进入对方脑中，但却不是对方切身需要的东西，因此无法吸收甚至容易将之遗忘。

所以，最好明确指出其过失所在，但暂时不必指导该如何做以及如何追踪过失等方法，让对方有自我思考的余地。而当对方能自己思考，却又无计可施时，自然就会发问："这里该怎么办？"此时再给予适当的意见，才是最合乎实际的指导方法。

许多管理者为了提高工作效率，往往希望以最简单的方式将知识传达给负责人，而不让负责人自己去思考，如此将无法培养出优秀的负责人，这是管理者必须注意的一个环节。

人大多有较强的自尊心、成就感和荣誉感，有通过自己的努力去完成某项工作或某种事业的要求和愿望。因此，管理者应该充分信任他们，授权之后就放手让他们在职权范围内独立地处理问题，使他们有职有权，创造性地做好工作。对他们的工作除了进行一些必要的指导和检查，不要去指手画脚，随意干涉。无数事实证明，这是一项用人要诀和领导艺术。信任人、尊重人，可以给人以巨大的精神鼓舞，激发其事业心和责任感，而且只有上级信任下级，下级才会信任上级，并产生一种向心力，使管理和被管理者和谐一致地工作。相反，当一个人的自尊心受到伤害时，他就会本能地产生一种离心力和强烈的情绪冲动，影响工作和同志关系。

授权与信任密切相关。一个管理者如果不相信下级，那么就很难授权于下级，即使授了权，也形同虚设。有的领导者一方面授权于负责人，一方面又不放心：一怕他不能胜任，二怕他以后犯错误，对有才干的人还怕他不服管。具体表现为：越俎代疱，包办了负责人的工作；越权指挥，给中层领导造成被动；不懂某方面的专业知识，却干涉负责人的具体业务；甚至听信谗言，公开怀疑负责人等等，凡此种种，都会挫伤负责人的积极性，不利于负责人进行创造性的工作。

作为管理者，要想充分发挥负责人工作的积极性和创造性，一方面要放权，使负责人在一定范围内能自主决断；另一方面要设身处地为负责人着想，勇于承担负责人工作中的失误，不能有了成绩是领导有方，出了过失即负责人无能。要言而有信，不能出尔反尔，言行不一，否则负责人就会对领导失去信任，领导者也会因此而丧失威信。

古人云："非得贤难，用之难；非用之难，任之难也。"用人不疑，疑人不用。领导者应该充分地信任负责人，放手让负责人工作，这才是作为领导者授权应有的风格。

因此，管理者授权给负责人，一定要注意，既然他有能力，就让他大胆发挥手中的权力，让他动脑筋当自己的主人；同时，他出现难题时，还要在恰当时候给予指点。

9. 成功企业总经理十大留才法则

总经理拿什么留住人才？是否还在嗟叹员工太不忠心，是否还在诅咒都是外企惹的祸，是否还在回想当年的一颗红心？

高薪为何留不住人才？因为人的需求不仅是高薪，每个人的需求也不尽相同，对于一个需要进修学习的员工，你却给予住房补贴，这样效果大吗？作为总经理没有真正了解人才的心，使人才心不在焉，"人在曹营心在汉"，外界产生动心的诱惑，人才也就被挖了过去。

所以，管理者应该创造足够的沟通机会，从言谈、生活工作交往的琐碎中去了解人心迥异的需求，然后建立个人的需求库，以个人需求为基础进行激励，并利用相应的留"心"手法留才。

企业应如何留住人才？根据 2005 年的一项调查表明，20.5% 的人希望公司有一套合理的竞争机制，能够人尽其才；19.3% 的人希望将员工置于最合适的岗位，以发挥他们的才能；16.9% 的人希望给员工较高的薪水；16.3% 的人希望公司制定合理的薪金制度。

以下是十大留才法则：

（1）总经理留才

总经理的人格、信誉、信用，总经理的待人接物方式、形象，总经理的思想、观念、价值等形成了总经理的个人魅力。员工认同吗？他们愿意忠实地跟随你吗？

（2）上司留才

上司对下属的态度、看法、评价，上司是否公平、公正、可敬，上司是否具备良好的道德和令下属心服的能力？

（3）企业留才

企业所在的行业和领域的地位如何？是否具有发展远景？一个不断走下坡路的企业是较难留住人才的，也没有人愿意在一家平平凡凡的公司工作。在相对条件下，你愿意加入微软还是一个不知名的软件企业？

（4）事业留才

工作是否具有挑战性、趣味性？是否真有一个大舞台让员工大展拳脚？别让他们连海市蜃楼都看不到，别让他们活得很没面子。无聊绝不是件容易的事，没有人想做混混，公司损失的不过是金钱，员工付出的可能是他的一生。

（5）机制留才

这是主要的三大留才手段之一。可能你常听到这样的抱怨："他凭什么升任主管？""我俩表现一样，他的待遇就是比我高。"在这种情况下，要检讨公司的用人机制、晋升机制、薪酬机制、评估机制是否合理公正。

（6）成长留才

尤其是年轻人，他们投身社会，加入到你的企业，希望自己能够不断成长。如果他在你公司工作几年，前后都没有太大变化，也许他就会另择栖息地。有五年工作经验——五个一年的经验和一个五年的经验，这可是不同的概念，你能听懂这个意思吗？

（7）高薪留才

这是主要的三大留才手段之一。一流的人才需要一流的薪酬待遇，大多数雇员往往会用薪酬来判断自己在公司的地位和价值（虽然这种观点不一定正确），薪资仍是现阶段的主要留才手段，是员工们最感兴趣的话题。

（8）感情留才

感情投资最具有潜移默化的感恩效果。最佳时机是员工最困难、最需要帮助的时候。

（9）人际留才

有近乎一半的雇员是因为不能正确处理好上下级之间、同事之间、客户之间的关系而陷入四面楚歌的困境，并以跳槽作为解脱的第一选择。

（10）福利留才

福利分硬性福利和软性福利，也是主要的三大留才手段之一。

硬性福利包括：医疗保健、文娱康乐、图书报刊、电话邮政、班车服务、福利店等。软性福利逐渐成为留才的新策略和争夺人才的制胜法宝，包括：进修学习、商业保险、年终奖金、节假日补贴、子女教育基金、带薪休假、旅游计划、住房公积金、无息借款、员工持股等。

10. 让行业专家为自己打工

"贤主劳于求贤，而逸于治事"。企业家要把70%的精力放在考虑企业的未来发展上，而企业未来战略的规划，主要靠相应的人力资源作支撑。

国内大部分中小企业在发展扩张阶段都会遇到较大的人力资源瓶颈，许多行业都面临着内部产能规模扩大的同时缺乏高级技术管理复合型人才、外部收购兼并却没有人才可以输出的困境。

企业领导每天都在为人才问题焦头烂额，加速内部人才储备与培养计划的实施是他们必须做的功课。但形成内部人力资源梯队的良性循环需要较长的时间，更为糟糕的问题在于，由于企业前期经营管理的粗放与缺乏前瞻性，人力资源每一环节想要变革都将涉及到系统的调整。比如内部人才培养看似简单，实际上需要整个人力资源链条的协同支持。只实施人才计划还不够，相应的培训、内部晋升通道、激励机制等制度也要完善起来，否则人才问题还是无法解决。

我们认为，内部人才储备的功课要做，但充分利用外部人力资源却是更现实、更直接的办法。走向成功之路无非三条：第一，与成功者合作；第二，雇佣成功者；第三，为成功者所雇佣。成功的企业家必须善于驾驭各方面的成功人士为他所用，尤其是行业专家，他能使企业在短时间内、在某一专业领域内迅速提升竞争力。借用一个行业专家的力量，让行业专家为自己打工，可以大大降低企业依靠自身力量所需要的人力、物力、财力以及时间成本。

我们的一个客户引进了国外一条先进的生产线。如果只依靠企业现有的技术人员，是无法满足企业迅速掌握新的生产技术、投产以及生产线维护的需要的。引进机器的同时引进人才应该是一个好办法。当然，较高的人力资本投入是在所难免的，但与其为企业带来的各种效益相比，还是值得的，企业也是能够接受的。

很多中小型企业主仍停留在想做大又不敢承担风险的怪圈中走不出来，或者只是认识到整合行业资源的重要性，但就是没有提升到人力资源整合的高度。

通用电气多元化战略成功运作的人才理念，就是寻找每一领域最优秀的人才。比如利用印度强大的研发能力，通用电气塑料事业部在印度建立了一个新的基层研究开发中心，聘用印度的博士；而通用电气医用系统事业部则在以色列从事新的核产品的开发；通用电气在东欧还有 11 家工厂，因为在捷克、斯洛伐克能找到比美国更好的冶金学家。

做企业家与行业专家各自该做的事！

正如古人云："贤主劳于求贤，而逸于治事"。企业家要把 70% 的精力放在考虑企业的未来发展上，而企业未来战略的规划，主要靠相应的人力资源作支撑。所以，贤明的企业家应该倾注更多的时间与精力在贤能之才的寻找与合作上。

刘邦与项羽争天下，刘邦胜，并非刘邦文才武功盖世，关键在于他能统御具有不同才干的人才。正如他自己说的："运筹帷幄之中，决胜千里之外，吾不如子房；镇国家，抚百姓，给饷馈，不绝粮道，吾不如萧何；连百万之众，战必胜，攻必克，吾不如韩信。三人者皆人杰，吾能用之，此吾所以取天下者也。项羽有一范增而不能用，此所以为我擒也。"

刘备同样如此，有了诸葛亮、张飞、关羽、赵子龙等一帮贤才辅佐，方能得一方天下。

美国钢铁大王卡内基也是一位会用能人的专家。他的墓碑上刻着："一个知道选用比自己更强的人来为他工作的人安息于此。"

我们在为企业作咨询的过程中经常能看到这样的场景：老板经常下车间，甚至还在深夜里跟技术人员一起解决问题。不是说老板不应该这样做，而是老板不应该让这种行为成为一种习惯。如果这些事情都需要老板亲自过问，那么聘请的其他高层是做什么的？聘请的行业专家又是做什么的呢？

　　从这里我们可以看到，随着企业的发展，企业家要从行业里钻出来，要站在更高的角度管理企业。企业家要抓的是战略，是人力资源，是品牌、资金、信息，而具体的事务就可以分给那些在各个方面都比企业家出色的人才去做，这样企业才有可能做强做大。

第五章

让『大象』跳舞：总经理如何驾驭能人

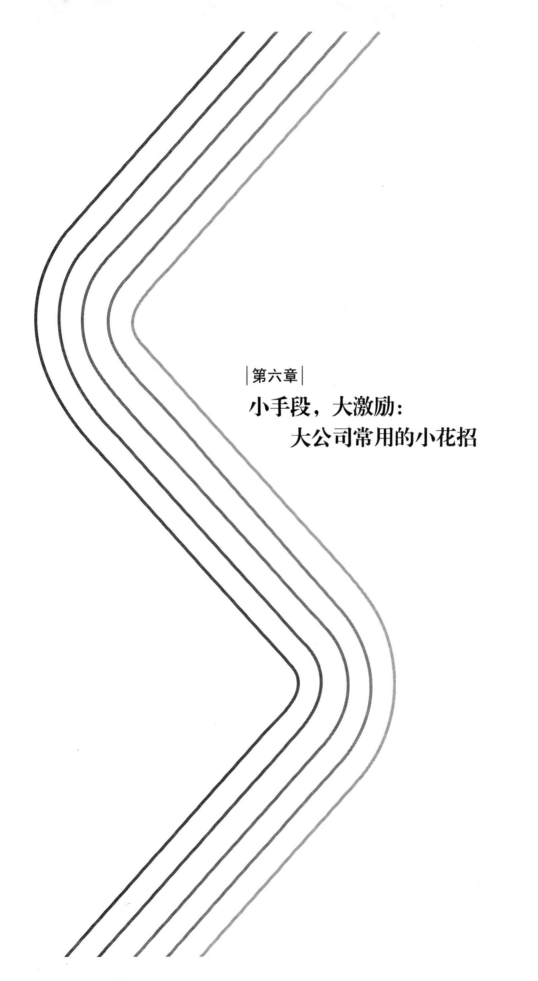

第六章

小手段，大激励：
大公司常用的小花招

1. 用微笑征服下属

　　一位经常面带微笑的上司，谁都会想和他交谈。即使你并未要求什么，你的下属也会主动地提供情报。

　　你的肢体语言，如姿势、态度所带来的影响亦不容忽视。若你经常面带笑容，自然而然地，本身也会让人感到非常愉悦、身心舒畅。

微笑也是一种魅力，它能够提升一个人的个人形象。

微笑，意即和善、亲切、不容易动怒。

企业里有稍微指责下属即受到众人反抗的上司，亦有一开口便唠唠叨叨地叱责，然而却深受下属爱戴的主管。

身为上司，为了能使下属发挥所长，并且带动整个团体向上，其先决条件是必须成为受爱戴的主管。必须要做到以下几点：

（1）对于工作要耳熟能详

"希望接受这位上司的指导，想要跟随他，听从他的话绝对不会错……"若下属对你有如此印象，你必然深受尊重。至于邀下属喝酒、送下属礼物的行为，是不必要的。

（2）保持和悦的表情

一位经常面带微笑的上司，谁都会想和他交谈。即使你并未要求什么，你的下属也会主动地提供情报。

你的肢体语言，如姿势、态度所带来的影响亦不容忽视。若你经常面带笑容，自然而然地，本身也会让人感到非常愉悦、身心舒畅。

你能永葆正确的举止，在无形中它早已引领你步向成功的大道了。有许多的运动选手，都表示类似的看法："我会在重要的比赛之前，想像自己得到优胜的情景。如此，力量立刻如泉水涌上来。"

一个永葆愉悦的神情与适当姿态的人，较容易受到众人的信赖。

（3）仔细倾听下属的意见

尤其是具有建设性的意见，更应予以重视、热心地倾听。若那是一个好主意并且可以付诸实施，则不论下属的建议多么微不足道，亦要具体地采用。

下属将因为自己的意见被采纳，而获得相当大的喜悦。即使这位下属曾经因为其他事件而受到你的责备，他也会毫不在意地对你备加关切，产生尊重之情。由于上司对下属的工作提案相当重视，不论成败皆表示高度的关切，因此下属会感谢这位上司，并觉得一切的辛劳皆获得回报。

（4）不强求完美

上司交代下属任务时说："采取你认为最适当的方法。"即使下属获得的成果并不很完善，上司也能用心地为其改正缺点提供建议。即使受到这个上司的叱责，下属亦能由衷地感到歉意，并且尊重他。

通常主管希望能够分配稍微超出下属能力的任务给他，因此有能力的下属便会分配到困难度较高的工作；能力稍显不足的下属便会分配到与其能力相当的工作，若任务未能达成，则不论下属的能力优劣与否，皆须公正地论断。

如果你认为："由于分配给他的任务很困难，因此，失败了也没办法。"那就犯了大错，因为如此一来，你原先信赖他而将较艰难的工作交给他的用意，便显得毫无意义。

你也必须具备对下属的包容力，不能忽略给予失败的下属适当的肯定。虽然下属在完成任务时失败了，但切勿忽略了下属在执行任务时所付出的努力，并且需要给予适当的评价。人皆有悲天悯人之心，对于能力不强的下属有必要予以支援。

你若固步自封裹足不前，整体可能将因为水准低而遭受淘汰的命运。因此，切不可只伫立在原位上。在如此竞争激烈的社会中，是不允许个人感伤的。

你忠于公司，专心于工作，在全力奋斗之际，若发现下属中有人无法跟上步调时，你必须有所决定。

你想尽办法要求他和大家以同样的速度前进。因为期待心切，你才会叱责他、鼓励他，若他仍无法成长，只好将他调至其他单位。这样用心良苦，对他而言未必没有好处。

你在通知下属这个决定时，必须简单明了。若你表现得依依不舍并说些多余的话，反而会伤害到他。

如果下属能识大体，就毫无问题；若下属因而受到很大的打击，并显得意志消沉，你也不可轻易地付出同情心。此时你应以豁然的态度表明："新工作也许更适合你，拿出精神好好地闯出一片天地！"

你不能与下属纠缠不清，而必须全力往前冲刺。

如你听说下属由于职务调动而一直无法东山再起时，则希望你拥有一颗仁慈的心，衷心地祝福他，相信你的诚心会让他体会出来的。

微笑可以征服你的下属，而愤怒则不能！

2. 赞美的话要记着说

对下属的一番赞美，会给他带来满意和愉快的情绪体验。所以，重视赞美的作用，正确地利用它，是领导者有效管理方法之一。

希望被人赞扬，这是人的天性。美国著名企业家玛丽·凯说过："人们盼望赞扬，就像在沙漠中盼望甘露一样。"领导的赞扬，可满足员工的荣誉感和成就感，使其在精神上受到鼓励。

心理学家告诉我们，人在受到奖赏的时候，要比受到惩罚时愉快。下属只需知道他们所要达到的目标是什么，而一旦达到了，便应受到赏识或鼓励。如果做得比规定的还要好，更要受到特别的肯定。

下属很认真地完成了一项任务或做出了一些成绩，虽然此时他很平静，内心却默默地期待着领导的赞赏。领导一旦没有关注或没给予公正地赞扬，他必定会产生一种失落感或挫折感，对领导产生看法，"反正领导也看不见，干好干坏一个样。"领导及时肯定，恰当地赞美下属，有助于消除上下级之间的隔阂，密切双方关系，易于形成凝聚力。

领导的赞扬不仅表现了对下属工作的肯定和赏识，还表明了自己很关注下属的事情，对他的一言一行都很关心。有人受到赞扬后，常常会很开心地对别人讲："我们头儿既关心我又赏识我，我做的事儿，连自己都觉得没什么了不起，却被他大大夸奖了一番。跟着他干气儿顺，心情特好。"你看，不过是简单的几句称赞，就产生了不同凡响的效果。

与其不断提醒下属什么地方没有做好，不如赞许他已做好的成就。恰当地运用赞扬艺术，可使下属死心蹋地的跟着你。

"我接受了人家愉快的称赞之后，能够光凭着这分喜悦生活两个月。"这是马克·吐温的一句名言。的确，赞美之语是令人畅快的。

刘备初争天下时，实力不如他人，因此求贤若渴。徐庶临辞前向刘备推荐诸葛亮，说："得此人，无异于周得吕望、汉得张良也。"并自谦说："以某比之，譬如劣马并麒麟、寒鸦配鸾凤。"赞扬诸葛亮"管仲、乐毅都不如他，其有经天纬地之才，盖天下第一人也！"刘备听后大喜，便准备厚礼，欲前往隆中拜访诸葛亮。这时，又见到了司马徽，听他也称赞诸葛亮为"其才不可量，可与兴周八百年之姜子牙、旺汉四百年之张良相提并论。"刘备愈加坚定了拜访诸葛亮的决心。于是，就有了三顾茅庐的故事。等见到诸葛亮时，见他自谦"年幼才疏，有误下问"时，刘备巧妙地借司马徽之言、徐庶之语称赞他，并谦恭地请他"不弃鄙贱，曲赐教诲"。司马徽、徐庶都是当时的高人逸士，刘备如此一说，诸葛亮心中自是受用，于是愿听其详谈，为他定下三分天下的决策，最终出山辅佐刘备成就了一番霸业。

赞美之语好比阳光，我们内心的花朵，必须有赞美之语的阳光照耀，否则是无法成长开花的。那么身为领导，对这种激励人心的赞美之语，每天到底使用了多少呢？旁观身居领导高位的人，动不动就会非难下属，指责批评，或对下属吹毛求疵，却常常难以说出一句由衷地赞美下属的话。其实，赞美下属往往会使他们增添信心，更好地做好工作。但赞美下属时也要讲究方式。

如果你走到下属面前直接就说："你真是一个了不起的人。"其结果大多数人会觉得不自然，甚至会认为你在开他们的玩笑，但如果你赞美一些他们曾做过的特殊事，就会觉得很受用。赞美下属的作为，会鼓励他更加卖力地避免失误；赞美下属的工作，会令他更加忘我地投入工作；赞美下属的行为，他就会愈加改善自己的言行举止。

另外，赞美下属时不要口是心非，应大大方方，不必担心赞美了下属就会贬低了自己，也不要把三句夸赞之词压缩成一句，吝啬赞美反而更容易暴露你的小肚鸡肠。

赞美之语可使下属了解到你对他们的看法，千万不要认为不必说，下属自然会知道你的感激之情。"尺有所短，寸有所长"，每个人都有值得对方学习的长处和优点。作为领导，寻找下属的长处并予以称赞和表扬，这样坚持下去你会发现，下属不但变得更出色了，而且对你的印象也越来越好。你用赞美之辞将谢意传递给下属，他们自然会用更高的工作热情回报给公司。

领导赞扬下属，可以制定奖励措施，将其所做的成绩与工资、住房、奖金等挂钩，这是很实在的赞扬方法。也可采用传统的方式赞扬，如颁发奖状、奖旗、奖章，进行嘉奖，或以领导者个人名义写信表彰，开祝捷大会等。辛劳被肯定后，下属所流露的感激，是无与伦比的喜悦。一个好领导就要善于给下属带来这种"无与伦比的喜悦"之情，以便更好地激发出下属的工作热情和潜力。

人对精神鼓励的需求是普遍的、长期的，对下属的一番赞美，会给他带来满意和愉快的情绪体验。所以，重视赞美的作用，正确地利用它，是领导者有效管理方法之一。

3. 公司气氛，也能产生效率

> 把你的每个职员都当作一位重要的大人物来看待，使每个人渴望被重视的心理得到满足，从而成为一种积极工作的推动力，甘心为你效力。

美国玛丽·凯化妆品公司最重视的是人，包括美容顾问、销售主任、员工，以及顾客和向公司提供产品的厂商。该公司相信，关心人与公司必须赚钱这二者并不矛盾。总经理玛丽·凯·阿什说："不错，我们是把眼睛盯在赚钱上，不过赚钱并不是高于一切的欲望。在我看来，'P'和'L'的含义不仅仅是盈与亏，它还意味着人与爱。"

这种关心和爱，不单单表现在对员工生活上、工作上，更表现在对员工错误的批评上，玛丽·凯·阿什说：

"我认为，经理批评人的做法并不妥当。不是说不应该提出批评，有时，经理必须表明对某事不满意。但是，批评的目的是指出错在哪里，而不是指出错者是谁！"

"如果有人做了错事时，经理不表明自己的看法，那么，这种经理也确实过于'厚道'了。不过经理在提出批评时，一定要讲究策略，否则就可能出现适得其反的结果。我认为，一个经理应当做到：当某人出错时，既能指出其错误，又不致挫伤其自尊心。每当有人走进我的办公室，我总是创造出一种易于交换意见的气氛。这一点很重要。我发现，人要越过有形屏障——我的办公桌，那么，创造那种气氛则易如反掌。我的办公桌象征着权力，它向坐在一旁的来人表明，我有权指示他应该如何如何。我总是越过那个有形的屏障，以朋友和同事而不是以老板的身份与来人交谈。因此，我们同坐在一张舒适的沙发上，在比较轻松的气氛中研究工作"。

"我有时还同来人握手拥抱！在我看来，这是感情的自然流露。因此，我在这样做时感到轻松、自然。我认为，同来人握手拥抱能使坚冰消融，能使对方无拘无束。你会发现：同一种人打交道，握手是最好的方式；但同另一种人打交道，拍拍背显得很亲热；同某些人见面，只有热烈拥抱才能表达出你们亲密无间的情谊。我们都听说过大夫在病床旁边对病人表示关心。因此，走上去同来人握手、拥抱吧——这是人才管理学问中的一个绝招。"

在谈到与员工的关系时，玛丽·凯说："我认为，经理同自己的员工保持亲密的关系是正常的，相反，如果经理同自己的员工总是保持一种客客气气的关系，也就是说，总是保持雇主与雇员的关系，那则是反常的。我认为，这种气氛无助于最大限度地提高生产率。"

"另外，经理还必须强硬和直言不讳。假如某人的工作不能令人满意，你决不可绕开这个问题，而必须表达出自己的看法。不过你在这样做时要双管齐下——既要关心，又要严格。换句话说，你既必须起到经理的作用，又必须对那人表示同情。具体地界线是，既要十分亲热，又不能损害自己的监督作用。你同雇员的关系如同大哥哥大姐姐对小兄弟小姐妹的关系，既要表示爱与同情，又要使自己在必要时能够采取严格的行动。在我的许多雇员眼里，我的形象实际上是慈母。他们认为，我是十分关心他们的人，他们信任我。我多次听到我的雇员说：'玛丽·凯，我妈去世好几年了，我现在就把你当作妈妈……'每当听到这种话，我感到无尚光荣。"

心理学家指出，没有人想成为无名之辈，几乎人人都希望被看成一个重要的人。然而，在今天这个机械化、集团化的社会中，一个人常常是办公室里的某个装备或某个装备的零部件。个性得不到表现，个人得不到重视，从而影响工作的积极性和主动性。

要克服这种弊端，一种可行的方法，就是作为领导者，把你的每个职员都当作一位重要的大人物来看待，使每个人渴望被重视的心理得到满足，从而成为一种积极工作的推动力，甘心为你效力。

要做到这一点，可使用以下方法：

（1）用心注意他人，防止造成伤害，如有伤害应尽力去帮助愈合。

（2）鼓励别人谈论自己和自己的兴趣。

（3）让别人知道你重视他，以此确立他所渴望的特殊的身份。

（4）记住每个人的名字。

（5）把部下的一些人事问题当作重要问题来处理。

4. 及时对员工的工作给予肯定

> 当员工的工作取得成就后，领导者千万不要吝啬自己的赞美，应及时让他们了解工作的意义。这件事做起来轻而易举，但效果却非常显著。

人人都有得到别人认可和赏识的欲望。在工作中，这种欲望一旦得到满足，就能让员工感知到工作的意义，进而将潜能最大程度地发挥出来。领导者要想让员工心甘情愿的为企业带来利润，往往只需做一件很简单的事——及时对员工的工作给予正面表扬和评价。

优秀的领导者一般都会将"及时对员工的工作给予肯定"放在第一位。早期的美国福克斯公司，急需一项重要的技术改造。一天深夜，一位科学家拿了一台能解决问题的原型机闯进总裁的办公室。总裁看到这个主意非常妙，非常高兴，立即琢磨起怎样给予奖励。他翻遍了办公室的所有抽屉，总算找了一样东西，于是躬身对那位科学家说："这个给你！"他手上拿的竟是一只香蕉。

无独有偶，美国惠普公司的市场经理，一次为了及时表示酬谢，竟把几袋水果送给一位推销员，鼓励他的优秀表现。他们这样做，是因为他们清楚地知道，对于员工来说，在取得成绩后最想得到的就是上司对他的肯定，这让他们切实感受到自己的工作表现受到肯定与重视。"受肯定和重视"是影响工作最强烈的动机，从而自动自发，释放出自身潜在的能量，努力奋斗在工作岗位上。

有实验表明，当领导者以公开的形式正面表扬和评价员工的成绩时，他们的工作效率能提高90%；私下的正面表扬和评价虽不及公开效果好，但工作效率仍有75%的提高。

威尔逊在美国加州经营着多家超市，每个月都会和不同分店的经理开会。在举行会议时，威尔逊通常会发表半个小时的讲话，让分店的经理知道正在发生的事，以及公司对他们的期望。一年夏天，由于市场疲软，威尔逊的几家超市业绩持续低迷。某日，威尔逊收到了最近一期的业绩报告。从业绩报告上威尔逊发现，虽然业绩改善不是很显著，但的的确确已有了进步。于是威尔逊在会议开始，便极力表扬业绩有进步的超市经理。

威尔逊表扬的话还未说完，受肯定的效应便产生了。每位经理都显得神采奕奕，充满奋斗的激情。威尔逊的话音刚落，一位超市经理便主动站起来发言。他向威尔逊表示，他也打算在超市实行一些新政策，力求让下一个季度获得更多利润。随后，其他的超市经理也相继发言，表明自己的决心和解决方法。这在以前是从来没有的。以前开会，都是威尔逊在讲话，每个经理安静得像一尊尊雕塑。而今天对工作成绩的小小肯定，使威尔逊不需要问问题，他们便主动让问题浮出水面，并想方设法去解决它。这一良好结果是威尔逊始料不及的。

威尔逊的经验，也给现代领导者上了很重要的一课：让"正面表扬和评价"产生效果，并非一定要针对出色的成绩。哪怕员工的成绩是微不足道的，给予正面表扬的评价，同样也可以让员工产生被肯定和被重视的感觉，而且其效果丝毫不亚于前者。正如著名行为学家赫茨伯格所指出的那样：对一些小成就的及时肯定，会激励着人们试着达到更大的成就。因此，不论员工的成绩有多么小，优秀的领导者，都会大方地给予正面表扬和评价，肯定他们的员工。

不要抱怨下属身上没有值得表扬的"闪光点"，这实在难以让人赞同。世界上并不缺少美，缺少的是发现美的眼睛。每个人身上都有闪光的地方，一切取决于领导者是否愿意去发现。只要领导者愿意，总能找到这些闪光的地方，然后赞扬它，使员工觉得自己更重要。

密苏里·路易斯大街的时髦发廊经理卡拉埃文斯，以亲身经历举例说："例如，你可以说，你为那位难侍候的顾客作了解释，真是好极了；珍·爱丽丝，你昨天主动留下来整理信件，谢谢你……"

总之，当员工的工作取得成就后，领导者千万不要吝啬自己的赞美，应及时让他们了解工作的意义。这件事做起来轻而易举，但效果却非常显著。

5. 别让下属产生挫败感

> 表扬下属不可滥用，否则同样会产生负面效应。正如任何一种良药，如果剂量超出，不但不能治病，反而会有害身体。

在驾驶学校学习过的人都有过这样的体验，教练在教学员驾驶时，他们常常把"不要这样"、"千万不能这样"等词挂在嘴上，却老是不告诉学员们应该怎么做。这一来搞得学员们无所适从，对驾驶逐渐产生很大的心理压力。

而作为一个领导者必须知道，"不可以……"这种说法是不能够常用的。只有多用"你可以这样……"之类的词语，你的下属才会在工作中有章可循，才能做到操作自如。

对于一个领导来说，在自己工作时，一定要有积极的工作态度，不能有消极、悲观、失望的态度，那样永远也做不好工作。而且极易使下属产生"挫败感"。所谓挫败感，就是当一个人遭遇挫败、自尊心受损时，所产生的一种自卑心理。通常是因为受到一些外在的刺激，诸如失败或疏远等，因而丧失自信心，变得意志消沉、个性别扭而偏执，不易相信别人的好意……

任何人在工作的时候，不仅仅是"技能运转"，还有一项潜在的"心理运转"。

"技能运转"是工作者运用自己所学到的技能去完成工作；"心理运转"是工作者在工作中自己的思考，包括他的工作态度，他对工作情形的评价和他对工作中各要素的判断等。其中"心理运转"是"技能运转"的统率因素，没有积极的工作态度就不会有好的技能发挥，工作自然也完成不好。

当领导对下属说："你不能这样做！""你怎么可以那样做呢？"的时候，

第六章 小手段，大激励：大公司常用的小花招实际上就是在打击下属的"心理运转"的顺利进行，使下属产生消极的工作态度。用这种态度工作，任务完成不好自在意料之中了。

但是，许多领导并没有把这种失败的责任归咎到自己的处理不当之上。相反，工作完成状态的不佳更加坚定了他们初始的判断。他们再见到下属时就不无得意地对他们说"我早就叫你不要那样做，怎么样，这下翻船了吧？"

更重要的是，当领导者要以积极的态度而不是消极的态度去感染下属。在吩咐下属工作时应当说："如果各位做到了这些，就可以做成这件事。"然后积极地指导他们"要达到这样的目标，应该怎么做。"而切不可以用"不可以那样做"等消极的字眼。

消极的提示是极容易应验的，尤其对那些意志力薄弱的下属。因此，要时时想到如何来增加他的活力，提高他对工作的热诚。

像这样意志薄弱的人，根本上已失去斗志，不管给他任何工作或任务，他都不会好好地表现，应付这种人，只有一个对策，就是——设法恢复他的自信心，多给予鼓励和夸赞，用心去发掘他们不易被察觉的长处。

"你很不错，只是你自己没有发觉，你以前曾做过××事，那时候你的表现真是好极了。"

"过去的失败就算了，从明天起，你要更加努力才是。"

"不要管别人对你的看法，只要你不感到愧对自己，就要堂堂正正地挺起胸膛来。"

这些话你必须不断地重复，如此才能激励下属勇往直前的气概，重新恢复失去的信心。

表扬下属不可滥用，否则同样会产生负面效应。正如任何一种良药，如果剂量超出，不但不能治病，反而会有害身体。

表扬少而精才能提高它的"含金量"。如果有十个下属，有八九人都得到表扬，表扬就会使人觉得没有什么分量，几乎人人有份。而如果只有一两人才有此殊荣，得到表扬的人才会珍惜，没有得到的人也才会努力争取。

对于同一个人来说，如果一个月之内受到表扬四五次，也会使其产生自满松懈的心理，认为自己总是不错的，而一旦缺乏了压力，人就会懒惰，不思进取，就容易犯错误或做错事。

任何一个精明的企业领导都应该巧妙而合理地运用表扬这一调动下属积极性的武器。

但是，如果该批评时不批评，反而显得有些矫情了，这也是不正确的做法。该批评时尽量批评，这样才能显出彼此之间的亲切。因为亲切不是恩宠，更不是虚伪，而是一种发自内心的体贴。这种体贴足以使属下如同沐浴在温暖的阳光下，而渐渐茁壮成长。对于属下，要能施予体贴的责备，这才是具有说服能力的上司。

过分的严厉与指责只会使下属战战兢兢，干起事来畏首畏尾，到头来还是挂一漏万，事情办得更糟。因为下属总是在提心吊胆中过日子，紧张的心态之下是难以主动出色地发挥自己的特长的。而胡乱赞扬，也会带来不好的效果，会给下属造成无论工作好坏，反正领导不会责备的观念，因而敷衍了事，得过且过。

正确的做法是有弹有赞，褒贬结合。这其中选择弹与赞的时机是很重要的。

如果一个下属，工作的确干得不错，总结表彰后便会洋洋自得、自视颇高，这时只要发现他的一点小错误，都要敲打他一下，以为警诫；反之，有的下属，工作努力但成效不大，如发现他有件事办得不错，立即表扬，会使他充满信心、克服自卑情绪，努力改进工作。

可以说，弹与赞应该是领导艺术的指挥棒。

6. 激发热情和干劲的六种途径

作为管理者，仅仅了解职员的内心愿望还不够，不要以为多发奖金，多说好话就能调动员工的积极性。人是很复杂的，要让他们为你卖命工作，需要你施展更细微的手段。

有几个方法可以让下属的需求获得充分满足，同时又能激发他们的热情和干劲，提高工作效率。

（1）向他们描绘远景

管理者要让下属了解工作计划的全貌及看到他们自己努力的成果，员工愈了解公司目标，对公司的向心力愈高，也会愈愿意充实自己，以配合公司的发展需要。

所以管理者要弄清楚自己在讲什么，不要把事实和意见混淆。

下属非常希望你和他们所服务的公司都是开放、诚实的，能不断提供给他们与工作有关的公司重大信息。

若未充分告知，员工会对公司没有归属感，能混就混，不然就老是想换个新的工作环境。

如果能获得充分告知，员工不必浪费时间、精力去打听小道消息，而能专心投入工作。

（2）授予他们权力

授权不仅仅是封官任命，管理者在向下属分派工作时，也要授予他们权力，否则就不算授权，所以，要帮被授权者消除心理障碍，让他们觉得自己是在"独挑大梁"，肩负着一项完整的职责。

方法之一是让所有的相关人士知道被授权者的权责；另一个要点是，一旦授权之后，就不再干涉。

（3）给他们好的评价

有些员工总是会抱怨说，管理者只有在员工出错的时候，才会注意到他们的存在。身为管理者的你，最好尽量给予下属正面的回馈，就是公开赞美你的员工，至于负面批评可以私下再提出。

（4）听他们诉苦

不要打断下属的汇报，不要急于下结论，不要随便诊断，除非对方要求，否则不要随便提供建议，以免"瞎指挥"。

就算下属真的来找你商量工作，你的职责应该是协助下属发现他的问题。所以，你只要提供信息和情绪上的支持，并避免说出类似像"你一向都做得不错，不要搞砸了"之类的话。

（5）奖励他们的成就

认可下属的努力和成就，不但可以提高下属的工作效率和士气，同时也可以有效建立其信心、提高忠诚度，并激励员工接受更大的挑战。

（6）提供必要的训练

支持员工参加职业培训，如参加学习班，或公司付费的各种研讨会等，不但可提升下属士气，也可提供其必要的训练。教育训练会有助于减轻无聊情绪，降低工作压力，提高员工的创造力。

7. 好心情最具感染力

作为一名老板，需要时常保持乐观健康的心情，因为你的心情会影响到员工的心情，你的态度会影响到大家的态度。如果你已经不堪重负而垂头丧气，你的员工还能精神振作吗？

老板的言行往往具有很大的感召力，在必要的时候，你能够敞开胸怀，乐观豪放，相信你的员工也会增添无穷的力量，增加对你的信任感，齐心协力，共同去克服困难。

你的情绪是你自己的，由你自己来控制，只要你的意识在努力，快乐的情绪就不难得到。排除忧愁，化解哀怨，努力去改变自己对事情的看法，事事多往好的一面想，你会发现自己的情绪一天天在改变，心情在一天天变好。只要你去做了，就不可能收不到效果。

作为一名老板，要是连自己的情绪都无法调节，那么，你肯定也不会关心你的员工，也就不会受到员工的欢迎。

你应该多花一些精力去关心一下你的员工的感情，因为是基于员工正常的工作，才使你在老板位置上坐得安稳。如果每个员工的情绪都不是很好，或者难以控制，而老板既不去及时调整改善他们的心情，也不去做好一些根本性的工作，反而自己也情绪不好，工作将会难以开展。

老板不但要控制自己的感情，还要用自己的好心情去感染员工，请记住以下要点：

（1）当你走进公司时，别忘记清清楚楚跟员工说声"你好！"让人觉得你充满朝气，性格开朗。

（2）不论你是男是女，对于初来乍到的人，应该主动地跟对方握手，用力不宜太重，或是太轻，只要能让对方觉得你的热情就足够了。

（3）你要尽量争取直视对方的机会，大家目光相接的一刻，很容易拉近彼此的距离，令对方觉得你很尊重他。

（4）人人都愿意受到别人的重视，你应该多向员工提出问题，以示你对他极为感兴趣。你不但可以提出一些私人问题，也可以问对方一些较深入的问题。

（5）鼓励员工谈谈他的个人奋斗史或成功的故事，这必定使他眉飞色舞，越讲越兴奋，视你为他的好朋友。

（6）每个人都有自己的长处，你应该努力挖掘员工与别人不同的地方，称赞他，夸奖他，对方必定以同样的态度对待你。

（7）平时需要多留意时事及任何新消息，使自己就各方面的话题都能跟员工沟通，建立一个博学的自我形象，令员工觉得跟你在一起，眼界顿开，如沐春风。

8. 不时地参加下属们的活动

在现在的"文明"社会里，公司管理者跨出了公司的大门之后，就要做大家的热心伙伴，无私的盟友。拒绝，会损害威信。

"高科长，今天我们科里的同事约好一起去市工人文化宫舞厅，庆贺小余夜大毕业，请您一起参加好吗？"科员小王笑容可掬地对高科长说。

"哎呀，我可不会跳舞，免了吧。"高科长也笑容可掬地说。

类似的邀请发生了几次，他都拒绝了。后来高科长再没接到过诸如此类的邀请。本来，他也没放在心上，他还以为下属的科员们没再搞过类似的活动呢。但有一天，当他来到一家酒楼喝外甥的喜酒时，意外地发现，下属的科员正团团圆圆坐成一桌，又吃又喝，又说又笑。当发现了邻桌的高科长时，彼此的神情都非常地尴尬。

高科长这才想起，科员们这些日子同自己一直是疏远的。有时，他明明听到办公室里人声鼎沸，正在热烈地讨论什么事情，但只要他一跨进去，立刻变得鸦雀无声。即使上班时间未到，每个人也都正襟危坐在自己的办公桌前，不苟言笑。他有时也想说些亲切的话，把气氛搞得轻松点，但回答他的总是一张张讪讪的笑脸。高科长不明白，问题就出在他总是拒绝参加下属的那些活动上。

首先，他没有表示应该去和很想去。其次，也没有提出充分的理由，说明他为何不能去。他只说不会跳舞，这显然是个借口。要知道，下属让你参加一次"活动"，并不一定要你跳舞，更没有要求你会跳舞。"不会跳"，可以不跳，或者学着跳，却不应成为"不去"的理由。所以，下属们便以为你在摆架子，认为你在强调自己的地位和他们不一样，不屑与他们同乐。自然，他们也就不会再有和你亲近的感觉和愿望了。你虽是他们的上级，但他们都对你敬而远之。

　　事实上，高科长那个部门的科员后来曾不止一次地搞过活动，但都是瞒着高科长的——也免得他又要找借口。说不定他拒绝参加还意味着压根儿反对这种活动哩。让他知道了，倒又不能不邀请他。这就是高科长与他的下属疏远的由来。

　　参加下属的活动是接近和了解他们的绝好机会，也是联络感情的好时机，千万不要错过。在酒席上、舞厅里，你可以听到许多平时绝对听不到的话；下一盘棋，跑一次接力，与下属联络感情的作用也可能远胜过一次谈话或家访。一个与下属在感情上有隔膜的、对下属情况又不甚了解的管理者，无论如何是不会真正有威信的。至多，也是有威无信罢了。

　　当然，也不是说，凡下属的活动一定要参加。可以去，也可以不去。不去，又有两种情况，一种是不能去。如上所述，你必须把理由向下属说明，并明确表示自己应该去也很想去，只是迫不得已罢了。另一种是不该去。那就是活动本身内容不够健康。比如说赌博，那时不仅自己不去，还要劝阻下属不搞这种活动。

　　还有一点也须注意，就是参加下属的活动，必须自掏腰包，以表示自己是普通一员。活动中也要放弃指挥的习惯，让下属充分发挥。有时候，装装"小三子"会大有好处。

　　据说某位专职训练马拉松选手的教练为了照顾选手，不惜将自己每个月的津贴拿出来贴补选手们的花费，不仅如此，对于队员惊人的伙食费，也由他自己掏腰包供应。除此之外，他还将自营的工艺店的大部分收入及演讲费等，投资在选手身上。

　　就此情形看来，与其说他们是师徒关系，不如说是站在同一条线上、为了同一目标而努力的伙伴。在这些选手的心目中，教练不但是他们的伙伴，也是盟友。以这个例子而言，这位教练无论在田径场上及人情往来、精神生活各方面，都堪为队员们的老师。

当然，若要每一位管理者都像这位教练一样照顾下属，自是不太可能。然而，站在教导者的立场，偶尔也应把自己当作下属的"佣人"，在某方面有所牺牲，才可达到教导的效果。何况，自己乃是在为公司培养人才，除了自己应辛苦一些，还必将付出代价。

要知道，时下的年轻人，对于金钱都极为敏感。当上司请吃饭时，他们必定在一旁观察，看看上司是否站在收款台等着开发票报销。通常，如果上司掏了腰包，他们往往会心存感激，认为上司特别安排了这顿饭，自己也应好好地工作。花钱不多，买到了人情，又联络了感情，可谓一举两得。

9. 不妨让下属寻寻开心

> 公司经理、企业老板等处于领导地位的人，往往喜欢幽默。据说在美国，取笑老板已经成为现代美国人的一种习惯。

寻开心也是一个能博得好感的办法。特别是在遇到那些没必要争执的或者不值得争论的问题时，有时候说说玩笑话，拿"头头"穷开心，也能收到好效果。当然，对于那些沉默不语的头头，则要心领神会，不可过分取笑他。

公司经理、企业老板等处于领导地位的人，往往喜欢幽默。据说在美国，取笑老板已经成为现代美国人的一种习惯。

例如，现代美国工商界的大人物们都能接受别人的玩笑，其中有些人不仅乐于接受取笑，还善于用玩笑礼尚往来。有幽默感的老板们甚至以欣赏的态度对待他人的玩笑。在他们看来，开玩笑表示喜欢。

有人认为，当老板太可怜了。喝咖啡的时候还得不时看看钟点；早晨总是头一个赶到办公室；他得留心注意是哪些人迟到。有位秘书刚上班一天，便对别人说："我们老板很狡猾，不过也很公正，因为他对每个人都那么狡猾。"

开几句老板的玩笑话，可能会帮助你缩短人际关系的距离，不仅包括和同事的关系，也包括与老板的关系。难怪有人说，最好的沟通办法是让上司和你一起笑。假如你遇上了一位富有幽默感的上司，你可以说"我已经快被压扁了，不是肩膀碰了别人的车轮，就是脑袋碰上了别人的长矛。谁愿意在那个位置上工作？"

他可能这样答复你："好吧，我给你升一级，希望你在这最后的半个月工作中感到满意。"

有的专家研究认为，在说玩笑话的时候，常常用反语来表示真正的含义，所以玩笑往往是夸大其辞。在现实生活中，如果你是一位领导者，应该注意：

首先，当别人向你开玩笑或取笑你的时候，尽量和大家一道笑，以此表现一位领导者所具有的幽默风度。如，一个老职员说："经理已经同意在我的金婚纪念日那天放一天假。他可真是慷慨，甚至提醒我注意，不要每隔50年就麻烦他一回。"

其次，在笑自己的时候，不要以自己为中心。要运用幽默的方式表现对下属的体谅与关心，从而鼓励他们的乐观态度。"经理可真行，他要求我们准时上班不要迟到，办法就是只给75位职员提供50个停车位。"

第三，就是对玩笑要有适当的节制。为了工作的正常进行，你和下属都不可能把大量时间花费在无休止的玩笑中。玩笑多了也会使人感到懈怠和厌烦。总的来说，上级与下属之间的玩笑应当有利于工作的进展，否则就是无聊的玩笑了。

让我们再看一下，明智的人用幽默促进工作的小例子。有个推销员在向"头头"汇报推销成绩时说："我们的销售数量在图表中上升到了前所未有的高度，不过这图是倒过来看的。秘书小姐说我这个人过于固执。因为我说过每个字只能有一种写法。我不知她一分钟能打多少字，只知道她一分钟之内能擦去30个字。"

这个推销员的这番"神侃"巧妙地转移了话题，并表现出幽默的才能，因而受到"头头"另眼看待。其实"头头"也是人，每位处于领导地位的人，都自觉不自觉地和下属打交道。在明智领导者的眼里，下属的成就也是他的成就。如用幽默鼓励别人，这样做的结果，你可以把重大的责任托付于人，减轻你的负担，以便你更主动、更自由地发挥你的创新精神，在事业上有所建树，取得更大的成就。

还要看到，在人生的长河中，任何人在工作中都会发生失误，而许多失误在于墨守成规，失去进取的冒险精神。但反过来看，正是失误和过错，才能使我们更准确地了解自己，因而产生更强的自信感。只有那些能够意识和接受自己所犯错误的人，才算是真正地认识了自己的能力。承认自己的过失也许是个冒险，很多人不愿意或不可能这样做。可是这冒险是值得试一试的，比别人早一步承认自己的过失，有可能使你失去一些东西，但你得到的也许更多一点。因为承认自己过失的举动证明你是个诚实的人，尽管这种做法有的人会认为"犯傻"，但更多的人对你的批评或指责反倒会理解。假如用幽默的方式显示出自身的缺点和过失或工作中的矛盾，就可能在你和同事之间形成一种轻松亲切的感情交流，在相互理解、礼貌友好的交谈之中，建立起良好的工作共事关系。

专家认为，当工作环境发生重大变化时，尤其需要这种感情交流和协调的关系。也许部门要改组，人员要增减，个人的工作量要加重，这一切变化尚未成定局的时候，此时人们的情绪可能最易激动，甚至发生不必要的争执和对抗。这时，调动你的幽默细胞用它来影响自己和别人共同接受这变动的挑战，便是当务之急。如果你早有一个较好的形象，别人认为你是个值得信任的人，那么就能帮助他们适应这变动。你必须牢记，首先是让他们了解你，然后是喜欢你，最后才是相信你。

10. 经常制造一些令人兴奋的事情

要提高工作效率，就得提高下属的情绪，并激励这种情绪维持下去。那怎么办呢？有一种方法——经常制造一些令人兴奋的事情。

为什么讨厌做家务事的小孩会在新年到来时乐意帮助做家务事？为什么一些生长在农村的年轻人，快到过年时会特别高兴的挺起胸膛勤快工作？为什么在公司上班的人，到了快发年终奖金，或是将有旅游活动时，工作情绪是最高的，最有干劲？为什么……

小孩子虽然在平时是较为讨厌做家务事，但是新年到来时，他们可以得到压岁钱，可以玩纸牌，放风筝……种种事都是那么的有趣，因此平时看来烦琐的家务事也不是那么令人讨厌了，而生长在农村的年轻人自然也是如此。同样，在公司上班的人，会在那时工作最为起劲，当然，他们不仅仅是为了多拿点奖金，而是拿到奖金以后，也许可以去外地旅行，也许可以买辆新车，或者可以购置几套漂亮的衣服，或者可以将房子再装修一番；也可能是还清贷款，从而摆脱欠债的压力……几乎所有的梦，所有的理想，都寄托在那个奖金身上了。那个奖金，不仅仅是钱了，而且还成了梦想实现的象征，说得明确一点，与其说他们是为奖金而起劲工作，不如说他们是在为梦想而奋斗。而谈到旅游活动，那是因为在同一工作环境中的人们会因为平淡的工作而乏味，一想到即将有旅游活动，舒散身心，肯定会情绪高涨，更加勤快的工作。

想想看，郊游、同乐晚会、过年放假……这些都是提高下属情绪的重要动因。可能你在平时会经常听到下属说："主管答应让我中秋节回家，现在我工作得挺起劲的。"是的，这就是举办康乐活动的效果了。可能你会有所担心，如果我给他们放假，他们会不会乐不思蜀，以至假后上班时不能安心工作呢？

答案是"否"！你知道美国的公司制度吗？一年给员工们 20 至 30 天的长假，人们可以利用长假到国外旅行、观光……而当他们再回到工作岗位时，却斗志昂扬，更加全身心的投入工作。原因何在呢？用一位年轻人在接受记者采访时所说的话来回答吧："虽然我很渴望能有假期旅行，公司确实也给了我 5 天假期去玩，但我却在旅行的时候挂念起我的工作……"。确实如此，人做什么事做久了便会想玩，玩过火了又会想做事，所以，你绝对不必担心你的下属。当他们玩够了以后，自然又会卖命的工作了。

要提高工作效率，就得提高下属的情绪，并激励这种情绪维持下去。那怎么办呢？有一种方法——经常制造一些令人兴奋的事情。比如：

在大家同心协力完成某项工作时，除了发给下属你所承诺的奖金外，你是否还可考虑搞个小型的庆祝会？就是一些饮料，一些糕点，你和你的下属在一起，相互间说些鼓励和祝贺的话语，这更易沟通你们之间的感情，也有利于在今后的工作中共同努力。

一年发放四次奖金，按季度发放。如果说在某个季度超额完成了任务，或者说是某项工作完成得特别出色，你可以考虑给下属增发奖金，这会令下属觉得你很体贴，从而更加卖命的工作。

当然，如果同样的措施一再重复，会令人觉得没有意思，也起不到激励的效果，使人高兴的方法要因人而异。所以你在准备某些娱乐节目之前，可以听听不同人的看法，做个调查，尽量搞得多姿多彩，使你的下属总是能很愉快的在你的领导下工作。

举办康乐活动的范围是很广的，有时下属对你有所不满，你可以给他一些娱乐激励，这可以取得很不错的效果。

11. 激励手段因人而异

激励要因人而异，要多种方法一起才构成了一张激励之网。单靠一种方法是难以发挥其作用的，只有结合使用，才不至于掉入"聪明人"的思维陷阱之中。

唐宋散文八大家之一的苏洵在《谏论》中举了一个有趣的例子：有这么三个人，一个勇敢，一个半勇敢半胆小，一个人完全胆小。他将这三个人带到渊谷边，对他们说："能跳过这条渊谷的才称得上勇敢，不然就是胆小。"

那个勇敢的人以胆小为耻辱，必然能跳过去，那个一半勇敢一半胆小和完全胆小的人不可能跳过去。

他又对这剩下的两个人说："能跳过这条渊谷的，就奖给他一千两黄金，跳不过则不给。"

这时那个一半勇敢一半胆小的人必然能跳过去，而那个完全胆小的人却还是不能跳过去。

突然，来了一只猛虎，凶猛地扑过来，这时，你不用问，那个完全胆小的人一定会很快跳过渊谷就像跨过平地一样。

从这个例子可以看出，要求三个人去做同一件事，却需要用三种不同的条件来激励他们。如果只用同一种条件，显然是不能使三个人都动心的。用人也是如此，对不同的人要采取不同的态度和方法。

世界上没有一条真正笔直的路，也没有两片完全相同的树叶。就连所谓

"纯金"，也只有99.99%。一个人，由于各种主、客观条件的限制，对任何事物的认识，总是相对的，不可能是绝对的。

事物都是矛盾的统一体，人也不例外。仔细观察我们身边的每一个人，身上都或多或少有着各种优点和缺点。

比如说，老张说话利索、办事能力强，什么难缠的业务到了他的手里，没有摆不平的。但是，又有工作成绩好了，就免不了骄傲、好胜的特点，和周围的同志处不好关系。小王新来乍到，工作热情很高，但经验不足，有时会有一些失误。

领导者置此环境中，怎样才能得心应手、游刃有余地把工作红红火火地展开、又把一班人团结在一起呢？这就要求领导者努力成为一个"下棋"的高手，把棋盘上的车、马、相、炮、士、卒码的顺顺溜溜，齐心协力发挥各自特长，勇往直前，又保证了自己的稳固。

世界上主要钢铁公司之一的卜里亨公司经理许瓦伯说："惟有那些能够发掘人才的人，才是世上最伟大的人物，我总觉得发掘人才比创造财富更有价值。"

在实际工作中，应该针对不同情况，从实际出发，针对不同的人，综合地运用多种激励手段，以求收到事半功倍的效果。

有一个寓言，说一个人看见猎人用网捕鸟，觉得很有趣。他研究了一阵，发现最后把鸟卡住的不是整张网，而是一个小网眼。这使他感到奇怪，他想既然最后把鸟卡住的只是一个小网眼，那为什么还需要一张大网呢？于是他决定发明一种新的工具去捕鸟。他用绳子做了一个小圆圈。用它来代替网。结果，"聪明人"一只鸟也捕不到。

事实上，激励要因人而异，要多种方法一起才构成了一张激励之网。单靠一种方法是难以发挥其作用的，只有结合使用，才不至于掉入"聪明人"的思维陷阱之中。

12. 人情激励的公私艺术

奖赏是一门人情激励的艺术。作为一个主管，应当学会用艺术的方法对员工进行人情激励。

许多主管迷信"重赏之下，必有勇夫"这句话，因而企图以重赏的方式来带兵，以期能带动好工作。可惜的是，由于许多主管不注意奖赏的方法，不但未能收到预期的效果，反而使公司内部矛盾重重，冲突不断，造成公司工作效率低下、优秀员工大量流失等后果。

举个例子来说，有一家规模庞大的公司为了提高业绩，决定出奇招，以多项大奖来激励销售部的50名推销员。这些奖品五花八门，大至1辆新轿车，小至1张礼券，总共有30种之多，在活动期间内，每个推销员各凭本事去拉客户，等活动结束之后就开始清点每个人的战果。业绩位居第一的推销员可以领到30张摸彩券。第二名29张，依此类推，也就是第30名可以领到一张，后面的就没有了。

到了庆功晚会上，摸奖的活动开始：从箱子里所抽出的一等奖可获轿车1辆，二奖获洗碗机1台，依此类推到了要抽奖的时候，公司的主管忽然又宣布一项新规则：每个人只能取一项奖品，结果呢？让人跌破眼镜，轿车被第12名的拿去，而洗碗机则是落入第23名的手中。销售业绩排名第一的人居然抽到了半打葡萄酒，事实上，排在前5名的推销员所抽到的都是微不足道的小奖。在饱受其他同事的取笑之余，可说是群情激愤，最后索性集体跳槽到别家公司。原先公司的主管在始料未及之际，也只有摇头叹息的份。"唉，顺了姑情逆嫂意，不管怎么做，我都是输家！"

究其失败原因，主要是该主管没有考虑到以下几点：

（1）员工们会有自知之明，晓得自己到底有没有资格去角逐，如果他们抱着局外人的心态在看好戏，士气反而会更低落；

（2）僧多粥少的结果，常常是"一家欢乐，数家忧"。只造成了一个英雄，却带来了许多郁郁寡欢的"失意政客"；

（3）"以成败论英雄"的论功行赏方式失之客观，让许多鞠躬尽瘁却时运不佳的人们为之气结，容易产生强烈的反对情绪；

（4）不论有多少奖赏，到最后通常都是各个一线部门在分赃，其余的"后勤"部门根本就只有在底下当观众的份，怨声载道。

再举个成功的例子：有一天，外国某公司的总裁深深为一位员工的杰出表现而感动，想当场奖励一番，但身上无一物可给，情急之下，这位总裁把手伸到桌子上的一盘水果上，拔下了一根香蕉来送给那位员工以表谢意。因为这个点子广受欢迎，公司甚至发明了用黄金打造的香蕉领针。后来成为公司内部的奖品。

这个例子充分体现了人情奖赏的艺术。不要轻视做对事情的人，要立刻给予奖赏。拿这个香蕉来说，奖赏不是什么了不起的东西，不应让怨恨破坏了奖赏的美意。同样的，如果你是身为一个主管，也可以仿效上面的做法，可以在心中设定一套临时的奖励标准，只要部下们达到这项标准就可给予一项小奖，无须等到目标达到之后才去论功奖赏的方法：

（1）明的暗的要分开

奖赏可公开进行或暗中交易，两者都以正当而合理为适宜。暗中奖赏不失正当，才是正途。凡是大家看法一致，不易引起众人反感，可公开奖赏；若是见仁见智互异，而又非奖赏不可，便暗中进行，以减少误解或不满。普遍性的，可公开实施。特殊性的，除非众所公认，否则以暗中为宜。

（2）公的私的要分明

用公家的钱，做私己的人情，这是一种明得暗失的算盘。受惠的人，一方面感激，一方面有样学样，公私不分明，其他的人，看在眼里却怨在心里：既然是公家的钱，为什么不索性多花一些，连我也照顾在内？

奖赏者存心接受回馈，当然施恩望报。必须心中没有施恩的念头，更不希望个人获得任何报答，才有实效。既然如此，就用不着假公济私，以致公私相混，甚至以私害公。

私人的事应该明说，花用自己的钱也要表明。不必垫私钱办公事，否则也是公私不分明。私人恩怨不能公报，更不可以存心图谋私利，因为公私不分的奖赏，到头必然公私两蒙其害。

（3）刚的柔的要相济

用刚硬的方式来奖赏，多半建立在利害的基础上面。以柔软的方式来奖赏，则偏重于情谊。用情谊作出发点来实施奖赏，效果较佳。所谓柔能克刚，正是此理。

柔不表示怕事，也不是推、拖、拉、敷衍了事。柔是用真诚的爱心来感应，使对方从柔中发出一股强烈的愿望，自己奋发有为。

刚是一种果断的作为，具有短时间的爆发力，当做非常的手段，比较有利。刚硬之后，如果再以柔软来安抚，更能得人心。不存心杀一做百，因为人心惶恐，并没有好处。应当处罚到什么程度，假若难以判断，最好从优。若非证据确凿，宁可从轻发落。刚柔相济，所重不在惩罚，而在教化。

奖赏并不是一味的物质奖励。如果你要想叫员工对目前及将来的工作环境产生好感，除了及时给予物质奖励之外，"精神奖励"也是不可或缺的要素。

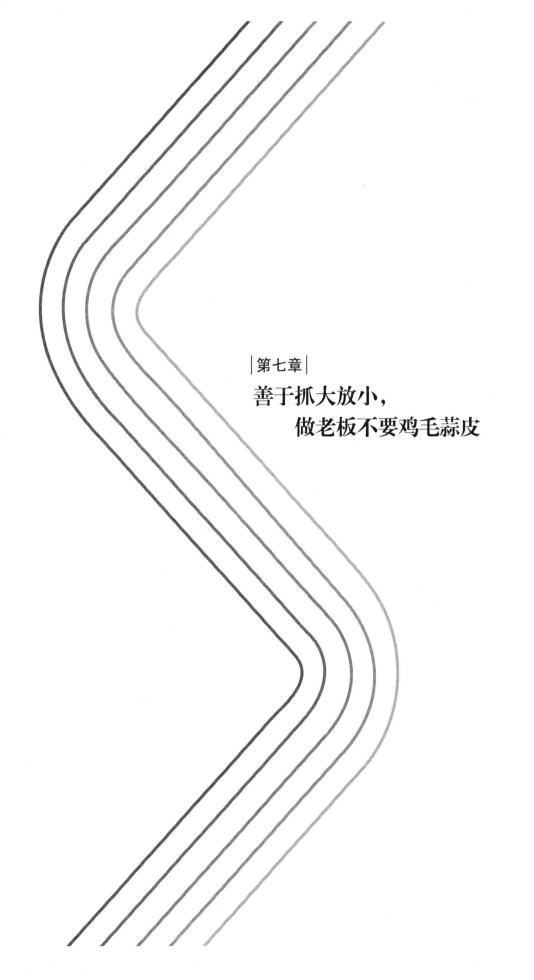

|第七章|
善于抓大放小，
做老板不要鸡毛蒜皮

1. 有意识地磨合团队

　　你的工作要得到别人的支持而不是反对，必须唤起别人合作的愿望，使他们直接或间接地看到自己的利益。

　　很多时候，领导者在决策时，都要咨询手下团队的意见。在你组建团队之初，要有意识地磨合你的团队。

　　团队，讲究的是团队合作精神，以及与人共事的效率。谁都不可能是一座孤岛，一个人要取得成功，就必须学会与别人一道工作，并得到别人的合作。

　　如果他想领导一个组织朝着明确的目标前进，他需要一支有效的队伍做后盾。而在刚组建团队的初期，要注重团队的磨合和训练。

　　集体工作，其实就意味着协调一致地合作共事。一个领导者必须懂得怎样运用心理学的方法，保证来自同事和下级的极大限度的合作。

　　人与人之间有时会发生冲突，但他们不应该把矛盾延续下去，以致发展到无法共事的地步。许多失败的产生，往往是因为组织的管理部门不知道怎样最大限度地发挥全体工作人员的积极性。

　　合作应该从自身做起，在这方面最好的建议是保证自己个性的良好平衡，避免走极端：在执行集体工作中争取主动；在与自己共事的工作人员中，寻找积极的而不是消极的品质；对别人表示寄予最大的期望；保持足够的谦逊，在别人的行为理应受到尊敬时，向别人诚挚地致以敬意。

　　一个人获得成功之前，他必须得到人们的尊敬，否则他就无法赢得别人的合作。

　　锋利的言辞，冷漠地对待他人的权利和感情，有意无意的怪癖——所有这些，都将使他得不到人们的尊敬，至少是很难得到人家的尊敬。而且，如果有相当多的人对他怀有不好的看法时，他失败的可能性便远远超过了成功的可能性。

　　合作不能靠命令来维持。人们在完成合作任务时，如果仅仅是因为害怕，或者出于经济上的不安全感，那么，这种合作在很多地方是不会令人满意的。因为，这样做便把合作的精神忽略了，而正是这种精神——心甘情愿的合作态度——对企业的成败具有重要的影响。

你的工作要得到别人的支持而不是反对，必须唤起别人合作的愿望，使他们直接或间接地看到自己的利益。

人们都希望得到赏识，但这并不意味着可以通过奉承获得他们的合作。人们想要得到的是这样的一种赏识：承认他们正在做的工作是很有价值的，是值得花时间和精力去做的工作；他所做的事情，对他的人生旅程非常重要。

得到最佳合作的关键，是给予人们与他们才能相称的、有意义的工作，并且承认和肯定他们所迈出的每一步。这就强烈地证明了这一事实：要不断地得到合作，就必须让人们做有意义的事情。

当然，合作有着不同的等级。如果你善于运用心理学，你甚至可以得到从事次要工作的人员的合作。要做到这一点，应使他们认识到他们所做的工作与自己的幸福和前途是密切相关的；也可以借助于竞赛和奖励这类方法。

人们如果喜欢你，当你要求他们合作时，就易于取得他们的赞同，因为既然喜欢你，就不会怀疑你的动机。

有的时候，和你一道工作的雇员帮助你，仅仅是不忍看到你处于困难的境地，这种境地威胁着个人幸福，而你急于摆脱它。人们因为喜欢你而与你合作，所举的理由并不一定讲得通，但是人家既然愿意为你效力，你又何必多追究呢？

在人的本性中，有许多共同的品质和习惯性反应。他们在生活中，有很多相同的需要；他们用许多相同的方法，以表示他们的友好、真诚。由于这些共同点，我们完全可以通过一些可行的途径，来促进大多数人的合作。

这种能赢得别人合作的与人交往的方法，简单得出乎意料，以致总是被人们所忽略。人们没有任何理由不使用它们，除非妄自尊大或十足的愚蠢。

例如，这些做法是理所当然的：任何人与另一团队打交道时应该表示友好，即使彼此间曾发生过某些不愉快的事，也应该如此。同时，除了同行相见时拍拍肩膀，好像要捏碎对方骨头似的紧紧握手，以表示特别亲热之外，在与人相遇时，对任何人都可以致以亲切的问候和诚挚的敬意，表现出真诚的热情。

这样做，通常会产生两个方面的效果：一方面，对你自己有好处，说明你很有教养；另一方面，也创造了一种有利于合作的气氛。如果你这种友好态度是一贯的、持久的，人们同样会对你报之以友好。

还有一种简单的方法，就是避免无谓的争论。请记住：辩论很少能使人保持理智，它往往变成感情用事和丧失理性。没有人希望在辩论中失败，正因为如此，辩论才成为一场争夺。你可以因为赢得一场辩论而建立自己的威望，但如果你是以伤害另一团队的自尊作为自己胜利的代价的话，你就在通往成功的道路上，为自己设置了一道人为的障碍。

反应迅速、能言善辩的人，往往通过践踏别人的自尊心表现自己的能力。这种人恰恰会造成一种对合作不利的气氛。迫使别人赔礼道歉，要对方公开声明自己是错误的，打击别人抬高自己。如果你想建立一支有效的公司团队的话，这些过失是必须避免的。如果这些过失是由于漫不经心而造成的，则更应受到指责，因为这样做违反了一条基本原则：任何人，都应该受到作为一个人所应该受到的尊重。

你是你自己世界的中心，你的同事也是他自己王国的国王。他可能会对你感兴趣，但这种兴趣很难与他寻求自我保护和对自己幸福的关心相比。如果你要想争取别人和你一道工作，你就必须考虑到这一点，设法使他成为人们注意的中心，或者显得引人注目。哲学家约翰·杜威说："希望得到重视，是人的本性中最深沉的迫切要求。"

为了得到一个人的合作，你首先必须从他的角度和观点观察事物：什么是适合他兴趣的工作？是否有他感兴趣的事？因为合作而受到损失，如果对方有明显的异议，你准备采取什么措施来改变这种状况？

在准备与他交谈时，要考虑好你的方法，谈论他所关注的问题，同时使他与你共处整个工作的中心位置。

用任何道理对一个人说明他对一个组织或一项事业的重要性，讨论和说服的手段是绝对不可缺少的。不成熟的讨论往往引起争吵，这对谋求对方的合作来说，是最为恶劣的气氛。重要的是要养成这样一种习惯：在某一特定情况下要设法找出并强调彼此的共同的兴趣和利益。

应该坦率地进行这种讨论，面对现实，毫不掩饰困难。但是，讨论的重点应该放在对他有吸引力的方面，而不是放在困难的方面。

除了强调共同的利益之外，往往还必须采用说服手段，才能使别人同意与你合作。在这种情况下，推销工作的技巧将被证明是有效的。一个推销员，总是用生动的语言说服他的听众。通常，他从描述一种听众生活中所缺乏的、很想弄到手的东西入手；接着，他告诉听众怎样做才能达到这个目的，或者说，如果按照他指出的办法行动，你的要求就将开始得到满足；最后，推销员鼓励他的听众按他的建议行事。

要达到上述目的，这个推销员就必须了解能激发人们采取行动的基本因素。如果他打算获得明显的效益，他还必须了解他打交道的特殊对象。

尽管你的上司是些普通领导者，你总是他们的一个部下。作为部下，有当部下的良好规范，即如果你当上了领导，你希望你的下属如何对待你，你便如何以此对待你的上司。

作为上司，你对你的下属会要求什么呢？你的要求将会形成一张相当长的一览表——如忠诚、可以信赖、聪明、好学、合作、主动、不屈不挠，可能还有很多很多。

假如你的表现在某种程度上可以说已具备了这些品质，那么，你将会与你周围的人很好地合作，有效地工作。

当然，你也必须注意：有些人也是不值得合作共事的。对于这些人，你迟早会和他们分道扬镳，与其将来弄个恩恩怨怨不好收场，还不如今天及早分手的好。

2. 不时地灌输团队精神

> 评估一个公司时，首先会看看这个公司是否有清楚的使命，因为一个没有使命感的团队不可能生产出有价值的产品。

如果管理者想塑造一个忠诚的团队，他们就必须为团队创造清楚的使命感。现代人偏好独立精神，喜欢在他们自己的时间和空间里，追求有创意的产品，而只有特别的公司才能赢得现代人的全心奉献。评估一个公司时，首先会看看这个公司是否有清楚的使命，因为一个没有使命感的团队不可能生产出有价值的产品。许多人不可能把创意自主性浪费在可能虚掷他们才华的团队上，为了将自我的目标与团队的目标合而为一，团队的目标必须一致、定义明确才可能成功。

团队目标以组织为导向，现代人对团队目标的清楚定义有更高标准的要求。团队目标如果是在没有职员参与的情况下所制定的，而又被断然宣布，强加在他们身上，那么这个团队目标最好订得非常完美。团队目标最好能提供职员成长和学习的空间，让他们有机会对宝贵的产品有所贡献。因为团队目标是他们工作价值的惟一参考点。

有的雇员指出：

"我们毫无团队精神可言，因为我们根本没有教练，因此也没有统一的使命感及目标。如果大家可以一起为共同目标努力，感觉一定很棒。可是没有人领导我们，所以大家要不就放弃，要不就是只为自己努力。在这样的情况下，成果永远只是差强人意。"

有的雇员指出：

"真正的转折点是我开始觉得我只是为公司工作，却不是公司的一分子。管理阶层完全未征询我们的看法，没有问我们的意见，没有解释发生了什么事或是变动的原因，便把每个人的工作做了一番重组。我们完全不被当做公司的一员，这对士气打击很大，每个人的生产力也大为降低。以我为例，我本来非常地卖命，常常加班，为工作付出许多心力。但是现在，我们对工作完全无法控制，希望破灭，而工作的成功与否也不再是我的问题了。"

对于许多下属职员来说，坚持制定工作议程和工作目标，却不提供必要领导以支援这些工作和目标的管理者，令他们感到挫折失望。他们的创造自主性受到压抑，大量精力平白浪费在没有方向感的团队里，最终他们只好失望地离开。那么，如何培养团队精神呢？

传统的组织管理模式和团队协作模式最大的区别在于，团队更加强调团队中个人的创造性发挥和团队整体的协同工作。如何协调个人成长与团队成长的关系，使他们能够相互作用、共同发展，是一个值得讨论的话题。

团队精神都包含哪几方面内容呢？

（1）员工对团队的高度忠诚

团队成员对团队有着强烈的归属感、一体感，强烈地感受到自己是团队的一员，绝不允许有损害团队利益的事情发生，并且极具团队荣誉感。

（2）团队成员相互尊重

这包括两方面的意思：一是特定团队内部的每个成员间能够相互尊重，彼此理解；二是团队的领袖或团队的管理者能够为团队创造一种相互尊重的氛围，确保团队成员有一种完成工作的自信心。人们只有相互尊重，尊重彼此的技术和能力，尊重彼此的意见和观点，尊重彼此对团队的全部贡献，团队共同的工作才能比这些人单独工作更有效率。

（3）团队充满活力

一个团队是否充满活力，我们可以从三方面看出来，这三个方面也是管理者要注意的地方。

（1）主动精神。团队是否有创造性的想法？是否积极思考，寻求问题的解决方案？能否发现机会，敢冒风险？团队是否能提供团队成员挑战自我、实现自我的机会？

（2）热情。大家对共同工作满意的程度如何？是否受工作的鼓舞？想干出成就吗？成功对大家有无激励？

（3）关系。团队成员能愉悦相处并享受着作为团队一员的乐趣吗？团队内有幽默的氛围吗？成员之间是否能共担风险？

那么，作为团队中的一员，我们应该从哪几个方面来培养自己的团队合作能力呢？

（1）寻找团队成员积极的品质

在一个团队中，每个成员的优缺点都不尽相同。你应该去积极寻找团队成员积极的品质，并且学习它。让你自己的缺点和消极品质在团队合作中被消除。团队强调的是协同工作，较少有命令指示，所以团队的工作气氛很重要，它直接影响团队的工作效率。如果团队的每位成员，都去积极寻找其他成员的积极品质，那么团队的协作就会变得很顺畅，团队整体的工作效率就会提高。

（2）对别人寄予希望

每个人都有被别人重视的需要，特别是那些具有创造性思维的知识型员工更是如此。有时一句小小的鼓励和赞许就可以使他释放出无限的工作热情。并且，当你对别人寄予希望时，别人也同样会对你寄予希望。

（3）时常检查自己的缺点

你应该时常地检查一下自己的缺点，比如自己是不是还是那么对人冷漠，或者还是那么言辞锋利。这些缺点在单兵作战时可能还能被人忍受，但在团队合作中就会成为你进一步成长的障碍。团队工作中需要成员一起不断地讨论，如果你固执己见，无法听取他人的意见，或无法与他人达成一致，团队的工作就无法进展下去。

团队的效率在于配合的默契，如果达不成这种默契，团队合作可能是不成功的。如果你意识到了自己的缺点，不妨就在某次讨论中将它坦诚地讲出来，承认自己的缺点，让大家共同帮助你改进。当然，承认自己的缺点可能会让人尴尬，你不必担心别人的嘲笑，你只会得到同伴的理解和帮助。

（4）让别人喜欢你

你的工作需要大家的支持和认可，而不是反对，所以你必须让大家喜欢你。除了和大家一起工作外，还应该尽量和大家一起去参加各种活动，或者礼貌地关心一下大家的生活。总之，你要使大家觉得，你不仅是他们的好同事，还是他们的好朋友。

（5）保持足够的谦虚

团队中的任何一位成员都可能是某个领域的专家，所以你必须保持足够的谦虚。任何人都不喜欢骄傲自大的人，这种人在团队合作中也不会被大家认可。你可能会觉得某个方面别人不如你，但你更应该将自己的注意力放在他人的强项上，只有这样你才能看到自己的肤浅和无知。谦虚会让你看到自己的短处，这种压力会促使你自己在团队中不断地进步。

3. 多说别人的好话

来自于对别人欣赏肯定与感谢的力量那么巨大。试想一下，在你的团队中是否已形成欣赏与感谢的气氛？

在一本谈管理的书中讲述了这样一个故事。

在一家公司的中层领导会议上，最常听到的话是互相批评、互相攻击，场面热闹。

像"因为生产部未按时交货，所以业绩没有完成。"

"因产品设计不良，产生顾客抱怨与退货。"

"因业务下单交期太短，中间插单、改单造成生产不顺。"

很多的"因为你的不对，所以造成我不能做事"，或者是"都是因为你没有配合，所以我无法完成"……每次会议都为相互间没有好的配合而出现问题争辩不休。

经过几次的会议，这个公司的董事长说："从今天开始大家改变报告内容，不用再报告别人有什么错误或缺失而责备别人，在会议中只能报告两个内容，一是在本周内哪些部门、哪些人对你有什么贡献？二是检查你自己还有哪些未做好或不足之处，接下来你要如何改进？"

此后的第一次会议，大家都很不习惯，以往只注意别人有什么缺点不能与我配合，不曾注意别人对我会有什么贡献。而董事长要求在会议上要报告别人对我有哪些贡献，在全场一阵鸦雀无声之后，好不容易有人才挤出来说，"谢谢你，陈经理，那一天在会议室，你为我倒茶！"

开几次会以后，会议的气氛转变了，公司内在的气氛也奇怪地随之改变了。每位领导在会议报告中，注意到别人对他的帮助愈来愈多，表示感谢之外也对自己的不足做检讨，带来了感谢的气氛，也带动了自我检讨、负责的工作态度，团队的凝聚力也增强了。

这位领导得意地说："这是因为在会议上，对别人表示感谢是肯定别人对我实质的帮助，对自己的检讨是对自己不足的鞭策。"但是过了两个月又有进一步的发展，在会议中大家突然发现：如果只有你感谢别人，而没有别人感谢你，那代表什么意思？因此，促动了每个人在注意别人对我有什么贡献之余，也主动去找机会协助别人，找为别人服务贡献的机会，团队凝聚就在这个过程中形成了。

在这则故事中，只是一个报告方式的转变，却带来整个团队效率与团队气氛的巨大转变。来自于对别人欣赏肯定与感谢的力量那么巨大。试想一下，在你的团队中是否已形成欣赏与感谢的气氛？你也在享受团队间相互贡献的喜悦吗？

有斗争和对立的思维意识在背后引导，很容易造成团队的不和谐，甚至导致不能合作，这也是企业或团队没有生机的重要因素。然而，如何避免在组织中出现斗争对立、相互批评呢？多反思自己，使团队中对立批评的意识扭转为平等合作的意识。引发团队成员体会别人对自己的贡献，使每个人都有相互的信赖感，鼓励对自我不足的检讨改进。

看似复杂的团队经营，以会议报告方式的改变，以对方为中心来考虑对工作所做的贡献，这样可以促使团体的凝聚与和谐，也形成了团队的合作无间。

4. 让每个人都参与决策

　　一个公司在做一项新的决策时，如果能不论职位高低，让员工平等地"走"进来参与制定，常常能让员工强烈地感受到企业对他的信任。

　　日本松下集团，从不对员工保守商业秘密。新员工第一天上班，松下集团就会对员工进行毫无保留的技术培训。

　　也许有人会心存疑问，松下公司难道就不怕泄露商业机密吗？

　　对此，松下幸之助却认为，如果为了保守商业秘密而对员工进行技术封锁，员工就会因为没掌握技术而生产出不合格的产品，从而加大企业的生产成本。这种负面影响，比泄露商业机密所带来的损失更严重。在很多企业，尤其是以脑力劳动为主的企业，其生产根本无法像物质生产那样被控制，所以，信任是惟一的选择。

　　优秀的企业管理者必须摒弃老一套的管理方式，增强员工的积极性和创造性，不能局限于口头上的信任，而是要尽力做到让全体员工都参与到决策中来。通过参与，凝聚其心，激励其人，发挥其力。除此以外，别无良法。如果管理者真正这样做了，一流的创意、强劲的竞争力以及瞩目的企业效益，都将是指日可待的事情。

　　位于美国佛罗里达州劳德戈尔堡的奠托拉生产线，是用来生产收音机接收器的。由于生产的需要，每个女工要在一个印刷电路板上安装大约 10 个零件，然后传给下一个女工。起初女工们出于新鲜干得十分起劲。但日复一日，单调重复的工作将她们的工作热情消磨殆尽。

　　公司总经理了解到这一情况后，决定亲自来管理一段时间。他的第一个举措是：让每个员工组装和检测自己的接收器，并附上一张便条："亲爱的顾客，这台接收器是由我组装的，我感到骄傲，希望它使您满意，如果有什么地方不好的话，请通知我。"然后签上自己的名字，亲自将产品寄出。

　　不仅如此，每当厂里要做一项新的决策或准备推行某种改革时，总经理都积极邀请员工参与到新决策的制定中，鼓励他们各抒己见，对自己的每个想法畅所欲言……新的管理措施试行仅一个月，旷工和缺席的现象就奇迹般的消失了。员工的抱怨声也没有了，取而代之的是高昂的士气和高效的工作业绩。面对满脸迷惑的工厂经理，总经理解释说："新制度成功的关键就在于职工参与，它使工人们为自己的工作感到自豪，让工人们感到自己是不可替代的而不是无足轻重的。"

所以说，一个公司在做一项新的决策时，如果能不论职位高低，让员工平等地"走"进来参与制定，常常能让员工强烈地感受到企业对他的信任。参与的权利使员工感到自己受到了重视，无形中激发出他们的主人翁责任感。而当员工认为公司是"自己的"，工作是"自己的"的时候，他就理所当然地会全身心投入到工作中去。说白了，就是"做自己的工作总比替别人做事更有干劲！"这或许也是对"参与能激励员工"的最佳诠释。

让员工参与的激励方法虽然最经济最有效，但真正做起来却并不容易。那么，管理者究竟如何实施员工参与措施，让员工的热情水涨船高呢？

在通用电气公司，韦尔奇要求公司定期召开一个为期三天的研讨会，地点设在会议中心或者饭店。公司的管理人员负责组织一个研讨团。研讨团的成员来自于公司的各个阶层。每个研讨团的组成人数多在 40～100 名之间。会议开始第一天，由一位经理拟定一个大体的活动日程，然后自行退出。下一步是将参加研讨的员工再分成 5～7 个小组，每组由一名会议协调员带队。每组选定一个日程，然后开始为期一天半的研讨。在第三天，原先那位经理重新回到研讨会，听取每位代表的发言。在听完建议后，这位经理只能做出三种选择，即：当场同意，当场否决或者进一步询问情况。员工激励措施操作时间不长，就出现了良好的激励效果。通用电气公司的每个员工都在积极挖掘、释放自身的潜在能量，以百倍的热情努力地做好工作。

通用电气公司的一位高级主管曾无比兴奋地说："我实在想不出，还有什么能比参与更能提高员工的士气。"

5. 鼓励大家积极发言

制造一种宽松的气氛，鼓励大家积极发言，以目光、表情来传达你对大家的信任，相信大家是会畅所欲言的。

有时候，你不要忽视下属的几句牢骚和气话，如果能马上捕捉住，这往往是一些你最需要、最真实的情况，能帮助你发现工作中被一些表面现象所掩盖的不足，从而迅速给以矫正。

也许会有一些巧嘴多舌的人，经常跑到你的办公室来，故做神秘地给你透露一些小道消息。你且不要信以为真，因为你不知道这消息里究竟掺了多少水分，更不知道他是出于什么目的来告诉你这些小道消息。对于这些向你报告小道消息的下属，你也不必有讨厌之意，甚至声色俱厉。假如对方是出于好意，岂不伤了对方的自尊心吗？你要和颜悦色地感谢对方所给予的信息。但也要善意的提醒对方，请对方把信息的正确性再确实一下，然后再告诉你。你要让对方明白，提供一些确凿的信息会更好一些。

你不能总是以领导命令的方式，将几位下属叫到你的办公室来，以生硬的语气，让他们给你的领导工作提出意见，对部门发展提出看法。这往往会使气氛紧张，收不到预期的效果。

制造一种宽松的气氛，鼓励大家积极发言，以目光、表情来传达你对大家的信任，相信大家是会畅所欲言的。

即便是你遇到了什么突如其来的难题，也不要风风火火地把下属找来，神色急切地向他们寻找对策。因为你作为领导都慌张到这种地步，下属哪里还敢提出什么对策呢？就算是有万全之策，你这副样子，也容易把下属已有的对策压在肚里，不敢道出。因为万一事情有什么闪失，他们怕担不起责任，反而会受到你的怪罪。

没有信息的沟通是不行的。大家对你领导的工作好坏的评价，如果你一无所知，那么你也就不知道自己在下属心目中的地位，是在上升，还是在下降；是交口称赞，还是不得人心。

你对自己缺乏正确的认识，以至走进了泥潭，却还未发觉，只会越陷越深，不能自拔了。

你作为一名领导，要能够广泛的接触下属，了解情况，洞察端倪。这样才能做到胸有成竹、运筹帷幄，在不利的事情出现之前就先期加以预防，将损失减少到最小。下属如果出现了不满情绪，你也可以早早做说服工作，以免出现不良势态。

我行我素，独断专行，只能使自己的路越走越窄。下属如果发觉你是一位霸道的领导，听不得意见和建议，抵触情绪就会滋生发展。终有一日，你的上司也会发现真实的情况，而你从领导位子上跌下来的可能性就会大大增加。

6. 常到下面转一转

在转悠的过程中，你必须对你的言谈举止全面负责，你的信息常常可以通过各种非正式的方式传达给大家。一定不能有轻视员工的现象。

管理工作比起一般工作来，更是一项亲身实践的艺术。一个成功的管理人员有许许多多的事情要做，首先是做好三件事：倾听、教育、促进。

"倾听"是接触的基本要素，目的是从供应商、顾客、企业职员那里获得第一手资料，所以离信息源越近越好。倾听意见最好到对方那里去，主管人员深入基层就是为了倾听。然而，并不是到了基层就能获得第一手准确资料。因为，怎样听取意见是一门艺术，需要运用一定的形式，让员工坦吐真言。下面介绍几种常用方式：

第一，与职员共进中餐或晚餐。当今国内外许多大公司的总裁、经理都养成了在职员餐厅吃中饭或晚饭的习惯。领导者在职员餐厅里和职工一起就餐，谈话以随意的方式进行，无拘无束的谈论一些什么话题呢？可以海阔天空、漫无边际地无所不聊；也可以什么事情都不谈，因为管理人员坐在职员餐厅本身就表明了他希望倾听职员呼声，与职员连成一片，他要让每一个职员明白，自己是这个整体的一员，把餐桌作为每日交换意见的场所，给职员向你真心倾吐意见的机会。

第二，召开临时小型会议，在开会前一分钟才通知哪些人出席会议。因为精心组织和预先选出一组职工代表，可能会使你只能听到他们认为你喜欢听的话，他们可能会为了迎合上司而说一些假话。

第三，把职员召集在一起，召开正式会议，请他们提出问题或意见，由你做出回答。美国丹纳公司负责人雷恩·麦克费森就常常这样做。他时常在一个大厅召集1500多名员工开会，到会者都可以自由发问，每个人都可以面对面掂量一下"头头"的态度：他是不是在想哄骗我们？他的目的是什么？

第四，深入各基层单位，设法同销售和维修服务员一起去访问顾客。

"教育"与"倾听"同等重要，当你深入到基层时，你提问题的方式以及其中的微小变化都会受到人们的注意并被分析、解释。这是毫无疑问的，你所做的每一件事——你的穿着、你的举止、你会见下属的先后顺序、你在提问题时强调的重点以及没有强调的地方，等等，都会引起强烈的反响。处在这种地位上的你只有两种选择：任其自然，不予理睬；有意识地寻找机会因势利导。毫无疑问，第二种态度才是可取的。

通过这种方式，你可以传给职员各方面的知识，宣传你的价值观。因为教育绝不意味着只是直截了当地、严肃地告诉大家应该做什么，不应该做什么。在转悠的过程中，你必须对你的言谈举止全面负责，你的信息常常可以通过各种非正式的方式传达给大家。一定不能有轻视员工的现象。

深入基层的第三个主要作用正是让管理人员成为公仆，做发展的促进派，保护人们免受官僚主义之害。当你在基层关心地问大家遇到什么困难时，你会发现这些问题大多不是什么大困难，通常都是一些细节上的小问题。如某个开发小组需要一台电脑，但是必须通过全部建设投资预算审批手续才能获准购买，而你在一、二天内就可以让他们得到。再如某个开发组需要 300 平方米的工作场地制造样机，或某个推销部门需要增拨 2000 元的交通费，诸如此类，你都完全可以当场拍板，予以解决。这样有利于保证各职员顺利地开展工作。

深入基层不是一件容易的事，因为这里面至少有上千种因素在起作用。"深入基层"一定会暴露自己，你倾听意见的能力、你的眼界、你的抱负、你是否诚实、你是否正直以及你是否表里如一、前后一致，赤裸裸显示于大众面前，经受那些最严格、最挑剔的观察家们——员工的检验。事实上，你很容易用胡说八道骗过一位副总裁，但要想骗过广大的职员却是难之又难。

管理者如果仗恃着职权就可以不听取广大职员的意见，很可能沦为独裁者。出现这种情况，不仅会大大降低你的管理效率，还很可能使职员愤恨不平。一个管理者为了提高管理效率，应该注意到以下五点：

第一，管理者如何推销自己的看法并让下属接受；

第二，管理者要懂得与部下交流看法，实现与部下一致；

第三，如果员工有与管理者一争长短的念头，管理者应该采取和他们一致的协同步调；

第四，除了固有的技术之外，也不能忽视人际关系；

第五，管理者不能自夸绩效。

7. 适当地装装糊涂

作为管理者，应时时注意那些重要的东西，对于一些小事或事情的细枝末节，不妨装装糊涂忽略过去算了。

毛泽东经常喜欢引用的一句话是"诸葛一生惟谨慎，吕端大事不糊涂"。读历史的人都知道，吕端小事是糊涂的，但这并不妨碍他大事清楚。吕端算得上是一个有大智慧的人，有志投身管理的人，不妨学学他。

千万不能学时下的一些经理们。因为他们似乎患了　种综合症，他们都存在一种不安全感，对任何事情都想弄个一清二楚，他们浪费许多时间去调查每个员工在做什么，怀疑是否有人效率低下，是否有人工作失误，他们担心没有自己的过问和参与，员工就无法将事情做好，他们完全沉溺于一些日常琐事之中。这是许多人根深蒂固的弱点，他们希望第一个知道员工出现的错误，也希望员工第一个告诉自己，他们喜欢看阅那些长篇大论式的报告、大堆的资料和分析，他们可能每5分钟就要接一个电话，当他们越来越多地获取这些无用的信息时，便创造了一种没有必要的忙碌情景。

他们认为信息就是力量，这些深感不安的经理们往往以为他们获得了更多的信息，就可以变得更加有力。作为管理者，如果你真正将某一工作委托给员工去做，你应该相信他们能够获得充分的有效信息，并且能够有效地完成工作。一旦你自己亲自去掌握信息，自己作出决定，那么你实际上就是解除了对员工的委托。

作为管理者，忽略掉某些工作确实对自己和员工都十分有利。但对于那些重要的工作，你必须亲自去做，如会见顾客，与员工一起谈论昨晚的电视，考虑部门的长期发展规划，与部门的其他同事保持良好的关系，进行培训等。与之相反，对于有些事情，你完全可以不去过问，你可以委托员工单独去做，让他们向你汇报一下结果即可。你不用考虑员工每天在如何完成他们的工作，而只需看看他们每天做了些什么。也就是说，对于工作中一些无关紧要或者一些细小的事情，你应该学会有效地忽略，让员工自己去处理和面对。

有效忽略，就是让员工自己去完成他们的工作，而不要过多进行干涉，相信他们如果出现错误或者想作出工作改进之时，会主动与你联系，和你讨论问题的解决办法，请求得到你的支持。学会有效忽略，还有一个好处就是你可以早点回家，见到更多的家人，拥有更多的时间去锻炼，你可以因此而放松，提高自己的工作效率。你确实可以一试，你会发现，即使你对所发生的事情一无所知，你的部门也不会因为你的忽略而大乱和消失。事实上，如果没有你不时找员工去了解一些无用的信息，他们会一切正常，而且可能干得更好。

作为管理者，应时时注意那些重要的东西，对于一些小事或事情的细枝末节，不妨装装糊涂忽略过去算了。

8. 总经理要具备果断的判断力

> 总经理应当明白：一个人出手时，既有获胜的机会，也有失败的危险。但是一旦决策好了，该出手时就出手。

古往今来，成大事者都有一个共同点：处事果决，当机立断。军事家在战斗中果敢明断就能把握战机；企业家在商战中果敢明断就能无往不利。如果优柔寡断，犹豫不定，良好的机遇一旦错过，时不再来，悔之晚矣。

犹豫心理一经渗入总经理的决策心理，总经理将会陷入一种尴尬的境地，欲左顾右，欲右顾左，内心深处的矛盾冲突便会一点点逐渐在行为上表现出来，从而影响正常的管理工作。

同时犹豫心理对总经理的情绪也会产生负作用，容易使人急躁不安，彷徨无措，导致被动和失败。

有犹豫心理的总经理，在即将决策前，原本深思熟虑的投资方略和经过认真细致制定的投资计划，在决策时或是忽然间产生了自我不信任感或是受到外界因素的影响，会对自己已策划完善的投资计划发生动摇，很容易导致计划最终得不到实施，丧失了获取投资收益的大好良机。

在公司投资中，犹豫心理导致总经理瞻前顾后、决策不明、错失时机的事情是很多的。这种现象有着一定的普遍性。

公司投资过程是从产生投资动机开始，经过对自身主观状况和外界客观因素的综合分析，然后据此分析结果做出决策，最终将决策内容付诸行动。犹豫心理往往是在马上要行动的关键时候出现，使总经理改变决策或回过头来重新思考。等到再一次确认原决策正确，应该实施的时候，外因或内因已经起了变化，所决策的内容不能再正常进行了。

国内某家用电器生产公司，通过很大的努力与日本一家公司取得联系，并初步拟定了可行性方案，"双方共同投资，日方提供技术，中方提供厂地、人员"。如果双方达成协议合作成功，将对这个企业的经营和发展起到极大的推动作用。决策者认识到了这一点，仔细研究分析之后决定按计划实施。可是就当协议即将达成的前夕，另一家同行业人士在似乎是无意接触的过程中谈起自己与外商合作而遭受了巨大损失的经历。如此一来决策者马上萌发了犹豫心理，对自己的决策产生了动摇，对前面做的各种分析开始怀疑，便找出借口推迟了签订协议的时间。当他最终还是决心执行原计划的时候，日方已与第三家同行公司正式签订了合作协议。原来这是两家同行公司设下的圈套，利用他的犹豫心理，坐收了渔利。

犹豫心理不同于稳重、谨慎。犹豫心理的产生与生意人的气质、性格、能力，以及个人修养等方面都是有关系的。

总经理应当明白：一个人出手时，既有获胜的机会，也有失败的危险。但是一旦决策好了，该出手时就出手。

一个公司不仅在如何正确决策时要果断，在发现决策失误时，也应立即采取果断措施加以纠正，不应听之任之，这一点，是尤为难能可贵的。

（1）当你能够做出迅速而准确的决策时，你手下的人就会信任你。为了能够做出这样的决策，你必须广泛收集材料加以分析，下定决心，在下达命令时，要对你做出的决策充满信心，要表现出无论如何都不能失败的样子。

（2）当你对你的决策表现出判断正确、认识深刻的时候，人们就永远会竭尽全力为你工作。

如果你能在最不利的条件下进行逻辑推理并能不失时机地利用各种有利

的条件采取行动，你手下的人就会尊重你高超的判断能力和决策能力，他们会竭尽全力为你效劳。

（3）作为一个总经理，你应该为你的整个企业树立起这种榜样，表现出这种姿态。如果你对你的行为有把握、有决心，那么手下的人就会对他们的行为有把握和有决心。他们自然就会成为你的一面镜子，在这面镜子里你可以看到你是一个什么样的人，你在做什么，又是怎么做的。

（4）没有自己做决定的能力是一个人遭受挫败的主要原因，这不仅表现在商业及管理方面，也表现在人们解决个人问题方面。

由于市场环境的不确定性、偶然性，不仅给企业总经理带来了危险与竞争，同时也带来了希望与机遇。在激烈的市场对抗中，企业经理人假如不能发现机会，及时利用战机，就不可能正确地决策。

9. 正确决策的三种技巧

所谓正确决策，就是能给企业带来效益的决定。一名总经理只能在正确的决策中找到方向，而不能错失良策，使大家陷入困境。

既然正确决策对身为总经理的你是如此重要，那么，掌握正确决策的技巧对你而言可谓迫在眉睫！

如何才能正确决策呢？

首先，要有决断的能力。

如果你想发展你的决断能力，那你就必须有勇气，还得有真才实学。你必须善于研究和分析问题，抓住事物的本质，你必须对当时的形势作出迅速而准确的评价，只有这样，你才可能作出正确、明智、及时的决策来。

在条件极其不利的情况下，你必须具备运用正确的逻辑推理、运用常识性知识和运用分析判断的能力，才能迅速地确定应该采取什么样的行动才不至于失去转瞬即逝的大好机会。除此而外，你还需要有相当的预见能力，以便你能够预见在你的决定实施以后可能发生的情况和反应。当形势需要对你原来的计划进行修改的时候，你要采取迅速的行动对原决策做必要的修改，这样会加强你的手下人对你作为他们的总经理的信心。

其次，要学会安排工作的先后顺序。

当你知道什么工作可以由别人来做的时候，你就可以把它们分配出去，不要再去费心考虑它们。对于那些剩下来的必须由你本人亲自处理的事情，你也得分出主次和先后。

有一个总经理，他的工作总是杂乱无章、一塌糊涂，原因就在于他不知道怎样作决策，也不知道什么事情应该先做，什么事情应该后做。任何工作对他来说都是急的，每个星期他都会给他的行政工作人员、他的部门总经理和一些分公司的总经理发去几十份画了红框并写上"加急"字样的备忘录。可结果哪件事情也没有得到及时的处理，原因在于每件事情都写上"加急"的字样，就使每一件事都变得不急了，变成了日常工作。

最后，当他一筹莫展的时候，一个专家这样忠告他：

如果你能把你的问题排出个先后顺序，它们就迎刃而解了。现在你就把你急于要办的事列出一个顺序表来，然后按照主次依次处理，在同一个序号下不要列出两项工作。在你列出了工作顺序之后，你就全力以赴地解决第一号的问题，一直要坚持到做完为止。然后再用同样的办法去处理第二号问题。不要担心这样做一天只能解决一两个问题，关键在于这样做会逐渐解决你以往日积月累下来的许多问题。这样一来，你真正关心、真正着急的事情，马上就可以解决了。你也要让你的下属根据他们工作的主次和先后列出工作日程及顺序表，也让他们按照同样的办法去做。这样，他们就会做好他们份内的工作。简单点说，你要实行急事先办的原则，一次只办一件事。即使这样仍然不能解决问题，你也不要采取其他办法，一旦你使这个系统运转起来，你就要坚持到底。这样你才能逐渐清理掉过去积压下来的一些问题。

我们也把这个办法推荐给你。使用这种办法你将会发现自己处理问题的能力和速度有了惊人的提高。你只需要使用你的决断能力去确定3件事：

（1）可由别人来做的事情；

（2）只有你才能做的事情；

（3）你自己工作的先后顺序以及你分配给别人的工作。

最后，要掌握制定计划和下达命令的技巧。

一旦你已决定要做什么事情，那你下一步要做的就是制定一个详细的计划和下达命令，如果你想达到预期的结果，你的计划必须切实可行。

明确的任务必须分派专人去处理，各种需供应的物质和设备必须齐备，为了确保最大限度的合作，每个人和每个团体的积极性都必须充分地调动起来。为了推动中间环节的进行速度，最后期限必须明确地固定下来。总而言之，这个执行计划必须能回答如下5个特殊的问题：

第一，为什么这项工作必须得做？

第二，什么事情必须得做？

第三，谁来做？

第四，在什么时候、在什么地方去做？

第五，将如何去完成这项工作？

当你认为计划做得比较充分之后，下一步要做的就是向你的下属发布口头命令或者书面命令。你的命令必须发布得清楚准确，不能让人有任何误解。制定计划和发布命令都是工作的关键，也是作为总经理责任的一个主要部分。如果你想得到驾驭下属的无限能力，以上这些也是一种必须具备的能力。

当你掌握了以上3种技巧的时候，你就具备了正确的决策能力。

10. 辩证地区分大事和小事

> 领导者不一定是最聪明的人，但是他们可能擅长协调和激发其他人的才能。他们明白，自己的职责是把这些才能和其他资源汇集在一起运用，以获取公司的利益。

给事情进行大事和小事的分类是为了做好工作，但有时很难分清楚什么是大事，什么是小事。在特定的情况下，甚至不能说向一个员工问好就是小事，而召开一次战略规划会议、销售介绍会或者财务分析会就是大事。

向一个员工问好也完全有可能成为重大事件。很多最细小的行动，都无法预见其最终结果，因此，在行动之初，对每一个事件都值得给予关注。它们都是你工作或生活中的一个有机组成部分，若对它们给予足够的关注，则其结果将会非常不同。就像一个好父母能从孩子的细小行为或不重要的言谈中，看到与其密切相关的东西。如果这些行为被忽视了，那么将会失去一个培养孩子能力的重要机会。

若你认为宏图大略才是真正的大事，而那些"无关战略"的事情根本不值得关注，那么，很可能将有一大堆"小事"给你带来一连串麻烦，导致你的重大机会被破坏，直至化成泡影。

例如，在 20 世纪 80 年代有一家著名出版社的负责人，希望该出版社在出版界的某一特定领域占据支配地位，于是决定以相当可观的价格购买一家比较小的出版社。该负责人急于推行这一购买活动以确保出版社在市场中的重要地位，因此给手下施加压力，让他们在没有做好细致的准备工作之前就仓促上阵，他说道："我们以后能清除那些细节。"

然而，他手下的快速行动忽略了一个不能被忽略的细节。数以千计的顾客订购了这家出版社的产品，出版社订单在握，这很好；账单及时开出，这也很好。但是只有 20% 的客户支付了货款，不知是什么原因，有人忘记了检查货款回收率。这件事情不是被有意隐瞒的，而是被淹没在其他大量琐碎的财务细节中，这样，非但不能使整个战略产生预期效果，而且其造成的损失妨碍了出版社几年内的其他投资。

在公司中，是否行政总裁高人一等，而保安就低人一等？这是个很严重的错误，因为它不可避免地导致那些人给别人强加某种"高"或"低"的特性。例如：高层的人一定聪明，对吗？他们一定具有引人注目的营销观念或者崭新的产品创意，对吗？不对。在你的公司里，没有任何一个人会比其他人具有更多的人性价值。如果不考虑每一项工作的重要性、收入或地位，没有人比别人更高或更低。我们经常将一个工作的市场价值和人性价值相混淆，而且出于利己的需要，我们常常将层级制曲解成为在公司内部的社会等级制度。

在一个组织当中，领导者不一定是最聪明的人，但是他们可能擅长协调和激发其他人的才能。他们明白，自己的职责是把这些才能和其他资源汇集在一起运用，以获取公司的利益。事实上，管理生涯最成功的企业领导者，将是这样的领导者：他们能从公司的基层员工身上寻求创新，并且能够不论员工的等级，对他们给予认可和奖励。

即使每个人都能被奖励，也不是每人都会得到同样的报酬。那些对公司而言被认为具有更多价值的工作会得到更多的报酬，对这一事实你要看开一点。人们会理解对于公司的成功，收发室的工作人员和资深销售人员的职位不是同样重要的，但当你把邮件分拣人员视为"低微"的人，他们就不能理解或接受。当这一切发生时，"低微"的人就会变得不满。虽然他们的工资和福利或许很有竞争力，但他们感到没有受到正确的评价，所以失去了对公司的责任感。

聪明的领导者知道，当不再评价事物的大小高低时，所有的岗位都被放在一个平等的地位来考虑时，真正决定其重要性的是你的战略目标。

11. 抵御五重诱惑

这些诱惑常常导致一系列致命的行为。这些行为是如此的难以控制，改变它们又是如此痛苦。

所有总经理都有失败的时候。如果失败了，他们往往会归咎于那些令人厌烦的原因，如战略错误、不充分的营销、竞争的威胁和技术失误等。然而，这些仅仅是问题的表象，所有的总经理都犯过同样的错误：屈服于某种诱惑，从而不必要地将情况变得复杂化；过于注重某些细节而损毁了个人领导能力。

具体地说有以下几个方面。

诱惑之一：选择地位而不是工作成果

对于一个经理人来说，必须明确的最重要的原则，就是以成果为目标。但是，在许多公司中，评价最高的经理往往不是这么做的。不少总经理把其他的事情看得比工作成果更重要，那就是希望保护自己所处的职业地位和领导权力。然而问题是，一个人如果不是追求成果的"偏执狂"，他怎么可能成为一个公司的总经理？举例来说，大多数总经理在得到自己职位之前曾是追求成果的"偏执狂"。可惜，当他们达到目标，被人称为总裁或经理之后，其中的许多人就把注意力转到如何维护自己的地位上来了。

这种情形产生的原因是，他们的实际人生目标仅仅是获得个人利益，站在人生目标的巅峰上当然只剩下坡路可走。我们能够合理地推论：他们一旦到了最高职位，就会不择手段地保护它。正是由于这个原因，造成很多行政总裁和大多数经理人做出决定来保护他们的利益或声誉。

更有甚者，他们还避免做出可能损害自身地位的决定。实际表现上，他们更倾向于回报那些有利于他们"自我"的人，而不是为公司业绩做出贡献的员工。这就出现了一个疑问：难道经理人不明白通过集中精力做出成果，他们将获得更高的地位和更大的"自我"满足？是的，他们明白，然而实际做起来需要长期、大量的工作，在此过程中将产生太多可能导致地位损失的危险插曲。

要克服这种诱惑的办法只有一个，就是将工作成果作为个人成功的最重要标准，否则只能从总经理职位上退下来。你所领导的公司的未来，不论对于员工还是顾客都太重要了，这才是真正决定你地位的衡量标准。

诱惑之二：选择个人声望而不是责任

即使一些总经理抵御了过于保护自己地位的诱惑，他们有时还是失败，这是为什么？因为他们没有促使员工为自己的职责负责。这是取得成果的必要条件。此时，总经理们屈服于另一个诱惑：希望自己受欢迎。

希望自己受到员工的欢迎是人之常情，但对于总经理却是危险的。总经理可以是"孤独"的。对公司大多数成员来说，最高领导除了那些直接向他汇报的人之外，很难有更多的时间使他和每一个人都很熟悉。

那些直接向总经理汇报的人，相对公司其他员工来说，通常年龄差不多，薪金水平也相当。大多数总经理同这些下属成了朋友，并且对他们的需求和缺点常常能感同身受。最后，由于巨大的任务当前，总经理与这些下属之间产生了"亲如兄弟"的感觉。

因此，当需要告诉这些同自己关系亲密的人他们没有达到期望值时，总经理们变得踌躇不前，就没什么可奇怪的了。这并不是他太忙或者太懒，而是因为此时他们已经难以面对"朋友"。

作为总经理，要努力赢得公司员工和直接下属的长期尊敬，而不是他们的私人感情。不要把向你直接汇报的员工看成一群拥护者，应把他们看作是完成自己工作职责，进而使公司达到预期业绩的关键人物。必须牢记的是，如果你失败了，你的下属将不可能再喜欢你。

诱惑之三：选择正确决定而非清楚指示

即使一些总经理抵御了保护自身地位和受人欢迎两种诱惑，他们有时还是会失败，这是为什么？因为他们屈服于另一个诱惑：希望做出"正确"的决定，从而保证确定性。

很多总经理，特别是那些很喜欢数据分析的人，希望保证自己的决定总是正确的，然而在信息不完整、充满不确定性的现实世界中，这根本不可能。因此那些喜欢精确和正确的总经理，常常拖延决定的时间，不能给下属非常清楚的指示。他们给员工的指示模糊而犹豫不决，希望这些人能够自己在工作中找出正确答案。

因此，关键的一点是，总经理的决策指令必须保证清楚而不是精确。要记住，如果你采取决定性的行动，而不是总在等待更多的信息，你的下属能学到更多。如果你根据当前掌握的信息所做出的决定，在有了更多信息时被发现错了，那么改变计划并向下属解释清楚就行了。冒出错的风险本来就是你的职责。对于你来说，出错的真正损失仅仅是你的自尊心。对你的公司来说，如果作为总经理的你不肯冒出错的风险，代价就是整体瘫痪。

诱惑之四：选择表面和谐而不是争执

即使有一些总经理能够战胜上述的三重诱惑，有时还是会失败，因为他们常常对自己的决策感到不满意。这是由于他们未能很好地利用最方便的信息来源：那些直接向他们汇报工作的下属。为什么呢？因为这些总经理屈服于下一个诱惑，那就是渴望和谐。

大多数的总经理都相信员工如果赞同自己的决定并且随大流，要比反对决定、存在抵触情绪好得多。这种行为模式也是总经理们晋升到目前地位的一个原因。然而，表面上的和谐常常限制了建设性的争执，换句话说，就是围绕一件事情坦率地交换意见。

如果没有这种争执，总经理决策的实际质量常常低于正常水平。最佳的决定只有在各种知识和观点都被公开讨论之后才有可能做出。并不是每个人的观点和意见都值得赞同，但是这些因素应当被总经理慎重考虑。所有可以获得的信息都被研究过之后，得出最佳结论的机会肯定会比较大，更不用说这显然提高了大家对最终决定的信心。

总经理应当容忍不一致的声音。你可以鼓励下属公开表达他们的不同观点，而且要热情地鼓励。嘈杂的会议常常是取得进展的表现，而"一团和气"的会议往往是将重要事务扔在一边不去讨论的典型症状。会议中你需要提防和制止人身攻击的言论，但是你的控制不要达到抑制大家交换关键意见的程度。

诱惑之五：选择无懈可击而不是信任

即使有些总经理抵御了保护自己的职位、希望下属欢迎、只做正确的决定和保持和谐这四重诱惑，有时还是会失败。为什么？因为即使总经理愿意培养建设性的争执，下属们却可能不愿意这么做。这是为什么？这是由于总经理屈服于最后一个诱惑：渴望自己变得无懈可击。

总经理都是想掌握权力的人物，如果让同事或者下属发现了自己的过错，总经理们就会觉得难以忍受。因为他们错误地认为，万一员工都可以轻易地挑战他们的决定，那么自己就将失去权威。

不论这些总经理多么努力地推进建设性的争执，他们都只是缘木求鱼。员工没有安全感，因为总经理不愿加入讨论。结果是那些直属人员都热衷于推测总经理的意见，仅仅在"方便"的时候象征性地相互争论。

你应当常常积极地鼓励员工去挑战你的想法。应该信任下属，并将你的声望与"自我"都勇敢地托付他们。这是你作为总经理能够提供的最高水平的信任。你的下属将以尊敬和诚实作为回报，而且在对待他们自己手下的员工时也将效法你。

上述五种诱惑应当随时作为总经理们的"警钟"，提醒自己：这些诱惑常常导致一系列致命的行为。这些行为是如此的难以控制，改变它们又是如此痛苦。

12. 避免经理人常犯的致命错误

美国财星顾问集团总裁史蒂文·布朗总结了经理常犯的 13 项致命错误，并提出了避免的方法和建议，这些建议值得每一位总经理参考借鉴。

（1）拒绝承担个人责任。布朗认为："管理者若想发挥管理效能，个人应当勇于承担责任。"杜鲁门任美国总统之后，在自己的办公室挂了一条醒目的条幅："踢皮球到此为止。"每位经理都应效法杜鲁门总统的格言。

如果你对本单位的工作成绩效率不满意，请切勿怪罪职工，若有错误，一定是你自己造成的；如果你对利润不满意，切勿怪罪通货膨胀，请严谨检讨你的管理方式。有效的经理必定敢于承担个人责任，因为职工只能服从自己所敬重的人，尤其是勇于承担个人责任的经理。

（2）不能盲目使用人。管理的主要目标是使企业经营活动功能持续长久。优秀的经理必须做到就是没有自己，业务仍能有效地进行。

如果做不到这一点，那么你一定忽略了自己的重大责任——培育人才。布朗认为："经理的最大考验不在于经理的工作成效，而在于经理不在时职工的工作成效。"

（3）只能控制工作成果。经理如果仅仅想控制工作成果而不试图影响职工的思想也是一项管理错误。

由于每个人的工作习性不同，他们的行动也不一样。所以，布朗指出："经理只有了解人性因素并能掌握每个职工的心理，生产力才会逐渐提高。"

（4）附和错误的一方。布朗认为："忠诚并不意味着你必须附和上级的意见或观点。但是基于命令统一原则，你必须尊重指挥系统。如果你轻视指挥命令系统，你必将为自己及上级带来更多的困扰。"经理克服附和错误一方的方法，就是充分发挥管理阶层的作用及职责，促使自己及职工都持有正确的工作态度。

（5）对每个人都采取同样的管理方式。凡是试图以同样方式管理每位职工的经理，一定无望成功。好的经理擅长掌握职工的个性差异，认清每位职工的优点及弱点，因材施教，对职工采取个别管理原则。许多经理都想在同一时间里处理大多数人的问题，极力避免一对一的谈话，这并不是有效的管理方式。

要知道，管理是一种个人化的过程，如果经理只对某位职工谈话，由于谈话对象明确，一定容易发掘出问题的根源。布朗指出："有效的经理都擅长混合使用数种管理方式及方法，用以应付各种情况。"

（6）忘记利润的重要性。每位经理应极力防止利润下跌，只要让每个职工能清楚地了解到他的业务活动与公司盈亏的因果关系，他们就愿意努力提高效率。经理只有不断提醒职工注意他的个人活动与公司活动的因果关系，才能确保利润不至衰退。

（7）专注业务问题。布朗认为，把90%的时间花在处理业务问题上，而解决这些问题只能影响10%的生产力，这同样是一种管理错误。经理如果太专注于业务问题，将会完全失去工作目标。

因此，好的管理者在自己及他人遇到问题时绝不会忘记自己的主要目标。

（8）经理仅仅是作为职工的工作伙伴是不行的。如果经理只是试图成为职工的伙伴，说明他不谙管理之道。因为在这种思想指导下容易形成委员式管理，而委员式管理通常等于不管理。久而久之，职工会发现经理毫无工作成绩却坐领薪金。

（9）未制定工作标准。布朗指出："经理应把工作标准视为公司与职工既定的合约。公司应保障职工工作环境的质量及升级机会；职工应保持工作标准，藉以享受其附带的利益。"如果每位职工都视工作标准为质量规范，这家公司的业务一定日趋发展，管理工作也易如反掌。如果经理能妥善制定工作标准，并坦诚与职工相互沟通以致每位职工均乐意遵守已定工作标准，那么这位经理就能避免发生错误。

（10）未训练职工。布朗指出："经理面临的两大挑战是：促使职工达到水准以上的绩效，然后督导职工继续保持这种水准绩效。"

因此，必须对职工进行培训，使职工工作水平和素质得到不断提高。

（11）一味宽恕不胜任工作的职工。人们之所以宽恕不胜任者，是同情弱者和希望避免对立情绪，但布朗指出："有效的对立是一种管理技巧，如果你想矫正某人的行为，你应告诉他你对他的感受及不顺眼的原因，然后征询对方的意见，最后则鼓励对方采取比较正确的行为。"

（12）只赞赏绩效最优的职工。只要职工达到工作目标，就应加以赞赏，而不应只是表扬高绩效者。

因此，只要职工绩效适当，便应给予奖励，当职工达到新的目标时，则应再加以嘉奖。

（13）试图操纵职工。布朗最后一项箴言是："切勿试图操纵职工"，他说："身为经理，固然应设法提高职工的积极的工作热情，但采用的方法必须审慎。"

好的方法是以维护职工的自尊来提高生产力，拙劣的方法是促使职工觉得是受操纵，这会产生不利的影响。

13. 只有100%才算合格

从手中溜走1%的不合格，到用户手中就是100%的不合格。

水温升到99℃，还不是开水，其价值有限；若再添一把火，在99℃的基础上再升高 1℃，就会使水沸腾，并产生大量水蒸气来开动机器，从而获得巨大的经济效益。100 件事情，如果 99 件事情做好了，一件事情未做好，而这一件事情就有可能对某一单位、某一企业、某项事业产生百分之百的影响。

我们工作中出现的问题，的确只是一些细节、小数点事上做得不完全到位，而恰恰是这些细节的不到位，又常常会造成较大影响。对很多事情来说，执行上的一点点差距，往往会导致结果上出现很大的差别。很多执行者工作没有做到位，甚至相当一部分人做到了 99%，就差 1%，但就是这点细微的区别使他们在事业上很难取得突破和成功。

一位管理专家一针见血地指出，从手中溜走 1% 的不合格，到用户手中就是 100% 的不合格。为此，员工要自觉地由被动管理到主动工作，让规章制度成为每个职工的自觉行为，把事故苗头消灭在萌芽之中。

国内某房地产公司的老总曾回忆到："1987 年，一个与我们公司合作的外资公司的工程师，为了拍项目的全景，本来在楼上就可以拍到，但他硬是徒步走了两公里爬到一座山上，连周围的景观都拍得很到位。当时我问他为什么要这么做，他只回答了一句：'回去董事会成员会向我提问，我要把这整个项目的情况告诉他们才算完成任务，不然就是工作没做到位。'"

这位工程师的个人信条就是："我要做的事情，不会让任何人操心。任何事情，只有做到 100 分才是合格，99 分都是不合格。60 分就是次品、半次品。"

因此，要想把事情做到最好，领导者心目中必须有一个很高的标准，不能是一般的标准。在决定事情之前，要进行周密的调查论证，广泛征求意见，尽量把可能发生的情况考虑进去，以尽可能避免出现 1% 的漏洞，直至达到预期效果。

生命中的大事皆由小事累积而成，没有小事的累积，也就成就不了大事。人们只有了解了这一点，才会开始关注那些以往认为无关紧要的小事，开始培养自己做事一丝不苟的美德，力争成为深具影响力的人。

做事一丝不苟，意味着对待小事和对待大事一样谨慎。生命中的许多小事都蕴涵着令人不容忽视的道理，那种认为小事可以被忽略、置之不理的想法，正是我们做事不能善始善终的根源，它不仅使工作不完美，生活也不会快乐。

每一位老板都知道一丝不苟的美德是多么难得，不良的工作作风总是会在公司四处蔓延，要想找到愿意为工作尽心尽力、一丝不苟的员工，是很困难的一件事，因为无论大事、小事都尽心尽力、善始善终的员工十分少见。

一位朋友告诉我，他的父亲告诫每个孩子：

"无论未来从事何种工作，一定要全力以赴、一丝不苟。能做到这一点，就不会为自己的前途操心。世界上到处都是散漫粗心的人，只有那些善始善终者是供不应求的。"

我认识许多老板，他们多年来费尽心机地在寻找能够胜任工作的人。这些老板所从事的业务并不需要出众的技巧，而是需要谨慎、尽职尽责地工作。他们聘请了一个又一个员工，却因为粗心、懒惰、能力不足，没有做好分内之事而频繁将这些员工解雇。与此同时，社会上众多失业者却在抱怨现行的法律、社会福利和命运对自己的不公。

许多人无法培养一丝不苟的工作作风，原因在于贪图享受，好逸恶劳，背弃了对待工作应尽职尽责的原则。

一个人成功与否在于他是不是做什么都力求做到最好。成功者无论从事什么工作，他都绝对不会轻率疏忽。因此，在工作中你应该以最高的规格要求自己。能做到最好，就必须做到最好，能完成百分之百，就绝不只做百分之九十九。只要你把工作做得比别人更完美、更快、更准确、更专注，动用你的全部智能，就能引起他人的关注，实现你心中的愿望。

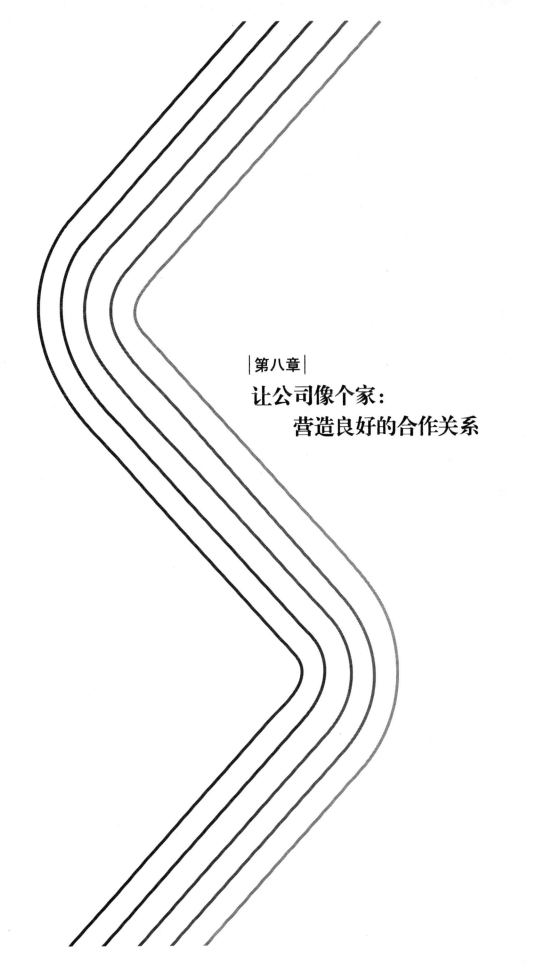

|第八章|

让公司像个家：
　　　营造良好的合作关系

1. 营造在家的感觉

> 一个人感到最轻松惬意的地方，无疑就是自己的家了。在工作中能够营造一种在家的感觉，能够使员工感觉到自己所受到的尊重，从而满足员工希望被人认可的愿望。

在今天这个日新月异的经济社会，一个企业要想生存，就必须不断发掘并利用其员工的潜能，改变他们的思考模式，不断产生新创意，从而增强自己在同业中的竞争优势。他们相信，只有对员工表示信任，使员工的心理需求得到满足，员工才会努力做好自己的本职工作。用他们的话说就是："员工期待认同和欣赏，他们的成就必须被了解。"

惠普就善于通过认可来鼓励员工更好地工作，让员工们感觉到自己受到了重视，自己的工作成绩得到了认同，从而增加自信心与责任感。

在惠普这样的高科技企业中，一个微不足道的细节差错就可能导致产品质量的极大差异，因此每个人的作用都是十分关键的，每一项工作也都是至关重要的。

所以，惠普的管理者们非常注意肯定员工的成就，让员工们有机会展示他们的最佳成绩，尽可能地发挥他们的潜能。

多年前，戴维·帕卡德在一位工厂经理的陪同下巡视车间，他们看到一位机械技工正在磨光一个塑胶模具，于是停下脚步观看。那个机械技工已经花了相当长的时间来磨光它，正在准备做最后的修整。戴维不假思索地伸出手，用手指去摸那只模具，机械技工马上呵斥道："把你的手指头拿开，别碰我的模子！"陪同的经理马上斥责他："你知道这个人是谁吗？"机械技工生气地答道："我管他是谁！"然而，戴维一点儿都不介意，戴维告诉那个技工，他是对的，他有一份重要的工作，他应该以他的工作为荣。

惠普对员工的认可和欣赏还表现在对员工的信任上，这是惠普成功的一个不可或缺的因素。领导者们深知，要完成公司的目标，就必须得到公司各层员工的理解和支持，相信他们，允许他们在致力于自己或公司目标的实现中有充分的灵活性，从而帮助公司制定出最适于其运作和组织的行事方式和计划。

在惠普，存放电器和机械零件的实验室备品库是全面开放的。这种全面开放不仅允许工程师在工作中任意取用，而且还鼓励他们拿回家供个人使用。惠普认为，不管工程师们拿这些零件做的事是否与其工作有关，但只要他们摆弄这些东西就总能学到点有用的知识。

惠普鼓励员工相互信任，使员工在惠普有家的感觉。当外人看到惠普的员工停放车后不上锁，或是随便将钱包放在桌上便离开座位时，肯定会感到惊讶万分。如果一个人在某个工作场所能够将笔记本电脑或者钱包不假思索地放在桌上，这就是在家的感觉！

无论在惠普的哪一家公司，员工都以名字互相称呼对方，无论职位高低。举例来说，当美国加州圣克拉拉分部的经理尼尔在公司内和员工擦身而过时，员工会举手并以名字而非姓氏打招呼："嗨！马提！"员工们还会用温柔的语调，谈论惠普的创始人"比尔"和"大卫"。公司鼓励不同单位的员工互相认识交流，共同分享有趣味的户外活动，比如爬山或攀岩活动。这种由工作扩展到私人生活的关系，员工归结于惠普提供了一种"家的感觉"。惠普的员工就是在这样的交流中体会到了公司对自己的认可和欣赏的。

在惠普，没有人打卡，工作时间也有弹性。员工可以在每天9点之前开始工作，在工作满8小时之后离开。员工的薪水也相当高，他们能够分享惠普的成就——惠普会大方地让员工认股，或者让员工分享相当于其底薪4%~20%的利润回馈。

圣克拉拉分部的一位经理简洁地描述惠普明确的风范："如果你进入国外机场，或者位于南非的惠普办公室，你会发现同样的特征：'我能为您倒杯咖啡吗？我能帮助您吗？'这是个大家庭，就是如此简单。我在这里工作了30多年，常常见到比尔和大卫。每个人都以第一个名字相称，被期待去完成任务，而且了解你的岗位，这和在家里没有什么不同。"

一个人感到最轻松惬意的地方，无疑就是自己的家了。在工作中能够营造一种在家的感觉，能够使员工感觉到自己所受到的尊重，从而满足员工希望被人认可的愿望。在被称为"惠普之道"的惠普信念中，排在第一位的就是——相信、尊重每一位员工。就连惠普的一位总裁也说：我不敢不尊重我的员工。通过在工作中营造家庭的气氛，来达到尊重员工的目的，使惠普取得了巨大的成就。营造一种在家的感觉，使员工感觉到自己受到认同的尊重，这就是美国企业拥有更多的员工忠诚、更大的工作热情、更具活力和进取精神的所有秘诀。

2. 欣赏每一位员工

在美国企业里，让员工充分享受被人欣赏的快乐是每一位管理者日常工作的重要组织部分。

真诚地欣赏员工，能够激起员工的自尊，使员工感到自己的重要性。无论是什么样的人，如果受到企业的欣赏，就会油然而生这样的念头：既然这样欣赏我，我就应该为这家企业努力工作。当一个员工感到自己很重要，是企业不可或缺的一部分时，就会增加企业的主人翁感，增加对企业的向心力，他就会更加努力地工作。所以，企业的管理者应该学会欣赏员工，尽力使每一个员工感到自己重要。

在美国企业里，让员工充分享受被人欣赏的快乐是每一位管理者日常工作的重要组织部分。玫琳·凯·阿什做得相当出色。

玫琳·凯·阿什是著名的玫琳·凯化妆品公司的创始人。她于1963年退休后，用5000美元积蓄办起了玫琳·凯化妆品公司，开业时员工不到10人。经过几十年的发展，公司已经发展成为雇员5000多人，销售额超过3亿美元的大企业。她成功的秘诀说起来很简单，就是"欣赏每一位员工"。

玫琳·凯认为："每个人都是很重要的，他们都有能力完成某些重要的任务。"基于这种想法，她提醒所有的管理人员要注意使每一位员工觉得"自己是最重要的"，她坚信这会鼓舞员工们更好地工作。她认为，一位优秀的管理人员应该不断地勉励每一位部属，提高他们的自尊和士气，而不是一味地指责求全。

玫琳·凯说："根据我对待员工的经验，她们通常能完成你期望她们完成的工作。如果你期望她们表现良好，她们就会表现良好。相反的，如果你预期她们表现差劲，她们也许就会表现失常。我相信一般的员工都会尽最大的努力，去符合管理人员对自己的期望。鼓励你的部属努力发展她们从未探索过的潜能，才能提高她们的水平。当一个人的自尊受挫时，她的活力也会随之降低。反之，当你让一个人觉得她很重要时，她就会有如走在九重天上那样生气勃勃。"

玫琳·凯把这样的思想贯彻到公司的实践中。在玫琳·凯化妆品公司，每个月都有即将升任销售主任的美容顾问来达拉斯参加培训，每次玫琳·凯·阿什都邀请她们到自己的家中做客。在家里为几百个女人准备吃喝可不是一件容易的事，但阿什确实喜欢这些女人做她的座上客。她请她们喝香气扑鼻的茶，吃家常小甜饼。这些小甜饼是她亲手做的，这些美容顾问为此感到很自豪。从这些小甜饼中，她们感受到了玫琳·凯·阿什对她们的欣赏。而且她们好像也确实觉得小甜饼味道不错。阿什的助理杰尼弗出了个好主意，印了一本叫做《玫琳·凯小甜饼制作方法》的小册子，里面收录了阿什最拿手的数十种点心和饮料的制作方法。有些销售主任还把小甜饼带回去给自己的孩子和手下的美容顾问，原因很简单，因为"这是玫琳·凯亲手做的"。

玫琳·凯化妆品公司的员工时时刻刻都感受到公司对自己的欣赏。每逢圣诞节、公司周年纪念日，阿什都给职工寄发祝贺卡片。他们过生日时也会收到阿什寄去的祝贺信，而且她还会在每张卡片上签名，并亲笔写下贺词。

员工参加公司届满一年之际，公司送给她们每人一条镶有饰物的金链，当做纪念品。当进入公司三周年、六周年、九周年……的时候，她们得到的纪念品是金质手镯。当她们参加公司工作 15 周年时，她们得到的是一件镶有钻石的首饰。

阿什也向高级管理人员送圣诞礼物和生日礼物。有一年，她在圣诞节送给销售主任每人一只"熊小姐"。按下它身上的开关，它就会说："你们是好样的。"或者："我爱你，你了不起。你什么都能干。"

阿什认为，公司应该帮助美容顾问取得她们家人的支持。每当销售主任来到公司所在地参加培训时，阿什都给她的家人写信，向她的家人说明参加培训对她今后的工作大有益处，并为她能来参加培训对他们表示感谢。

阿什总是在她抵达位于达拉斯的公司总部所在地的星期一把信寄出去，因为这样，信就会在当她家的洗涤槽里堆满脏餐具、家人正因为不得不动手干活而赌气的时候寄到。在阿什看来，这些信件是非常重要的，因为它们充分表达了公司对员工的欣赏，所以她要亲笔签名。

"不但要相信每个人都有能力完成某些重要的事，还要把每个人都视为最重要的人。"这是玫琳·凯在其事业中所得到的最宝贵的经验。

3. 创造一流的工作环境

> 人才对企业的要求会越来越高，他们会要求更多的酬劳，更舒适的工作环境，其实就是要求对工作的满意度。

优秀的企业非常强调为员工提供一个一流的工作环境。这是因为一流的环境不仅能使工作的人们感到身体上的舒适，还能使人们的创造性在这种舒适的条件下自由的发挥出来。更重要的是，当员工们在这种适合自己发展的环境中体会到企业所寄予的厚望时，就会更加努力进取，而这也可以用来解释优秀的企业之所以成为一流企业的原因所在。

20世纪80年代初的GE企业经历了"数一数二"的目标、三个圆圈、业务的断然出售和对企业的大规模整顿。在5年的时间内，有大约四分之一的员工离开了企业，剩下的人们深感前途未卜，人心惶惶，整个企业也因此而混乱不堪。

当时的新任总裁杰克·韦尔奇以创造企业的"软"价值——卓越为目的，投资数百万美元在企业总部修建了健身中心、宾馆和会议中心，并期望企业在克罗顿维尔的管理发展中心有位置上的提升。将这些计划付诸实施耗费了大约7500万美元。在旁人眼中看来，这完全就是一种浪费，因为它与重建克罗顿维尔似乎毫无关联。

事实上，杰克·韦尔奇对于脚踏车、会议室和高档卧房的投资远远不及对设备厂房的投资。因为它们被投向全球各地的工厂，并且还是那么的司空见惯，所以即使是120亿美元的工厂投资，也没被别人看在眼里。

韦尔奇理解人们对于他这种做法的不接受，但他仍然坚信自己是正确的。当然，韦尔奇也深知获得人心的重要性，因此他说服那些有疑虑的人而不是和他们争论，并且积极地去消除这种不满。从1982年起，他每两周就会邀请 25 名员工一边喝咖啡，一边谈论问题。

很自然的，人们会问道："你关闭工厂，辞退员工，与此同时却在脚踏车、卧房和会议中心上大把花钱，对此你怎么解释？"他跟他们说，花这些钱与业务紧缩两者是一致的，都是为了实现企业的目标。而要实现企业的目标，就必须改变一下员工的思维习惯：总想往回赚钱，越多越好，可就是不舍得往外投钱，既想让马儿跑得快，又不想让马儿多吃草。他坚持认为，GE 企业必须拥有最优秀的人才，而最优秀人才不应该在一所破旧的发展中心里呆上四个星期，不应该在煤渣砖砌成的房子里接受培训。企业的客人来到 GE 企业的总部，总不能让他们去住三流的汽车旅馆。他说，如果你想得到卓越，那么最起码你的环境应该反映出卓越。

接着，韦尔奇解释说："健身房既能为大家提供一个聚会的场所，又能增进人们的健康。企业总部聚集了很多专家，这些人并不制造或者销售什么具体东西，但在这里工作与在车间、厂房里工作很不一样。自助餐厅是公共聚会的地方，然而大多数餐桌旁坐的都是整天在一起工作的人。除了公园大道上，大家在工作之余都没有个像样的地方聚一聚。如果世界各地的员工和企业的客人来到 GE 企业总部，费尔菲尔德和周围地区也没有高档次的宾馆供他们下榻。"为此，韦尔奇创建了一流的环境供人们生活、工作和交流。他说："也只有带壁炉的休息厅和格调幽雅的酒吧间才符合 GE 这样实力的企业。"

对那个有着 25 年历史的教育中心，由于它早就破旧、古老又不合时宜，因此韦尔奇想要修建一个能给人以代表着世界水平企业的感觉的教育中心。但是还是受到一些人的指责，并称之为"杰克的大教堂"。

面对这些抱怨，韦尔奇回答道，花费数百万美元建设不能直接带来产出的楼房，而把不具竞争力的能生产的工厂关掉，这种做法与 GE 企业成为一流企业的目标没有差异，并且可以吸引更多的优秀人才。而更为重要的是，只有这样才能为消费者提供最低成本的产品和服务。

尽管一些传统人士仍旧不给予认可，但是杰克·韦尔奇从来就没有放弃过他的想法——让在企业工作的人有着在家工作般舒服温馨的感觉。后来的事实证明，结果正如杰克·韦尔奇所期望的，在他就任 GE 企业总裁的 20 年里，大批人才聚集一堂，通过共同努力，使 GE 企业的市值达到了 4500 亿美元，增长了 30 多倍，取得了令世人瞩目的骄人业绩。

4. 不可忽视感情的力量

　　著名学者彼得·德鲁克曾指出："所谓现代企业的人事管理，就在于创造或创立一个健全的人事环境，使在这个环境中工作的任何人，安于工作，乐于工作，忠于工作；不但如此，而且非常心悦诚服地自动自发地把潜力与智慧、劳力奉献出来。"

　　物质激励并不能时时刻刻发挥作用，感情激励却可以做到这一点。关怀感化的激励作用靠的是感情的力量，它体现的是人与人之间的尊重关心和良好的人际关系。给予员工家人般的关心体贴，达到情感上的沟通，可以实现在思想上的融通和对问题的共识。另一方面，感情激励还可以从精神上激发和鼓励人们去克服工作中遇到的困难，帮助他们解决生活中的实际问题，从而激起他们干好工作的热情。在美国的企业中，特别重视用感情的力量来激励员工。

　　在激励员工方面，麦当劳非常善于利用感情力量，麦当劳用感情激励的方法有很多，其中最独特的就是抓住员工太太的心。

　　在员工太太生日的时候，麦当劳一定会向花店订一束鲜花，送给员工太太。也许一束鲜花并不贵，但却让人感受到公司的关怀。所以，麦当劳的经理经常会收到这样的感谢信："总经理能记得我的生日，真是非常感谢！"

　　在麦当劳，除了几个节日外，每5个月发一次奖金。这些奖金并不发给员工本人，而是交给其太太。在送上奖金之际，公司会致函一封给这些太太：

　　"今天公司所以赚钱，都亏了各位太太的支持。虽然，在公司勤奋上班的，是你们的先生，但多亏太太的支持。因此，现在奉上的奖金归诸位太太所有，不必交给你们的先生。"

　　因为钱直接开在太太的户头之上，员工们把这种奖金叫做"太太奖金"。自己的太太被重视，员工能不高兴吗？所以"太太奖金"不但赢得了员工太太的支持，更促进了员工更好地工作。

除了"太太奖金"以外，麦当劳对员工的关怀还体现在一些十分微小的方面。比如员工过生日的时候，可以请公假，与家人团聚，欢庆一番。

麦当劳非常注重对不同国籍员工的人文关怀，比如在大年初一的时候，麦当劳往往会发贺岁钱给中国员工。钱数虽不多，但对于员工来说意义非凡，公司的关爱就在喜庆的新年开始温暖着员工的心。

麦当劳对员工的住宿环境也很关心。一次，员工的单身宿舍完工了，总经理前往视察。宿舍共有 24 个房间，都有冷暖气设备，总经理比较满意。但是，他却发现洗手间和洗面台很脏。

总经理火冒三丈，叫来财务总长，要求立即整改。"清洁是文明的表现。这不是我们公司的口号吗？让自己的员工使用这么脏的洗手间和洗面台，却口口声声对顾客说清洁是文明的表现，这说得通吗？"

麦当劳对于员工的恒久关爱取得了非常好的激励效果。每一位麦当劳员工都对自己的工作倾注全部热情，尽自己最大的努力回报公司的关心和器重。在这种温情中，麦当劳的绩效也不断提高，最后成为享誉全球的快餐巨无霸。

著名学者彼得·德鲁克曾指出："所谓现代企业的人事管理，就在于创造或创立一个健全的人事环境，使在这个环境中工作的任何人，安于工作，乐于工作，忠于工作；不但如此，而且非常心悦诚服地自动自发地把潜力与智慧、劳力奉献出来。"

在管理学中有一个比喻，被用来形容人与人之间的互动关系。人们之间的相互往来，就像是人在照镜子，你给镜子什么样，镜子就会反射给你什么样。管理中的互酬就是来而必往，投桃报李，双向施予，循环往复。如果企业管理者想让员工热忱地为企业服务，那么，管理者首先应该"给镜子一个好的形象"。麦当劳就是给"镜子一个好的形象"，紧紧抓住了员工的心，从而造就了自己的成功。

5. 依靠简单的理念取胜

今天的员工比以前更需要重视；今天的顾客比以前更能接受新观

念。要想开创新公司或推出新产品，这是一个再适合不过的时代，因为人们热切渴望尝试新事物。

说起星巴克公司，无人不知。它的连锁店在美国随处可见，主要经营咖啡饮料、咖啡豆及其副产品。然而，谈及郝瓦德·舒尔茨，知道的人却不多。这位一向低调的主席兼行政总裁是星巴克公司取得惊人发展的灵魂人物。

舒尔茨原是一家瑞典家用器皿制造商美国公司的副总裁。当时，一家在美国西雅图拥有四家店铺的零售商引起了他的注意。该零售商正在向他的公司订购大量滴淋咖啡壶。舒尔茨决定弄清其中的原委。1981年，他对经营咖啡、茶和香料的星巴克咖啡店进行销售拜访。该公司尽心尽力为顾客提供高质量进口咖啡的做法，给他留下了深刻印象。次年他毅然签约担任星巴克咖啡店的零售业务和营销总监。

1983年，舒尔茨在米兰参加会议时，他注意到当地的咖啡吧现象。他断定咖啡吧生意在美国也会很有市场，于是说服星巴克咖啡店第二年也开了一家咖啡吧。随后他本人也于1985年离开星巴克咖啡店，转而着手建立自己的咖啡吧连锁店。两年后，他募集到足够的风险资本买下了星巴克咖啡店两位创始合伙人的全部股份，将之与自己的公司合并，并把合并后的公司更名为星巴克公司。合并后的公司拥有员工100人，在西雅图地区开设了17家连锁店。到1998年，已拥有1500家分店，员工25000人，1997年总收入超过10亿美元。

舒尔茨是怎样做到这些的呢？他有哪些成功的经验值得我们借鉴呢？

（1）敬重员工。有记者问舒尔茨："你所在行业的平均遣散率高过250％，但你的员工遣散率只有57％。而且你的员工都赞成解散工会，你做事肯定与众不同。"

舒尔茨说："我们的使命说明书写明要敬重员工，这不是句空话，而是我们每天的生活信条。如果你的管理不能超过员工的期望，你别指望要求他们超过顾客的期望。这是一种契约。"

星巴克公司称员工为伙伴，对他们进行24小时的培训，其中不仅包括公司基本要做的事情，还包括管理者如何对待员工。许多员工以前在别的公司工作时，公司待他们不好。因此，初来乍到，感到愤世嫉俗也是情有可原。他们压根儿不信任管理层。

星巴克公司让他们感到管理者重视他们的参与。如果他们的批评富有建设性，管理者不会责备他们。如果积极主动地工作，就会得到奖赏。通过提供这样一种环境，星巴克公司重建他们对管理层的信任。

（2）在各层面都给予员工很好的报酬。星巴克公司为兼职员工提供综合医疗保健，给所有员工股权。这些举措带来的回报是，他们的生产率得到提高，对公司更加尽心尽力。

（3）在建立复杂的管理架构和系统时，永葆公司的创业精神。公司壮大了，怎样保持员工关系和顾客关系的亲密无间，这是个最有挑战性的问题。你必须确保员工之间以及与顾客之间保持密切关系。你不能只关注销售、利润、竞争以及你的投资者等等，而忽略各种关系。这就是为什么星巴克把那么多钱花在交流和旅行上，就是为了保持接触。

一定不要只顾雄心勃勃地发展壮大，而损害了公司的价值观。每一项决定都必须考虑到，长远效果怎样？如果公司发展不建立在正确的基础上，就会有害无益。

（4）敢于突破常规的经营信条。咖啡饮料业低迷时，舒尔茨进入这一薄利行业，并决心扭转这一局面。他认定自己能改变顾客的口味，而不是遵循常规的经营信条，给予顾客马上就要的东西。舒尔茨认为，顾客并不总是知道他们想要什么。咖啡饮料业之所以低迷，是因为市面上的咖啡已不新鲜，人们不愿饮用。一旦他们品尝到自己开发的咖啡，就会发现星巴克公司正填补一种他们不知道的需要。

尊重员工和大胆创新都是最简单的经营管理理念，但在实践中却屡试不爽，效果惊人。敢于依靠简单的理念取胜，也是一种大胆的创意和突破。

6. 正直比利润更加重要

本来，小沃森是打算制定各种行动指南来设法避免因违反原则而导致问题的发生，但是他发现，有时候大发脾气反而是教人们学会管理的最佳方法。

1956年秋天，小沃森听说有两个年轻人来到 IBM 总部找工作，结果被拒之门外。他们认为，他们遭冷遇的原因是，他们是犹太人。其中一个年轻人向小沃森写信，申诉了此事。小沃森经过调查，发现公司根本没有同他们见面交谈，甚至有一个人声称"他们显然不是 IBM 类型的人"。小沃森明白真相后，气愤至极，因为 IBM 有不准在雇用方面进行歧视的明文规定：在我们业务活动的一切领域中，不分人种、肤色、信仰、国籍、年龄或性别，为实现"机会均等"采取积极行动。这是他在 1953 年民权运动初期亲自作出的规定。在威廉斯堡会议上，小沃森把那封求职信大声宣读给与会者。并且，他对在座的经理们大声嚷道：

"当我们公司内部发生这种事情的时候，你们期望我如何在公司外面代表 IBM 呢？"

接着，小沃森指着坐在前排的刚上任没多久的人事总管杰克·布里克，责成他处理此事，对当事者给予处分。小沃森趁机在大会上提出一个至关重要的问题：

"我不希望 IBM 说的是一套，而做的却是另一套！我希望 IBM 名副其实！"

小沃森掌管 IBM 愈久，他就愈不能容忍违反正直准则的经理和主管。反托拉斯法告诉你能做些什么，你不需要任何人告诉你不应当小偷，但是在这些界线之内，主管有广泛的决定权。他可以任意发红包，他可以提出不正确的政策建议，他可以开飞机去高尔夫球场。小沃森是从来不公开批评他的同龄人的，但是，在其任职期间，IBM 的许多做法与其他企业的做法大相径庭。小沃森认为，一个企业的首脑肩负着几乎像一个政府首脑一样的责任，他只是没有最高法院，没有制约与平衡机构，但是，市场和年度报告书对他的行动起制约作用。一名企业首脑可能犯的最严重错误之一是对主管和员工运用双重标准。小沃森坚持，如果一名主管做了不道德的事情，就应该像对待一名工人一样将他开除。这才是审慎地行使老板的权力，也就是正直准则。

当小沃森最初在 IBM 实行分散经营时，他一厢情愿地假定 IBM 的所有经济部门都会自动执行同样的严格行为标准。经过几年时间的观察后，小沃森才意识到，一个总裁必须现场检查他的部下作出的决定。有一次，在 IBM 公司的下面一个工厂，一些主管搞起了涉及美国储蓄公债的连锁信活动。这种活动的做法是，一个主管给另外五个主管写信，这五个主管每人又给别的五个主管写信。他们分别给第一主管寄回一些债券，然后再给五个人写信，就是这样进行下去。不久，主管们就轮完了，往下就轮到了员工。结果，员工们不得不参加连锁信活动，让主管们从中捞到好处。小沃森收到了员工们写来的有关这种活动的投诉信后，把它交给了那个分部的负责人。小沃森以为分部负责人会慷慨激昂地说：

"我们必须开除几个为首的家伙，这件事包在我身上了！"

哪知，他只是轻描淡写地说："这是错误的！"

结果是，小沃森无法说服这个分部负责人将任何一个主管开除。虽然小沃森对其保护部下的做法表示钦佩，但他仍认为有时正直应服从班子内部的忠诚。鉴于此，小沃森没有深究这件事，却将此事牢记心头。

几年以后，还是在那个分部，一个主管开除了一个低级员工，因为他偷了一些设计图纸，卖给了另一家公司。开除他是没有错误的，只是这个主管的工作方法有些粗暴。这个员工在他一生中有一件他感到自豪的事情——他加入了美国陆军后备役部队，在那里拥有少校军衔。主管没有到这个员工的家里告诉他："你偷了图纸，公司将你解雇了！"而是在他去兵营的一个星期后宣布了对他的惩罚。不知什么原因，军事当局也介入了此事，那个员工在军队的职务也被解除。这种耻辱使他气急败坏，在随后的几年里，他竭尽全力与小沃森作对，把一腔怨愤倾泻到小沃森身上。他把画着小汤姆·沃森坐牢的图片寄给他所在选区的参议员和众议员以及最高法院的每一个法官。他死死咬往那次连锁信的事不放，因为他掌握资料，知道小沃森宽恕了直接责任者。许久以后，这个被解雇的员工才放弃此事。这一事件的确使小沃森"吃一堑，长一智"。后来，只要管理人员违反正直准则小沃森就毫无商量余地将他开除。总计起来，小沃森开除了有十多名管理人员，其中还包括几名高级管理。每次，小沃森都得驳回许多人的意见，这些人坚持认为：只要把当事者降职或给他调动工作就行了，用不着开除，没有他，企业就会解体。事实上，由于小沃森的雷厉风行和毫不留情，公司的日子反而更好过了，组织管理得到了加强，企业运行有条不紊。

在某种意义上说，严厉是领导实现自己目标而不可缺少的条件，如果领导者对一切事情都采取温和的态度，从不说一句严厉的话，那么部下会因此而怠工，而且还会失去对领导的敬畏。因此，作为领导者，生生气、拍拍桌子，有时也是必需的，以树立自己的威严。

但是，过分的严厉并不适合现代人的感情，适当的严厉反而更有效果。因此，领导者平常要特别注意随时随地制造出使部下心情愉快的气氛来。出现问题时，在了解情况和缘由后，该批评的批评，该表扬的表扬，在温和中不失严厉，在公正中显示严厉。

7. 赏识是最高的奖励

> 一些企业热衷的小恩小惠和各种津贴、刺激手段并不能够算作有效赏识。有效赏识是那种能够激励员工对你说"你让我觉得功成名就"的赏识。

企业之间的竞争越来越表现为人才之间的竞争。拥有好员工越多的企业，其竞争力无疑越强。所以，企业也花费越来越多的时间和精力来进行人力资源管理，并制定了各种各样的规章制度，希望通过加大人力资源管理力度和制度约束管出更多的好员工。

但是大量的事实告诉我们，硬性规章制度往往起不到企业管理者所期待的效果。对成功企业管理经验的调查发现，赏识是远远好于"管"的一种员工管理方法。

被人赏识总是一件令人愉快的事情。人们都希望得到别人的赏识，但并不是每一个人都学会了去赏识别人。

每个人都渴望得到赏识，不论是身居高位的人，还是地位卑微的人；不论是刚入企业上进心正强的青年人，还是晋升无望即将退休的老人，即使是一个每天都板着脸的人，当别人赞美他时，他的面部肌肉也是放松的，人们都希望得到别人的赞美。

当你想到赏识的时候，你首先想到的是什么？是提拔、津贴、礼券、奖金还是奖状？很多企业领导认为这就是赏识。但员工的看法并不完全是这样。员工们需要的是赏识的真正意义。这种"赏识"只能使他们看见作为赏识载体的实物，但却看不见给予他们的赏识本身。他们更愿意看到这些手段所应该表达的含义而不喜欢这些手段流于形式。

员工深信，心意最重要。对于表达赏识的奖励，员工需要真正感受到企业对他们出色成绩的承认和对他们个人价值的由衷赞赏。所以，只有当赏识是有效赏识的时候，员工才会有高山流水遇知音的共鸣，才会产生那种"士为知己者死"的情怀，振奋士气，提高工作效率。

一些企业热衷的小恩小惠和各种津贴、刺激手段并不能够算作有效赏识。有效赏识是那种能够激励员工对你说"你让我觉得功成名就"的赏识。

赏识给人以荣誉感、自信心、自尊心的三重心理触动。作为企业的管理者，将其运用到实际工作中，会使企业团队的凝聚力大大增强，从另一个侧面来讲，也是企业管理者自身修养和魅力的一个重要方面。对员工施以有效赏识，会使员工自我认同感加强，对企业的忠诚度加深，会使员工的主人翁责任感加强，最终达到工作的高效率、高质量。

要做到有效赏识，就必须确保至少包含有效赏识4个基本要素中的一个，如果一个都不包含的话，那所做的就不是赏识，而只能称为刺激、奖金或者礼品之类的东西。有效赏识的4个要素是赞扬、感谢、机会和尊重。

对员工进行赞扬，要将赞扬的事项予以简洁明了的描述，赞扬的话语要恰如其分，不能太夸张。最为关键的是，赞扬要及时，不要等到年终总结回顾时才赞扬，最好看见就说。但一鞋难合众脚，有的员工喜欢得到上司私下的赞扬，也有很多人更乐意上司当着很多人赞扬自己。作为上司，要搞清楚员工的性格特点，再决定是私下赞扬还是公开表彰，甚至是给一个更有个性化的赞扬方式。否则，赞扬的效果可能适得其反。

诚心诚意的一声"谢谢"是有效赏识的一种最有价值的表达方式。作为上司，应该常怀感恩之心，即使员工只完成了分内的事情，也要真诚地表达自己的谢意。每个员工对真心的感谢都会做积极的回应，员工将为向自己表达感谢的上司更加努力地工作。要使自己的感谢达到预期的效果，一定要说清楚他们为什么得到你的感谢，感谢的理由一定要说得详细、准确、清楚和简洁。

机会是有效赏识的一个非常重要的因素，给自己的部属一些新的机会，让他们能以一种更有意义的方式去奉献并学到新的技能，给他们的工作更大的自由度和控制权。这些源于机会的赏识，会使部属更加愿意为你和整个企业组织的成功而尽心尽力。

如果缺乏了尊重，员工顶多觉得是被赏识了一半。员工都希望因为自己是员工而不仅仅是因为自己所能做的事情而被重视，如果上司在做决策的时候能够考虑到员工的需求，听听员工的想法和建议，那上司其实就是对员工的价值有了认可和赏识。了解与自己共事的人员的一些情况，了解他们的兴趣爱好，在他们有困难的时候伸出援助之手，就自然表达了你的尊重。

领导要作为赏识主体，员工们渴望得到赏识，这种赏识应该来自对他们的事业最有影响的人，这就是他们的领导。各级领导其实也就是最有能力为员工提供他们所渴望得到赏识的人。如果自己的上司没有赏识自己，大部分员工就会觉得是公司没有赏识自己。因此，企业领导要以赏识的眼光来看自己的员工，做到"容人之过，用人之长，记人之功，委之以任，待之以礼，施之以惠"。这样不仅能够激发部属的积极性，也能够通过自己的个人倡导和言传身教，使公司的每一个成员都能够学会赏识，将赏识融入公司运作的各个方面，发展公司的内在赏识文化，从而使公司内部形成宽容、和谐、协同的人际关系，降低由于人际关系紧张带来的各种不必要的成本，提高公司的工作效率和经济效益。

领导不是一个头衔，而是作为赏识主体存在才有意义。领导者在给员工提供发展远景、可见度和动力的同时，更为重要的工作是为了自己的员工而培养良好的赏识习惯。在赏识员工的同时，引导和鼓励员工相互赏识，使员工，也使自己的工作变得更加愉快和有意义。

在企业里，任何一种开支的预算都可以削减，惟一不能削减的预算是赏识预算。赏识预算可以有多大做多大。领导的赏识预算越大，优秀的员工越多，团队的卓越程度越高，企业的核心竞争力就越强。

8. 员工的利益就是你的利益

> 你一旦认识并认可了这种观念，你所获得的利润将远大于你所付出的。

买好货便要出得起好价钱，想聘用优秀的员工，便应支付具有吸引力的薪水。我们提倡激励的作用，提倡以文化理念和价值观念来鼓舞士气；但正所谓"衣食足而知荣辱"，尤其在社会经济行为越来越商品化的趋势下，你很难要求员工会"饿着肚子干事业"了，应该把员工的利益看成自己的利益。

员工的薪水高低当然主要要看企业的盈亏额与员工个人的劳动绩效。但有些时候，相似行业的一般水平也是重要的参考数据，尤其在创业之初更是如此。首先，你的公司并没有走上正轨，对员工的业务能力和公司整体的经营情况还无定论，所以只能参考行业平均水平。特殊的情况，如果你需要吸引其他公司的优秀人员加盟，所支付的薪水肯定要高于他现在的所得。这中间有一个矛盾之处，即在创业之初你的公司可能并不会盈利。因而，国外工商界的做法通常是把全体员工前3个月的报酬预算在筹建费用中。当然，这个时间段由于行业的特点不同而长短不一。

薪水的计算方式一般要具有激励效应，与员工的工作绩效紧密挂钩，多劳多得，多效多得。但如果采用完全浮动的方式会使员工有一种赤裸裸的劳资交换的感觉，很难有完全心理和归属心理。因而，一般采用一定工作量中发放底薪，超额部分按工作绩效浮动的办法，这部分名之以"浮动工资"或"奖金"均可以。这样，一方面让员工感到自己与公司有某种相对稳定的关系，另一方面可发挥报酬的激励作用。事实上，调查表明，很少有员工每月只拿底薪的，因而，这种计酬方式与完全浮动的作用基本是一致的，公司并没有为之多付出什么，但员工无疑更愿意接受"底薪加浮动"的方式。

你必须改变一种心理位置。有许多劳资双方关系紧张的原因都是双方在利益分配上自觉不自觉地站在了彼此对立的角度上。虽然，一个浅显的现象就是如果给予员工的报酬过多，那么业主的留利就会变少。因而，双方在利润分配上便产生了一种斗争性，甚至到了锱铢必较的程度。如果你陷入这一误区，那么可以预言，不等你炒员工的"鱿鱼"，就会有许多优秀人员炒了你的"鱿鱼"。

其实，如果你静下心来想一想，你会发现上面这种观念是假设在"零和前提"下的。所谓"零和"，指利益各方的总量为定值，这样，你多一个单位，我便少一个单位，双方变化的代数和为零。如果在利润额既定的情况下，你的确是和员工进行着一场"零和游戏"。但你想过没有，是否应该增加这个代数和呢？一个好的利益分配方式当然是通过总额的增长来增加双方的收入。"增和游戏"要远比"零和游戏"轻松得多，也愉快得多。

一位工商界的朋友谈到"零和游戏"的观点，他当即提出了反驳意见："可是当我每次发放薪水时，利润额都已确定了的呀，怎么能说是'增和'呢？"这个朋友眼光有一点过于短浅了，我们所说的"增和"是在运动中的"增和"。应该说，在利益分配过程中，员工和业主双方对于规则的理解是不同的，员工认为薪水是对上一期工作的衡量和报酬，而业主更看重于对下一期的激励作用。你应该知道，一个等值数列的60%，长期上会远远低于一个递增数列的40%的。

所以，在支付员工报酬时，一定要牢记员工的利益也正是你的利益所在，初创企业的老板能认识到这点是不易的。而当你一旦认识并认可了这种观念，你所获得的利润将远大于你所付出的。

9. 多多创造人际沟通的机会

> 一个聪明的经理，应该懂得如何创造员工交流的机会，而不只是被动地等待。一起吃饭是一个好主意，尤其在传统文化中，饭桌上的交流可能是最推心置腹的。

对于企业内部而言，通畅的信息流动渠道也是促进沟通的积极因素之一。在获取信息的有效方式上有多种选择，工作报告、项目总结、团队活动、专门的布告栏都能促进信息流通，信息从一个人传递到另一个人，从一个部门传递到另一个部门，其主旨是为了要求每个人强调投入一定的时间和精力以保证知道彼此在进行的工作。在信息传递过程中，要特别注意向相关部门的工作人员的信息传达，通过彼此的解释，达到真正的理解。

大部分企业都进行了局域网的建设，先进的网络资源为企业间的沟通提供了更为便利优越的条件。试想一下，你有一个好的想法，组织专门的讨论会可能会非常繁琐，要找到相关人员，还要定一个大家有空的时间，但如果你换一种信息交流的方式，在企业BBS上发布一个帖子，让大家对你的想法进行公开的讨论，可能会取得更好的效果。如果你对你的上司有小小的建议或是申诉一下自己的委屈，那么E－mail的快捷与隐秘可以帮助你更好地达到自己的目的，起码可以给上司留个面子。当然，如果你是经理，对于员工工作的不到位，用E－mail进行提醒也会起到很好的效果，不信就试试看。

在企业的日常工作中，大大小小的会议可以说是无处不在，大多数的会议都是就某项工作进行的，而专门解决企业沟通问题的会议往往被大家所忽视。每个员工都有参与意识，即使对非本职工作的企业事务，也都有自己的意见或想法。提供一个机会，让大家去互相了解，对于企业的内部建设会起到事半功倍的效果。每个人都会觉得自己是企业的主人，会大大激发员工的归属感与自豪感。这样的会议可以定期举行，半年、一个月或者两个星期一次。你可以自由选择，空间上也不必像工作会议那样正式，可以选择室外或俱乐部进行，但我们要强调的是，这样的会议绝对是必不可少的。

在企业上下级的交流中，国内的许多企业都设立了专门的所谓"接待日"，但仅仅是固定时间的比如一周一次的接待日是远远不够的。我们建议经理们随时允许员工打开你的门，进行非业务的交流。有的经理觉得这样会浪费很多时间，其实不然，每个员工在进入经理办公室之前都已考虑再三。选择这样的解决渠道其实是最简捷有效的，因为这些问题都是其他部门解决不了的。直接的绿色通道避免了不必要的繁琐，而且表现出经理真诚的一面，而这种真诚得到的回报其实也是同样的真诚。真诚的交流，对企业是无价的。

如果员工不太习惯走进你的办公室或对此产生畏惧，那么你只有走到他们中间，走到员工工作的地方，并在员工工作的时候与之沟通，打破那种过于正式的氛围，让团队成员与你交谈感觉更舒适。你应仔细倾听他们的话，对他们提出的问题立即做出必要的反应。记住，你的表现越认真，积极的影响就越突出。惠普企业的"巡游式"管理方法正是满足了这种需要，才变得如此有效。

一个聪明的经理，应该懂得如何创造员工交流的机会，而不只是被动地等待。一起吃饭是一个好主意，尤其在传统文化中，饭桌上的交流可能是最推心置腹的。当然，即使是一起吃饭，形式也可以多样：和团队，还是和个人；工作餐，还是正式的晚餐；在企业内，还是在企业外，都可以根据情况的不同进行选择。有的企业每隔一段时间就举行一次全体人员的早餐会，在企业中以自助的形式举行，几个人围在一起，没有级别的束缚，显得其乐融融。相比较来讲，工作午餐是简便的，晚餐则要正式一些。联想的领军人物杨元庆的工作午餐就很有特色，与员工共进，拉近了彼此的距离。除了吃饭以外，还有许多其他的活动，根据企业的不同情况，交流机会也不同，但只要你肯寻找，总能找出适合你们企业的方式。

10. 三人齐心，黄土成金

　　任何人都喜欢享受生活，并且喜欢从他们的工作中获得一些满足感。因此，管理阶层需动用一切方法来让工人有参与的兴趣和责任感。光用金钱来奖励员工是不够的。

　　中国民谚有"单丝不成线，独木不成林"和"三人齐心，黄土成金"之说，都在赞颂团结奋斗的巨大力量。经商也都如此。

　　任何企业都是由各种各样的人组成的，只有这个企业凝聚成一个齐心协力的团体，击不垮打不散，才能够把这个集体的作用发挥到最大！

　　企业需要做市场、需要搞策划、需要做调查……这些其实都是一个整体的各个部分，而这些只有企业里头的人相互合作、团结一心才能够做好。不然，人与人之间钩心斗角，企业就将成为一盘散沙，发展企业也就无从谈起了。

　　日本著名企业家盛田昭夫曾经这样说过："我们很自然地需要坚强的团结，我们也喜欢让每一个人都有强烈的参与感，每一个人对于公司的事情都应知道一点。我想这样他们会觉得自己也参与了公司的政策，西方国家有一些公司，他们的员工不知道上级要他们往何处去，也不知道公司为什么要做某些决策……我们喜欢尽可能把任何决策告诉我们的员工。我把我们公司看成一条船。虽然这条船很大，船员也很多，可是如果其中有一个人犯了错误，整条船都可能会沉下去，那么大家便要一起落水。因此我们大家都面对着同样的命运。如果船进入险恶水域，碰到暴风或者船进水，不管船员的职务或任务是什么，每一个人都应该团结起来拯救这条船。因为在危机中，我们必须共同努力。各阶层的员工在组织内部担负着共同命运。因此，管理阶层便应把所有的工人视为他们的伙伴。"

　　是的，没有真正合作，公司就不可能生产出优良的产品。因此，在一家公司内部，如果大家都能相互敬重，并能尊重对方的工作，对他人负责，公司的团结一定会坚强很多。不过，在许多现代企业内部，最重要的问题，在于工人与管理阶层之间的沟通。如果你不了解你的管理者，你又怎样信赖他？在大工厂内管理者即使无法认识每一个人，他也应该尽量认识更多的人，并且至少把他的面孔让每一个人都瞧瞧。

管理者首先要让每一名工人了解他的责任。工人必须了解，如果有人忘了焊上一个小零件，会对最后的产品造成什么样的影响。如果这事发生在电视机上的话，可能意味着影像会有缺点。生产线上的每一个工人都应知道，对于最后的产品而言，他的工作有多么重要。如果把这种责任感赋予个人，工人将很快便能自己感到这种责任感！任何人都喜欢享受生活，并且喜欢从他们的工作中获得一些满足感。因此，管理阶层需动用一切方法来让工人有参与的兴趣和责任感。光用金钱来奖励员工是不够的。

我们无时无刻不需要合作：体育场上我们需要合作精神，篮球场上一个人单打独斗是不可能赢的，只有场上的五个人一起努力，防守或者进攻，才能够发挥团体的作用，同时也能保证每个人的作用得到最大的发挥。因为只有确保一个团体存在并且发挥它应该有的力量，个人的作用才能够得到更好的体现。如果连这个团体都不存在的话，那么又何来个人之言？

学习中我们同样需要和别人一起团结才能够保证自己取得更多更好的成绩。试想，一个自私的人，只是为了自己从来不会告诉别人学习的方法，那么当他遇到困难的时候，也没有人会愿意帮他！只有那些平时热心、愿意和人合作的人，在遇到困难之时，才会有一双双热情的手给他帮助。

11. 把员工视为事业的合伙人

爱我们的员工，因为我们是彼此血肉相连的。千万别以为钱能使鬼推磨，就对下属颐指气使。不然的话，吃到苦果的一定是我们自己。

要在事业上取得成功，单枪匹马是很难有成功机会的。凡是事业成功的人，他们都有一群为他们服务的好搭档，这一群搭档就是他们成功的最大因素。

说来你不会相信，一个企业家能够成功的秘密只有一个，就是：他们是否能够跟他的搭档——员工们相处得好。

要跟员工们相处得好，要建立良好的宾主关系，首先要采取"水涨船高"的办法，即要消除老板和伙计之间的界限，视员工们为自己事业的合伙人。

通常人们是不会把员工称为合伙人的。可是仔细想想，他们不是合伙人又是什么呢？一个人经营一种事业，觉得自己精力和时间耗费太多，不够工作上的需求，于是他请来助手为他分担这事业的经营策划。要知道，一个人不能以个人的力量做太多的工作，于是请旁人来帮忙，这帮忙于他的人，不是合伙的伙伴是什么？

既然是合伙的伙伴，老板和伙计之间是绝对平等的。当老板的，随时可换用员工；做员工的，也随时可以换个老板。老板有的是钱，员工有的是本领。老板用钱去换取工人的本领和劳力，员工则用他的本领和努力去换老板的钱，彼此是互为因果的。所以身为老板，千万别大声咆哮地说："哼，到底你是老板还是我是老板？"要是你的员工反唇相讥，幽默地说："你是老板，我也是老板，你求我的力，我要你的钱。你这个老板可以不用请我，我这老板也可以不为你卖气力！"相信你一定会下不了台的。

既然我们明白了宾主间是处于平等互惠的地位，要保持宾主间的良好关系，一定要做到下列几点：

第一，不随意责骂员工。做老板的只是雇请人来帮忙，我们一定要记住"雇请"这一个"请"字，这是包括谦逊和客气双重意思的。

第二，不要把钱看成是万能，也不要视自己是至高无上，如果我们不尊重员工，他们采取起"甘地主义"来，受害的是谁呢？当然是我们自己。

第三，应该与员工为友，建立起良好的友谊，时时刻刻地想着："怎样去改善员工的待遇呢？"千万不要老是有个坏念头："怎样设法减少一些工资呢？"我们要明白，如果员工一旦少拿了工资，他的工作能力就成正比地削弱了，受影响的是我们自己的事业。

一个真正的企业家，他总是诚心诚意地为他的员工们打算的：如何提高伙计的待遇，使他们安心工作；如何设立各种奖金，使他们更积极地发挥他们的才干……

这些都已成为工商业管理专家的重要课题。因为如果某一企业家不重视员工们的福利，不为他们的生活和出路设想，员工们就会心有旁骛，不安于工作了，更谈不上想方设法改革和发展企业。

再说，大部分员工都参加了工会组织，即使没有入会，至少会跟同行的员工有所接触。他们一旦离开了某个机构，就会透露出这个机构对员工的态度，忽视员工利益等等事实，使得其他的员工望而却步。于是，这机构的员工越来越少，结果，遭到损失的仍是自己。

要使自己的事业宏图大展，一定要好好地对待我们的好搭档，一定要：爱我们的员工，因为我们是彼此血肉相连的。千万别以为钱能使鬼推磨，就对下属颐指气使。不然的话，吃到苦果的一定是我们自己。

调整员工的工资，使他们能够安心地做事。因为如果员工们的工资无法维持他们的生活时，就无心工作了。另外，订出奖励的办法，使员工们随时能提供改进工作的意见，这样对企业是十分有益的！

12. 让公司成为温暖的大家庭

温暖大家庭的建立是组织中每个成员共同的向往，这不仅需要你积极健康的引导，也需要每个人主人翁精神的回归。

社会的进步，增强了其自身的有机性，减少了机械性与等级观念，这种作用也促成了管理业的青春。

在组织或公司中，雇主与雇员，管理者与被管理者应该成为历史的概念，你应该让你的组织跟上时代的脚步，在一个分享民主与参与管理的氛围中建立起你温暖的大家庭。

其实，在现代的组织中的每一个人，在他们的内心深处都有着强烈的成为主人的愿望与使命感。因为人类的本性就是向往着自由，渴望成为主宰自己命运的主人。社会的不断进步，终于冲破了那些桎梏人性发展的不平等制度与观念，解放了人们的思想与行动的手脚。当他们在寻求自我发展，实现自我价值的探索中进入了你的组织，成为组织的一员的时候，你是绝不能用停留在 20 世纪六七十年代的方式来"驯化"压制他们的。组织对于他们来说应该是一个自由交流思想，充满人情味的大家庭。在这样的氛围下，潜藏在内心深处的主人翁责任感与精神才会无止境地迸发出来！

对于老板来说，与员工的座谈或是聚餐似乎是司空见惯的事。也许你会认为这是你所能想出的最好的感情交流的方式了，其实这还远不够！

在一家集团化的大企业中，一位经理就建议每隔几个月在各个单位搞一次"会餐"，准备一些普通的自助餐或份饭，请全体员工和家属自由参加。

会餐在工厂食堂内举行。在那里，大家无拘无束，享受着自己喜欢的食物，畅所欲言，特别是厂领导与员工及其家属们一起举杯，为他们所创造的业绩相互祝贺。

对于那些职工家属们，那位经理一脸的惊喜："真令人惊叹，对有的人来说，这是他们开始在本公司工作以来的 12 年里家属们第一次跨进公司，第一次看见他们的丈夫或妻子、儿子是在什么样的地方工作。"

这些家属在享受美餐的同时，还会领到公司发送的纪念物以感谢对公司的支持。

当无数个小家庭融入了组织这个大家庭后，雇员们从他们小家庭成员的笑脸上得到了身为组织一员的荣耀，同时也意识到只有组织这个大家庭的发展才有他们小家庭的美满幸福！这似乎比起那种所谓的"座谈会"所具有的效力要强得多！

在你创建的温暖大家庭中除了具有组织对成员的温情，还要给他们一些活动的余地与空间，让他们的奇思妙想尽可能成为现实！

在一家中型计算机公司，一位雇员将自己拟好的销售计划在下班时塞在了经理办公室的门把手上，不久，他便被邀去说明情况。在他进门后，经理开门见山地说："计划写得不错，就是字体太潦草了。"这位员工紧张的心放松了下来，随即问道："这项计划可是预算开支较大啊？我要不再与两个同事一起来参谋参谋，然后再向您汇报一下，我们如何开始干？"经理不等他说完便打断了他："费用问题对于我们的公司来说是不大的，我看计划确实不错，你要有信心干好，那就去干吧，别让时机错过了！"

员工先是大吃一惊，然后信心十足地拿起计划离开了。大约两个月以后，这位雇员将销售战绩摆在了经理桌上，又说起了扩大营销的策略。

这位经理事后说道："如果当时我们再去审核、考证，那不但耽误战机，而且肯定对员工产生心理上的负担，要知道，牵扯这么大数目的费用，他再有胆量，也还是要犹豫的，看看现在不是干成了吗，给他们留出充分的发挥空间，对我与组织都没坏处！"

在这里，又要提到信任的问题了，在你的大家庭里，组织成员间的彼此信任是家庭气氛和睦健康的前提。

在组织发展的过程中，遇到的最大难题其实并不在于外在的环境，而在于内部的氛围。如果每个人在组织中都切实有自己的一方天空，都能自主地管理相关的事物，在和谐的空气中无阻碍地交流信息，那你这个家庭就是稳定的，主人翁精神便会成为每个人实现自我价值的最终追求！

这里又要提到一个来自日本公司的案例，他们甚至将温暖大家庭的公司组织理念用在了年轻员工的能力开发上，并收到了非常好的成效。

日本神户制钢所为了提高本企业研究部门新进年轻员工的开发能力，他们开始推行一种被称为"兄弟制度"的互助共学方式。所谓的"兄弟制度"就是每位新进的"家庭"成员，都必须与一位在神户制钢所工作达5年以上的资深研究成员结成对子，拜为兄弟，在共同的"家庭"生活中，兄长负责新进员工的培养教育工作，而作为弟弟的员工必须在谦虚求学的基础上，为"大家庭"的发展献计献策。

由于"兄弟制度"的推行，使得新老员工之间有了一种紧密联系的纽带，虽然，这是非血缘关系的，但那种朝夕共处，相互切磋的组织生活方式在新老员工之间培养了犹如兄弟般的情谊，而且一向冷漠的研究开发部门，变成了人情味洋溢的场所。

温暖大家庭的建立是组织中每个成员共同的向往，这不仅需要你积极健康的引导，也需要每个人主人翁精神的回归。

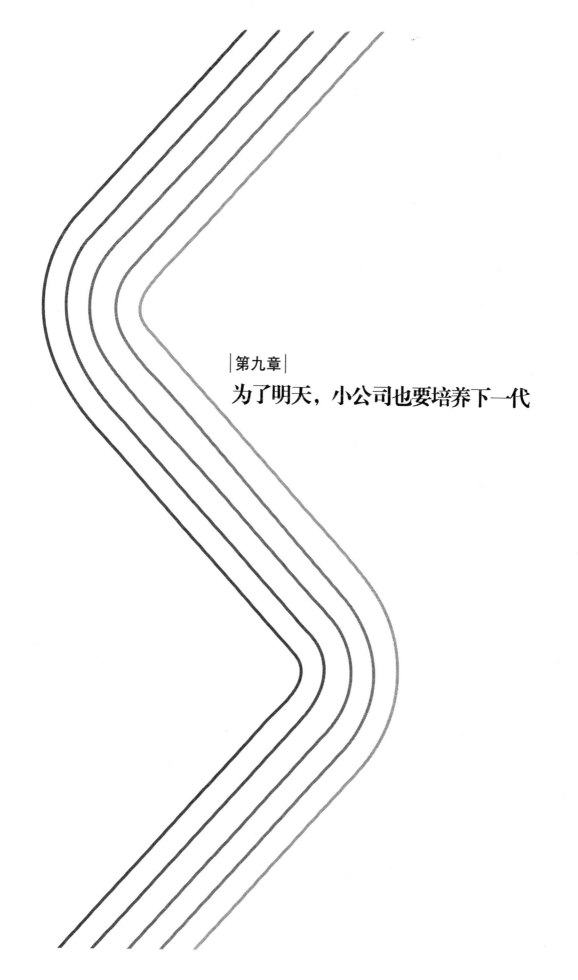

|第九章|

为了明天，小公司也要培养下一代

1. 建立一支精兵强将的团队

请自己找个清静的场所，给自己十分钟的时间好好省思一番。这有助于你建立一支有效率的管理团队。

一些非凡的企业家或管理者，他们天生好像有独特的再生能力和魔力，可以在很短的时间内，扭转乾坤，将一群柔弱的羔羊训练成一支如雄狮猛虎般的管理团队，所向披靡。

（1）让团队成员都充分了解共同的目标和远景

成功的领导者往往都主张以目标为导向的团队合作，目标在于获得非凡的成就；他们对于自己和群体的目标，永远十分清楚，并且深知在描绘目标和远景的过程中，让每位伙伴共同参与的重要性。因此，好的领导者会向他的追随者提出明确的方向，他经常和他的成员一起确立团队的目标，并竭尽所能设法使每个人都清楚了解、认同，进而获得他们的承诺、坚持和献身于共同目标。

因为，团队的目标和远景如果并非由领导者一个人决定，而是由团队内的成员共同合作产生时，就可以使所有的成员有认同感、成就感，大家从心里认定：这是"我们的"目标和远景。

（2）让每一位成员都明白自己的角色、责任和任务

成功团队的每一位伙伴都清晰地了解个人所扮演的角色是什么，并知道个人的行动对目标的达成会产生什么样的贡献。他们不会刻意逃避责任，不会推诿分内之事，知道在团队中该做些什么。

大家在分工共事之际，非常容易建立起彼此的期待和依赖。大伙儿觉得唇齿相依，生死与共，团队的成败荣辱，每个"我"有着非常重要的分量。

（3）鼓励成员主动为团队目标的决策献计献策

现在有数不清的组织风行"参与管理"。领导者真的希望做事有成效，就会倾向参与式领导，他们相信这种作法能够确实满足"有参与就受到尊重"的人性心理。

成功团队的成员身上总是散发出挡不住参与的狂热，他们相当积极、相当主动，一得到机会就参与。

化妆品公司创办人玛丽·凯（MaryKay Ash）说过："一位有效率的经理人会在计划的构思阶段时，就让部属参与其事。我认为让员工参与对他们有直接影响的决策是很重要的，所以，我总是愿意冒时间损失的风险，如果你希望部属全然支持你，你就必须让他们参与，愈早愈好。"

不过这里要说明的是，同样是"参与"，但团队中成员的"参与"是自主、自动参与，而以往的"参与管理"则是领导请下属参与，前者比后者更彻底、更激励人心。

（4）倡导成员间真诚倾听彼此的建议

国际知名的管理顾问肯尼斯·布兰查德（Kenneth Blanchard）在其设计的高绩效团队评分法第十一项指出："成员会积极主动倾听别人的意见，不同的意见和观点会受到重视。"正是如此！在好的团队中，某位成员讲话时，其他成员都会真诚的倾听。有位团队负责人说："我努力塑造成员们相互尊重、倾听其他伙伴表达意见的内容，在我的单位里，我拥有一群心胸开放的伙伴，他们都真心愿意知道其他伙伴的想法。他们展现出其他单位无法相提并论的倾听风度和技巧，真是令人兴奋不已！"

（5）引导和推动成员间彼此相互信赖

真心地相互信赖、支持是团队合作的沃土。李克特曾花了好几年的时间深入研究参与式组织，他发现参与式组织的一项特质：管理阶层信任员工，员工也相信管理者，信心和信任在组织上下到处可见。近年来发现众多的获胜团队，都全力研究如何培养上下之间的信任感，并使组织保持旺盛的士气。它们常常表现出四种独特的行为特质：（1）领导人常向他的伙伴灌输强烈的使命感及共有的价值观，并且不断强化同舟共济、相互扶持的观念；（2）它们鼓励遵守承诺，信用第一；（3）它们依赖伙伴，并把伙伴的培养与激励视为最优先的事；（4）它们鼓励包容异己，因为获胜要靠大家协调、互补、合作。

（6）鼓励成员自由表达自己的感受和意见

好的领导人，经常率先信赖自己的伙伴，并支持他们全力以赴。当然他还必须以身作则，这样才能引发成员间相互信赖、真诚相待。

成功团队的领导人都会极力提供给所有成员双向沟通的舞台。每个人都可以自由自在、公开、诚实表达自己的观点，不论这个观点看起来是多么离谱。因为，他们知道许多伟大的设想，在第一次提出时几乎都是被冷嘲热讽的。当然，每个人也可以无拘无束地表达个人的感受，不管是喜怒哀乐。一个高绩效的团队成员都能了解并感谢彼此都能够"做真诚的自己"。

总之，群策群力，有赖大伙儿保持一种真诚的双向沟通，这样才能使组织表现力臻于完美。

（7）让员工自由自在地与你讨论工作上的问题

在成功的团队里，我们经常看到团队成员们可以自由自在地与领导讨论工作上的问题，并请求："我目前有这种困难，你能帮我吗？"再者，大家意见不一致，甚至立场对峙时，都愿意采取开放的心胸，心平气和地谋求解决方案，纵然结果不能令人满意，大家还是能自我调适，满足组织的需求。彼此之间保持弹性、自由、开放、互助的团队气氛，有助于谋求更好的解决方案。当然，每位成员都会视需要自愿调整角色，执行不同的任务。

（8）在团队内部创造彼此认可与赞美的氛围

"我觉得经常受到别人的赞赏和支持"。这是高绩效团队的主要特征之一，团队里的成员对于参与团队的活动感到兴奋不已，因为，每一个人会在各种场合里不断听到这些话："我认为你一定可以做到！""我要谢谢你！你做得很好！""你是我们的灵魂！不能没有你！""你是最好的！你是最棒的！"这些赞美、认同的话提供了大家所需要的强心剂，提高了大家的自尊、自信，并驱使大家愿意携手同心。

以上八种特征，在你所带领的团队里有没有明显的迹象呢？请自己找个清静的场所，给自己十分钟的时间好好省思一番。这有助于你建立一支有效率的管理团队。

2. 聪明的商人育人

有很多商人不断地积累金钱，因为金钱使他们觉得安全。但聪明的商人却聚拢人才、培育人才，因为人才使他们的抱负得以施展。聪明的商人懂得金钱总有用尽时，而拥有人才则可坐拥天下。

人才就是资源。在松下电器的各家工厂，随处可见这样的广告牌："造物之前，要先造就人才。"

1956年，松下电器召开了一次人事主管研讨会，与会者是各部门的主要负责人。松下幸之助莅临讲话，并直接发问："你在拜访客户时，如对方问你，松下电器是制造什么产品的公司，你们如何回答？"

业务部的人事科长恭恭敬敬地回答："我会告诉他，松下电器是制造电器产品的。"

"错了，像你这样回答是不负责任的！"松下幸之助的训斥响彻整个会场。

难道这么说错了吗？难道松下电器公司不是生产电器产品的吗？与会者都莫名其妙，遭训斥的人事科长更是摸不着头脑。

松下幸之助脸色很难看，怒气冲冲地说："你们这些人都在人事部门任职，难道还不懂得培育人才是你们最主要的职责吗？如果有人问松下电器是制造什么的，你们应该回答说松下电器是培育人才的公司，并且兼做电器产品。否则就是严重渎职！"

"经营的基础是人，对于这一点，我不知讲过了多少次。在企业经营上，资金、生产、技术、销售等固然重要，但人却是这些东西的主宰，归根结底人是最重要的。如果不从培育人才开始，那松下电器还有什么希望？"

类似的问题，松下幸之助还会经常拿来提问刚进来的员工，如果回答不是"造人先于造物"，松下幸之助便拿该员工的上司是问。

没有人会否认，培养人才对企业发展的重要性。松下幸之助在这方面是成功的，但这毕竟是少数。那么松下幸之助为什么能获得成功呢？答案可以从松下幸之助的育人"七把钥匙"中找到。

（1）强烈感到造就人才的重要性

松下幸之助比任何人都强烈地感到培育人才的重要性。早在创业初期，松下幸之助就认识到："拥有优秀的人才，事业就能繁荣，反之就会衰败。"

因此，松下幸之助不断地教导人事部门的主管及各部门负责人："不管多忙，人才培育绝对优先。"这些观念，已经成为松下电器公司人事部门的基本方针。松下电器之所以能够在培育人才方面比别的公司成功，最大的原因在于，创业者松下幸之助对人才培育的重要性的认识，比世上任何一个经营者要来得强烈，并且比任何人都富于热心地教导员工。

（2）要有尊重人的基本精神

松下幸之助是天生的人道主义者，他尊重人的精神，充分体现在一贯的人事政策上。

最能反映松下幸之助的人道主义精神的做法，是在经济萧条时他从不裁减员工，而是与公司员工一道同甘共苦，渡过难关。这跟其他公司的做法截然不同。在那些公司里，为了克服困难，往往在不景气时大幅裁员。松下幸之助认为，这种方法无法培育出热爱公司并将自己的命运与公司连为一体的人才。

（3）明确提出经营理念和使命感

松下幸之助在1932年的创业纪念日上发表的演讲词中明确地提出经营理念和公司的使命。他向与会代表提出了一个史无前例的250年的宏伟计划，号召全体员工为消灭社会贫困而努力工作。他说："从此以后，事业发展的快速，实在令我们吃惊。今天我们能够成功地培育人才，完全是因为当初明确地提出了公司的经营理念和使命感的缘故。"

关于这一点，曾任公司会长的高桥荒太郎深有体会。他说："我曾经在朝日干电池厂工作多年，进入松下电器公司后，最使我激动的是得到如此明确的经营理念的指导。"

（4）彻底教育员工企业必须获利

松下幸之助认为："公司没有利润，就是一种犯罪的行为。我们从社会取得天下的资本，集天下的人才，用天下的资源，如果再没有任何成果展现，不但愧对社会，社会也不会原谅你的。"所以松下电器公司对利润是非常重视的。

不管是事业部，还是连锁店，拿不出相当营利成绩来的经营者或主管，就会被断定是没有资格担当这个职位的人。确保盈利，是事业部长的应尽职责，也是每个公司员工的责任。

（5）致力于改善劳动条件和福利

松下幸之助深明"人不能光靠面包而活，但人又不能没有面包而生存"的道理。因此，他在强调经营理念和使命感的同时，不断致力于改善公司员工的劳动条件和福利待遇。松下说："在'有人才始有企业'的前提下，想要员工们能够充分地发挥他们的才能，经营者就要特别留意他们的劳动条件及福利待遇是否合理。"

（6）让员工拥有梦想

松下电器公司特有的经营方式还体现在"让员工一直拥有梦想，并对未来怀有无限的憧憬"。这使得松下电器公司在培育人才上收到很大的效果。

早在1932年，松下幸之助就向公司员工提出了一个为期250年的宏伟计划；1956年又发表了五年计划，这在企业史上是少有的。自古以来，成大功立大业的人在其内心都有梦想，有梦想才会有追求。但是，将自己的梦想转化为员工的梦想，像这样的经营者却不多见。松下幸之助甚至认为，不让员工拥有梦想就没资格当老板。

（7）以正确的人生观为基础

培养人才和制造产品不同，后者特别注重制造的技巧和方法，前者则不然。培养人才最重要的不是技巧，而是人与人之间的相互影响。

具有健全人格和正确人生观的人互相接触，是人才培养的关键所在。所谓"近朱者赤，近墨者黑"说的就是这个道理。所以，松下幸之助认为，公司的员工都应具有正确的人生观、健全的人格、高尚的道德情操，才会有奋发向上的精神面貌，才能互相影响、互相促进，不断提高自身的素质，成为公司有用的人才。为了达到"造人先于造物"的目的，松下幸之助开办了在职训练指南，又称之为 OJT 指南，指的是员工在日常工作中的培训教育。

为适应公司全体员工培训工作的全面展开，松下电器在职训练策划人宫本勇还编写了《松下电器的在职训练》一书，洋洋 10 余万言。

松下幸之助的心血没有白费，他"造人先于造物"的方针让他成为世界经营之神，同时，也正因为松下幸之助能聪明地借人、用人，才使得松下电器誉满全球。

3. 信任比什么都重要

一个受上司信任、能放手做事的人会有较高的责任感。所以上司无论交代什么事，他都会全力以赴。

松下幸之助每次观察公司内的员工时，都觉得他们比自己优秀，当他对他们说"我对这事没有自信，但我相信你一定能胜任，所以就交给你去办吧"的时候，对方由于受到重视，不仅乐于接受，而且一定能把事情办成。

1926 年，松下电器公司首先在金泽市设立了营业所。金泽这个地方，松下没有去过。但是经过多方面的考虑，觉得有必要成立一个营业所。这时候发生了一个问题，就是到底应该派谁主持？谁最合适？有能力去主持这个新营业所的高级主管为数不少。但是，那些老资格的人却必须留在总公司工作。这些人中任何一个人离开总公司，都会对总公司的业务产生不利影响。所以，这些人不能派往金泽。

这时候，松下忽然想起了一个年轻的业务员，这个人的年纪刚满 20 岁。年龄的确是小了点儿，但是，松下认为不可能因为年轻就做不好。

于是，松下决定派这个年轻的业务员担任设立金泽营业所的负责人。松下把他找来，对他说："这次公司决定在金泽设立一个营业所，我希望你去主持这项工作。现在你就立刻去金泽，找个适当的地方，租下房子，设立一个营业所。我已准备了一笔资金，你拿去进行这项工作好了。"

听了松下这番话，这个年轻的业务员大吃一惊。他惊讶地说："这么重要的职务，我恐怕不能胜任。我进入公司还不到两年，等于只是个新进的小员工。年纪也是 20 出头，也没有什么经验……"他脸上的表情好像有些不安。这也难怪，才进入公司两年，突然奉命负责在金泽设立一个营业所，也难怪他会感到困惑。

可是松下对他有信赖感。所以，他几乎以命令的口吻对他说："你没有做不到的事，你一定能够做到的。想想看战国时代，像另藤清正、福岛正泽这些武将，都在十几岁的时候就非常活跃了。他们都在年轻的时候就拥有自己的城堡，统率部下，治理领地百姓。明治维新的志士们不都也是年轻人吗？他们在国家艰难的时期能够适时地应付，建立了新的日本。你已经超过 20 岁了，不可能做不到。放心，你可以做到的。"

松下说了很多这类鼓励他的话。这个年轻的员工终于下定决心说："我明白了，您就放心让我去做吧。承蒙您给我这个机会，实在光荣之至，我会好好地去干。"他脸上的神色和刚才判若两人，显出很感激的样子。所以松下也高兴地说："好，那就请你好好去做。"

这个员工一到金泽，立即展开活动。他几乎每天都写信给松下。他在信中告诉他，正在寻找可以做生意的房子，然后又写信说房子已经找到，像这样，把进展情形一一写信告诉松下。没多久，筹备工作都已经就绪了，于是松下又从大阪派去两三个员工，开设了营业所。

用人固然有许多技巧，而松下觉得最重要的，就是信任和大胆地委托工作。通常，一个受上司信任、能放手做事的人会有较高的责任感。所以上司无论交代什么事，他都会全力以赴。

相反的，如果管理者不信任下属，动不动就指示这样、指示那样，使属下觉得他只不过是奉命行事的机器而已，事情的成败与他无关，如此，对于交代的任务也就不会全力以赴了。

4. 不用聪明人

聪明人常犯的毛病是自大而看不起身边的人。

聪明人的欲望较常人更强烈，因此，在群体之中，经常成为麻烦的来源和不安定的因素之一。

与盛田昭夫一样，同为日本著名企业家的堤义明在取用人才方面也有一个独特的论点："不用聪明人！"

下面是堤义明和他的哥哥堤清二两人关于用人方面的一段颇有意思的对话：

堤义明说："我不喜欢所谓的聪明人。"

堤清二说："我却不这样认为。"

堤义明说："你是东京大学出身，我是早稻田大学毕业的，我们的用人观点因此而不同。"

堤清二说："不过，东京大学毕业的人，也有不少不入流的水货。"

堤义明说："我用了许多没有大学文凭的年轻人，而事实证明他们干得都很不错。"

堤清二说："我的5万名员工之中，头脑比我好的，照我自己的计算，就不止一二十名。"

堤义明说："恕我直言，你时常有经营管理上的麻烦，可能就是因为你用了太多的自以为比你更有水平的聪明人。"

堤清二说："的确，自以为聪明过人的员工，常犯的毛病就是不肯努力。"

堤义明说："所以，我讨厌随便聘用聪明人，就是出于这个道理。在我的公司里，一概不用这种人。我觉得，所谓的聪明人，其实就是经常在公司里制造麻烦的人。"

这段话在日本企业界流传得很广。从堤义明这一角度来讲，之所以要坚持不用聪明人，是自有他的一番道理和苦心的。整个西武集团连同其间接控制的一些企业在内，上上下下的员工加在一起，已达到10多万人，单是靠这个企业群的薪水过日子的人，员工加上其家属，就超过55万人。如果再把几千家西武的关系企业也算进来，靠西武集团生活的人，得超过100万以上！简直如同一个国家。堤义明提出的"不用聪明人"并不是不用有才能的人，而是不用那些有才能却自私自大、缺少谦逊反省态度和高尚品德的人。这些人实际上是组织中的害群之马。

堤义明认为，不用聪明人主要基于两点：

聪明人常犯的毛病是自大而看不起身边的人。

聪明人的欲望较常人更强烈，因此，在群体之中，经常成为麻烦的来源和不安定的因素之一。

堤义明知道，西武集团不能接受自大的人出任高层领导职务。不然，自大的骄傲态度，会令下属员工产生不满和失望，这种普遍的不安情绪，又将直接破坏员工的工作信心，降低整体效率，最后到了一定的时候甚至会形成一股伤害企业发展的阻力。

当然，堤义明绝不是全部排斥聪明人和学历好的人，在他的10多万员工之中，大学以上学历的人占1万，这一比率在日本的各大企业之中不算低。他之所以不盲目相信学历，是想让没有机会上大学的年轻人，可以通过西武自定的考试，只要诚实努力，争得平等竞争的机会成为公司的上层主管，而那些有大学或更高学历资格的人不要以自己的学历来显示自己，一律从低层做起，让他们进入企业做事之后，再接受恰当的训练，才能应付工作上的需要。

这种平等发展的制度，使学历高的员工不敢怠慢和骄傲，更加时刻不忘进修，以保持自己的实力。而那些没有良好学历背景的人，却在培训制度之下，享有平等的进取机会，形成很好的激励作用，使这些普通的员工，可以在公平的制度下，凭实力争取好的待遇和高一层的职务。

堤义明用人的成功之处，就在于他让所有的人在进入他的公司之后，绝对不能以学历、金钱、血缘或其他人为关系取得晋升机会。每一个人，在他的管理下，都享有同等提级甚至挑选进入董事会的机会。因此，堤义明宁可从常人中、从"不聪明"的人中，起用那些自量、诚实而又不断努力充实自己的人出任上层职务。

5. 重用有学问的人

弥太郎事业如日中天时，许多人都研究他的成功的关键因素。人们发现，所谓的机谋、规则、奖罚，其实并非最主要的，最重要的，是他发现和任用了一批英才俊杰。

在三菱公司，岩崎弥太郎一贯坚持以一个人的能力和工作实践为标准，考察、任用贤能人才。创业伊始，他聘用了 50 多人，其中包括没有学历，但聪明能干并与他一起创业的百川七财，以及德岛薄大学毕业，但没有工作经验的近藤廉平。近藤以为，凭他当时堪称公司第一的学历，必受重用。孰料，没有学历的石川七财被提升为管事，月薪 150 元；而近藤，弥太郎只让他写信封，做收发员，没有薪俸，一年后，才定期每月 5 元钱。近藤由是顿悟，发奋工作，累功被提升为大阪弥太郎邸内的英语学校校长，接着，进入"三菱"决策层。有日本白领阶层头号人物之誉的庄田平五郎的发迹，也是弥太郎以功提拔人才的极好例证。开始，庄田在福泽谕吉手下干翻译员，进入三菱公司的第二年，因为其才华横溢，工作杰出，被破格提升为代管事、会计局事务长，月薪 125 元，令许多人大为惊诧。

弥太郎事业如日中天时，许多人都研究他的成功的关键因素。人们发现，所谓的机谋、规则、奖罚，其实并非最主要的，最重要的，是他发现和任用了一批英才俊杰。他的老对手涉泽荣一就曾赞叹说，弥太郎"对网罗人相当用心，用了很多有学问的人"。这是其他财团不可同日而语的，正是这些人才，使他耳聪目明、韬略盈聚、调遣有节、指挥裕如。

"三菱"始创，弥太郎就罗织人才。不过那时，他主要留意于土佐藩的故交，如锋芒锐利、果断机敏的石川七财；出生于土佐贫穷乡下村长家，思虑缜密、老实又有魅力的川田小一郎等等。但过了不久他发现，仅有些"武士"型的人才还不够。他曾对福泽谕吉说："一开始，我计划汽车公司只采用普通人才，那些人全未受过教育，不明白事情的轻重。要让一个普通人成为学者很难，让学者熟悉如何做生意，却比较容易，因此近来我专门聘用学者。"他还向福泽谈了任用士人去做检查账簿和银钱出纳工作的想法。他认为，自古以来，商务的掌柜、伙计多半不学无术，不适应近现代大工商业发展的要求，因此，必须发挥士人学有专长的优势，而且士人大多勤劳廉洁，不必担心他们会做假账。通过这次交谈，弥太郎就从福泽谕吉手中挖来了庄田平五郎。庄田在弥太郎的提携下青云直上，成为控制"三菱"财力重权的核心人物。后来他在公司的位置，仅次于弥太郎和事务总监川田小一郎。他办事干练，经营手段老辣，是日本财界、工商界人人赞誉的奇才。一方面弥太郎有识才之明；另一面，弥太郎还有育才之智。1873年3月，他送弟弟岩崎弥之助去美国留学，为此出资8000元。这在当时是一笔相当可观的数目。据说文部省接到报告后，"一看到此项金额，皆表惊愕"。但他毫不吝惜这点钱，在给弥之助的信中，他说："希望你能成为我事业上的最好助手。"后来，弥太郎的儿子岩崎乐弥也被送到美国宾州大学读书。另外，岩崎弥太郎也热衷于自己动手创办学校培育人才。1870年，他在自己的宅邸内创建"岩崎英语塾"，后来被称为日本财政界"一代巨人"的丰川良平，投奔他并在这里就读。丰川良平是弥太郎的表兄弟，才华横溢，放荡不羁，1878年后活跃于政界。弥太郎任用丰川良平，在神田锦町创建了"三菱商业学校"，接着，该校改为"明治义塾"。再后来，义塾关闭，其中的英文科发展为日本中学，法律科则发展为中央大学。丰川良平那时极力替岩崎弥太郎物色人才，有日本财界"政治狂"盛誉的朝吹英二，以及"三菱"内部很多俊才，都是经丰川良平推荐而效力于岩崎弥太郎的。至于丰川良平自己，则在弥太郎身后，尤其是明治末、大正初的一段时间里，为"三菱"巩固发展做过至关重要贡献。大隈重信曾评价说，"丰川君曾代表三菱，控制一时的权势，对社会经济有深远的影响，他和岩崎弥太郎相同，是一位实业家性质的政治家、政治家性质的实业家"。

6. 选用出色的接班人

　　石田退三是日本丰田公司的前总裁，在他的领导下，日本丰田公司走进了国际著名企业的行列。而这一切都归功于丰田汽车原领导人丰田佐吉对石田退三才能的赏识和对他大胆的使用。

　　石田退三是个出色的企业管理者，他即使在极容易赚钱的经营活动中，也丝毫不掉以轻心。而且他眼光远大，动作快捷。在他主持下的"丰田汽车"早在1951年1月就着手使用现代化设备生产，大胆引进先进技术和设备。他精打细算，把节省下来的钱用于提高产品竞争力。石田退三在本田公司是有名的"吝啬鬼"，他不但自己俭朴，他在工厂推行节省一张纸、一枚别针、一只手套等活动。但他对企业扩大生产和提高技术方面则不惜代价，因此，丰田尽管起步慢于"日产"、"五十铃"等公司，但"丰田"的发展速度及规模则超过了前者。他注重促销，石田退三曾说过一段令人深思的话："不必谈什么经营学之类的大道理。我的信念只有一个要点，最后拿到的是赢家。"他坚信：有了好产品，没有得力的促销是变换不了钱的。所以，他始终坚持一手抓生产，一手抓促销。

　　石田退三是1888年11月16日出生在爱知县知多郡，家族是农民。他家有6兄弟，他排最后。石田家庭生活困难，4个哥哥都先后被送出去当别人养子，退三在幼小的心灵中，早已下决心"绝不去做别人养子，要到大阪去创出一番事业"。

　　石田退三在家中算幸运了，父母供他读完了初级小学。尽管他多么渴望升入中学，家里无法承担有关费用了。这时，他辍学了，当农夫吧，家里没有半点土地；就是去当别人的养子，亦找不到适当对象，他到了穷途末路状况。

　　1902年，石田退三在绝望中遇上了救主，那就是他母亲远房的亲戚——儿玉一造。这位表哥较有才干，年方40岁，已成为"东洋棉花"公司有影响的人物。他给石田退三一些费用，让其到彦根中学读书。1907，石田退三中学毕业了，他为了家庭生活，在一所小学当了两年代课教师。

在石田退三最困难之时，他又找了儿玉一造，把他的困难申述一遍。儿玉一造又介绍他到"KANEKA"去工作。这家公司颇有规模，石田退三那时才29岁，他努力工作和钻研，很快熟悉了全公司业务，并被重用为社长助理。

石田退三在KANEKA工作期间，有机会接触丰田佐吉，这为他以后成为丰田集团"总师"打下了基础。丰田佐吉是个"世界纺织机之王"，他23岁时（1880年）研制出日本第一台"木制人力纺织机"。到1896年，他又发明了"木制动力第一台纺织机"。这位发明家到1906年，设立自己的"丰田式纺织机股份有限公司"，由发明家向企业家发展，石田退三所在的"KANEKA"公司是经营和服务为主的，那必然与丰田佐吉的业务有关系。再加上儿玉一造的弟弟是丰田家的婿养子，儿玉家与丰田家关系较密切。石田退三与儿玉家又有一定的关系，这样使石田与丰田佐吉的认识有了机会。

1927年，丰田佐吉的"丰田汽车"公司经营不善，濒临倒闭。丰田佐吉经过多年的观察，认为只有石田退三才能挽救这个汽车公司的危局，故当机立断地委任石田退三兼任"丰田汽车"公司的社长。石田退三不负众望，出色地使"丰田汽车"重振，很快扭亏为盈，并迅速建立起闻名遐迩的"丰田汽车王国"。

7. 改变下属的思维方法

若是你引导下属，他们会高高兴兴地跟着你走。只有对奴隶或者犯人才可以使用恐吓或者暴力的方法，但是一有机会，他们也会奋力反抗的。

经常有些从事管理工作的人，他们明知道说服是让下属们做好工作的最好方法，也明知道说服要比强迫、威胁、恐吓更有效，可总免不了有用降级、解雇、调动边远地区、暂时停职或者免去特权等方法威胁下属的情形，其原因多半是除了这样以外再也想不出什么别的办法了。

正像一位总经理说的那样："我知道我不应该用威胁或者让人不安的方

法去对待一个工人，但有的时候，我简直要气疯了。我已无法控制自己的感情，只好对人咆哮发泄一通，我知道那很不好，但我所承受的压力实在是令我忍无可忍，除了发火以外，不知道还有什么办法解我一时的恼怒。"

为什么像这样一位很有工作经验的总经理会用威胁的方法督促人们做好工作呢？这是由于沮丧、恼怒、忧虑、没有耐性、缺少时间等各种压力促成的，此外，他也有许多难处和恐惧，像我们一样，他也是一个人。恐吓、强迫和威胁，不管你使用其中的哪种方法，都不能使你得到你所希望得到的结果，不仅如此，这其中的任何方法都不能给你带来卓越的驾驭人的能力。

就拿那个企图用解雇、降级、罚款停职、调转或免去特权等方法来威胁工人服从他指挥的厂长为例吧，其结果会怎样呢？他会发现不仅没有把别人吓住，反而使自己陷入被动的境地。因为他将面临士气低落、不服从、旷工、质量下降、产量降低、废品增加、盗窃等各种各样的问题，严重的还会出现怠工现象。

正是由于这种原因，管理者不宜采取威胁、恐吓或者强迫的方法，采用这种方法只会使问题越来越多，而不是越来越少，而且采用这种方法所引发的问题一般都比原有的问题更难于解决。最值得注意的是，采用威胁、恐吓或强迫的方法只能导致仇恨和对抗情绪。惧怕管理者的人很快就会变成痛恨管理者的人，然后就会处心积虑地诋毁他或破坏他。

身为管理者请不要再犯使用恐吓和强迫以求获得卓越的驾驭下属的能力的错误，那样做迟早会失败的。若是你引导下属，他们会高高兴兴地跟着你走。只有对奴隶或者犯人才可以使用恐吓或者暴力的方法，但是一有机会，他们也会奋力反抗的。

那么，如何才能让你的下属改变想法呢？

当你想改变一个人的思想方法和工作方法的时候，你需要记住的第一件事便是，每个人都是一种习惯的创造者。他不愿意改变自己的习惯，原来是什么样，他就想保持什么样。他总是那样想问题和那样行动。这使他感到又自然又舒适。任何一个人都不希望自己的生活习惯被别人打乱。遇到任何新思想、新方法，甚至是做事的不同方式，都会遇到一定的阻力，为了减少这种阻力，你就得首先改变他的想法。

为什么人做事总有自己的一套办法，或者总是按照自己的习惯去做呢？原因有二：首先，那是一种习惯。其次，是因为他们觉得那样做对他们自己有好处。不管这种好处是他们想象之中的，还是真实的，都没什么关系，都没什么区别。只要一个人认为那样做会得到好处，他就会那样做。假如一个人相信生白菜汁能治他的胃溃疡，他就会喝生白菜汁，不管其有多么难喝。

如果你想让他改变他的工作习惯，你就必须给他提供一种新的工作方法，这种方法能使他获得比他原来使用的方法更大的好处，只有这样，他才有可能接受你的新方法。让他知道，当他按照你的要求做了之后，他会得到什么具体的好处。例如，告诉他这种改变会怎样增加他的生产量，增加产量就意味着多挣钱。让他明白，这种增加产量将会给他带来一种成功的感觉，向他指明这种成功是他的一种骄傲，会使人们感到他更重要，只需采用一个微小的变化就能使他获得这三种巨大的好处。

这是说服一个人改变自己的想法或做法的最快捷、最可靠的方法。向他显示如果他按照你的要求做了，他将会得到什么好处。如果你一时还想不出能为他带来什么好处，你就要不断地想，直到你能想出为止，否则不要要求他去改变什么。

8. 多点爱心与帮助

> 一般的主管，往往只垂青于那些才华横溢、有突出成就的人，经常表扬他们，提拔他们，而很少注意那些能力低、成绩差的人。

任何管理者都会发现，他的下属中总是有那么一些人，尽管工作态度很认真，能吃苦，听指挥，但工作总是干得不如别人好，有些力不从心。其中有些人常常变得精神颓废，没有干劲，自暴自弃，见人不敢抬头。对于这些人，如果放弃不管，无论是对事业还是对他们个人，都是极大的损失。一般的主管，往往只垂青于那些才华横溢、有突出成就的人，经常表扬他们，提拔他们，而很少注意那些能力低、成绩差的人。这样的主管，实际上还是不懂得怎样调动人、培养人。因为在一个单位里，才华出众的毕竟只是少数，而才能平庸和低下的则是多数。如果扔下这些人不管，整个职工和干部队伍素质就上不去，工作也不可能真正搞好。

那么，怎样帮助那些能力低的人呢？

（1）帮助他们消除自卑感

人一自卑，即使有能力也很难发挥出来。其实，除了少数"尖子"以外，其余一般人的能力相差并不悬殊。如果能使他们增强信心，消除压抑能力的自卑感，他们甚至可以取得与"尖子"一样的成果。这同体育比赛差不多，如果见对方占了优势，便心慌气馁，势必打不出水平，越比越输；如果能增强信心，重整旗鼓，发挥全部力量努力拼搏，则不但可以扭转败局，而且可以压倒对方，转败为胜。所以主管要亲近这种人，同他们交谈，列举他们的优点和成绩，证明他们并不比别人能力差多少，也一样可以干得漂亮些，使他恢复与人等同的思想意识，从而激起他们的上进心和自信心。

（2）要加强指导

对这部分人，需要比领导别人多花一点精力。给别人布置工作，交代清楚就可以了，给这些人布置工作，要更明确、具体一些，不仅交任务，而且要交途径、交方法。在其完成任务的过程中，主管要加强指导，帮助他们克服困难，排除障碍，使之不断丰富经验，满怀信心地发挥自己的才干。但需要指出的是，主管不能手把手地教他们一辈子，必须在提高他们自身能力上下工夫。也就是说对能力低的人帮助，最好的办法不是"喂"他们，而是要想办法使他们会多动脑筋"自己飞起来"。

（3）不要伤他们的自尊心

社会上各种人历来都有重体面的传统，认为"有伤脸面"和"无脸抬头见人"是最大的耻辱。所以，绝大部分人都"宁愿身受苦，不愿脸受热"，特别是那些能力低、有自卑感的人，自尊心更强。因此，主管在做工作时，不要损伤他们的自尊心。譬如，在分配工作时，不但要考虑如何使他们完成任务，而且要采取能使他脸上有光的奖励办法。需要批评时，也不要伤害人家的感情和人格，把人羞辱得无地自容，那样容易使他产生敌对心理，或从此自暴自弃，破罐破摔。正如美国成人教育专家戴尔·卡耐基所说："我们常常无情地剥掉了别人的面子。伤害了别人的自尊心，抹杀了别人的感情，却又自以为是。我们在他人面前呵斥一个小孩或下属，找差错，挑毛病，甚至进行粗暴的威胁，却很少去考虑人家的自尊心。其实，只要冷静地思考一两分钟，说一两句体谅的话，对别人的态度宽大一些，就可以减少对别人的伤害。事情的结果也就大不一样了。"

（4）让他们先出成绩

办法是找一些相对比较容易的工作让他干，完成得好，出了成绩，哪怕是小小的成绩，立即表扬鼓励，让他们从自己的成功中，看到希望，增强信心。凡是做过父母的人，都有这样的体会：孩子初学走路时，是那样的笨拙可笑，摇摇晃晃，刚迈一小步就摔倒，可是父母却为他迈出的那一小步而欣喜异常，赞不绝口地说："太好了，走得太好了!"他们还蹲下来，张开双臂哄着孩子："快来，宝贝，再试试!"在他们一次次地喝彩和鼓励下，孩子终于学会了自己走路。对待能力低的下属，也要采取这样的办法，随着其能力不断提高，要求也要随之提高。这样过不了多久，人才就培养出来了。

（5）为之创造重整旗鼓的环境

有的人因为前一个时期没有干好，周围的人对他难免有看法，而且难以迅速扭转。有的人是因为工作岗位有碍于发挥他的专长，久久出不了成绩。对于这样的职工，可以考虑给他调换一下工作，把他放到一个新的环境和岗位上，便于他重打鼓，另开张。事实证明，这也是一个有效的办法。

（6）必要时给点压力

"人没压力轻飘飘，井没压力不喷油"。在有些情况下，对下属给点压力是必要的、有益的。田径运动员在激烈竞争的压力下很可能比平时发挥得更好，演员面对观众进行演出，往往也比在排练大厅里表演得更出色。对于能力低的人，主管给他"吃点小灶"是必要的，但也不能因此而娇惯他们，让他们过于轻松。特别是当他们的能力有了一定提高之后，要时常给点压力，或是用语言"点"一下，或是用别人的事例"激"一下，或是在工作上适当"加点码"，使他把压力转化为内在动力，这样比单纯"保护"提高得要快。

（7）进修或培训

如果条件允许，可以对这些人进行某些方面的业务训练，缺什么补什么，或是送他们去实习、进修，使之从系统的学习和实践中得到提高。

9. 为员工指明公司的发展方向

作为老板，你必须清楚自己将员工带向何处，因为他们需要知道自己走向哪里，而这一点是他们自己无法决定的。

在理想的情况下，每一个公司应该制定一个长期目标，这些目标又可以落实到每个人、每个部门。

作为老板，你的工作任务之一就是将公司的长期目标转化为让自己部门的员工可以实现的具体目标。但事情并不仅仅如此。除了公司总的目标，你还需要决定自己部门应做些什么。作为一名优秀的老板，你应该向自己的上司表明你的部门所能发挥的具体价值，对公司总的利润所作出的贡献等。换句话说，你必须不断证实自己部门的存在，或者说不断推销自己。在有些公司，高层老板不断更换，他们的要求也跟着改变，而且市场也是千变万化的，杰出的老板应该尽力采取一些措施，避免这些变化给员工工作造成威胁，因为他们不愿让命运控制自己的将来，而愿意把握自己的命运。

称职的老板应能根据自己上司的要求确定自己部门的工作方向。另外，他们还得向员工表明，除完成公司确定的目标之外，他们还期望员工另外做些什么。当然，这些不一定非得由最高层领导来决定，因为他们所处的位置不能更好地了解一个部门以及员工的情况。

因此，每隔几个月，你就应当与员工坐下来，共同描述一下整个部门以及每个人将来的工作前景和任务，这是十分重要的。这幅蓝图就是整个部门工作的重心，也是你给员工提供的一个明确方向。

一旦确定了整个部门的方向，你应当时时在心里把握这幅图画——一幅简洁的未来蓝图，一副你可以清楚地通过视觉构想之图。而且，你还应该通过这幅图对自己和员工提出一些挑战，如对员工制定一些更高的标准，要求员工不断提高对顾客的服务、注重产品的不断更新和质量的提高，关注公司的服务在市场中不断增长的需求等。不管你确立一个什么样的方向，有一点必须注意，那就是要符合财政预算。为了实现公司和部门的目标，你们必须在每一个具体的项目上作出投资，如果投资适当，就不会对整个公司和其他部门产生影响。

当你确定一个明确的方向，制定一个为达到这一方向的计划之后，作为老板，你的工作应该是让每一个员工弄清自己应该处的位置。换句话说，你应该为这一集体中的每一个人指明方向。对每个员工来讲，当你为他们确定具体的方向之后，也许他们自己最清楚如何以最好的方式到达你所确定的目标，当出现问题时，你也许还必须适度地作一下调整。

有些管理者习惯使用"委托"这一词语，其实，也许他们自己对这一词的具体含义，以及需要做些什么来完成自己的"委托"都含混不清。但有一点你必须注意到，你不能"委托"员工自己决定做些什么，而只能"委托"他们决定自己如何去做。决定员工应该做些什么就是指引、安排、调节的过程。作为老板，你对此负有全权之责，而且要保证每一位员工到达你所指定的目的地，如最良好的信任度、最高的工作效率、接受良好训练的员工、友好热情的顾客服务形象、新产品革新、最高技术能力等。

找一个空闲的时间静心坐下，想想自己作为老板做了些什么。你真的对自己必须实现的东西一清二楚吗？你是否考虑到了公司的一切目标？是否还有一些其他可以实现的东西？总之，要保证你所确定的前景是你和员工最大限度的目标。不要以自己的双手被上司紧紧束缚在背后为由而自欺欺人，你总可以有机会伸手为员工指引方向。

10. 培训和提高员工素质的好处

如果你是一位真正称职的老板，你的员工一定会来敲响你办公室的门，请求你支持他们已发现的某一发展机会。

作为老板，你不可能手把手地教会每一位员工。你所能做的只是向他们提供大量机会，并鼓励他们抓住机会去发展自己。

让员工得到培训和发展，其间接的作用是公司的业务也将得到发展。有了这样的学习动力，员工们就能精力充沛，充满生机，保持兴奋，热切希望提高自己的技能。通过与员工的接触，顾客也能从中受益。如果员工不求进取，那整个公司就如一潭死水。这在一些大型公司中经常如此。

因此，作为一名老板，你必须投入大量的精力与资源让员工接受培训，这是一种永无止境的过程。最好的老板总是让自己手下的员工出类拔萃，让他们有机会得到提升。最糟的老板总是抱怨某些员工，他们总是不让那些优秀员工离开自己的部门，担心他们走掉后会影响自己部门的工作。最好的老板看到自己的员工得到发展或者升迁时，往往引以为自豪，不管员工是在自己部门之内提升还是升迁到公司的其他部门。事实上，最好的老板总是永远鼓励员工不断担负起新的重任，发展自己。

在现代管理实践中，似乎有一种错误观念，培训与发展应该是人事和培训部门的事，因为他们控制着公司的培训经费，并且有更先进的培训技术和手段。但这样分配不一定最有利。一个公司的培训费用应该尽可能落实到最低管理层。那些被期望取得某种发展成就的员工应该具有一定的经费保证，这样才能最大限度地得到发展的机会。公司的高层部门应该集中于分配、管理、顾问，具体有效的培训工作大都应该由各分部的经理来完成，高层培训部门不一定非得控制培训与发展的具体活动。

让员工得到发展的机会：

（1）经常变换一下工作。

（2）外出旅游。

（3）增强员工责任感。

（4）让员工负责某一主要项目。

（5）帮助老板做些事情。

（6）参观别的单位。

（7）与老板会见一些重要顾客。

（8）读书。

（9）正式的培训进修。

（10）参加研讨会。

（11）工作升迁。

（12）书写报告。

……

作为老板，你现在面临的挑战就是坐下来，想想自己在近期为员工的发展提供了哪些机会。事实上，如果你是一位真正称职的老板，你的员工一定会来敲响你办公室的门，请求你支持他们已发现的某一发展机会。

大多数老板承认他们的培训工作做得不如他们所期望的那么多，并将之归于时间太少。对于许多老板来讲，时间紧缺，培训工作做得不尽如人意，也是可以理解的。但值得思考的是，他们应如何有效利用时间进行培训，在时间的投入上是否合理。也就是说，他们的培训是否有效。培训中通常容易犯三种错误：

（1）同一期培训的人数太多，工作量太大。因此不能保证有足够的时间培训每位员工，也达不到预期的效果。

（2）管理者把精力集中在培训绩效最差的员工身上。

（3）管理者通常忽略那些稍加培训就会取得显著进步的员工。

大多数老板看到自己的员工取得进步时格外欣喜，并为之庆幸。作为员工，这种学习过程是一种永无止境的活动，不应该在离开学校时就完全中止。你可以与员工坐下来谈谈，问他们一些简单的问题："这三个月来学到了些什么？有哪些教训？有哪些收获？"

你也可以坚持写工作日记，这样你可以每天反思自己的工作，随时获取经验教训，明确下次如何改进。你也可以运用同样的方法让自己得到提高。学习是人的一生中最基本而重要的过程，你每天都可以找到学习的机会。自我发展就是每天抓住这些机会的过程，公司的业务也将因每个人的发展和进步而相应发展。

11. 加强员工的情商培训

> 一个人事业成功与否除了智商决定外，更多则是由情商决定的。

很多企业对员工的培训侧重于技术培训，并已积累了非常多的经验。但我们知道一个人事业成功与否除了智商决定外，更多则是由情商决定的。加强对人的情商培训，从过去不认识到达成共识，从共识到重视，已成为当今培训的重要组成部分。那么如何对员工进行情商培训呢？

（1）注重人格的培养

许多事业有成的人，他的事业是他们人格的外化，通过人格的力量可以获得金钱不能得到的东西。一个缺乏职业道德的员工，很可能因为职业道德的不完善而对企业带来不同程度的伤害。从某种程度上讲真正的教育是培养一个人的人格，知识的传授只是教育的第二意义，教育的中心是以培养一个人的人格为第一，至于知识、技术之类，可以说是附属的教育。

（2）注重员工的精神教育

对员工精神教育，是企业的责任。要极力培养员工的向心力，让员工了解创业动机、传统、使命和目标；作为企业特别要倡导员工的团队合作精神，为什么在德国、日本生产的一些品牌产品质量高于我国组装的质量，其中很大一个因素是德国、日本的这些企业的员工团队合作精神好，流水线上，下道工序操作人员发现上道工序有问题时会及时弥补，以免漏过，影响整个企业产品的声誉。

（3）培养员工的竞争意识

一个员工有了竞争意识，就会产生督促自己的力量，就会把自己的潜能发挥到极致。市场经济是竞争的时代，竞争已渗透到我们生活中的方方面面，在竞争中求生存、求发展，是每一个员工、每一个企业所必须面临的现实。

（4）训练员工的细心

细心，看起来是不足挂齿的小节，其实非常重要，非常关键，以至影响大局。经常能听到看到这样的新闻，起因只是很小的某个疏忽，最后导致机毁人亡的惨剧；一条小小的线路不到位，导致火箭、卫星上不了天，损失巨大。因此必须让员工记住，做事必须细心，犯一点错误，可能招致的是不可挽回的局面。

（5）训练员工对环境的适应

市场经济可谓瞬息万变。企业效益和员工工作环境时好时坏这是平常的事，作为企业员工，对此在心理上必须有所准备，不要在各方面处于顺境时忘乎所以，处逆境时自暴自弃。其次，社会的发展带来个人工作岗位的变化，现在很难说一个人一生只从事一项工作，且工作性质一成不变。所以，要训练员工对环境的适应能力，这对个人和企业都有好处。

（6）重视员工创新能力的培养

人有多方面的能力，但有一种能力非常重要，这就是人的创新能力。今日的企业员工队伍，受过高中、大学教育的人越来越多，有相当的知识和学问，但是也容易陷在自己知识格局内划地自限、缺乏迎战困难、打破常规的精神，以至无法建大功立大业。企业培训一定要注意到这一点，要敢于放手支持员工解放思想，开拓创新，提高自己各方面的能力，跟上社会和企业发展的步伐。

12. 灌输"公司第一"的精神

在适合自己的场所和职位工作，对个人和整个社会而言，都是非常重要的。

曾有人这样评价日本人的团队精神：

"任何团体的团结性，都无法与日本人的团队精神相比。"

熟悉日本的人都知道，日本人不但勤奋而且训练有素。在日本人身上能够看到"传统的劳动价值观"，他们仿佛没有下班这个概念。美国人弗兰克·吉布尼曾这样形容日本人的工作："一个由晶体管操纵的蚂蚁王国"，这一描述是十分形象的，"蚂蚁"形容了他们的勤奋，同时也展示了他们共同协作的团队精神。尽管许多老一辈的日本人抱怨，现在的年轻人已经淡化了这种精神。尽管有一些年轻人认为，整天只知工作，不知享乐，无法和家人共进晚餐的生活缺少生活情趣，但在今天的日本，"公司第一"的观念仍然占据主流。只有那些经常工作到晚上10点才回家与妻儿团聚的丈夫，才会被认为是个好丈夫。同时人们轻蔑嫁给不勤奋工作，在公司里没有影响力的男人的女子。

"经营之神"松下幸之助曾对此有过精辟的论述：

个人的自由与经济的繁荣息息相关。在民主主义的原则下，个人始能发挥天赋才能，创造繁荣。

选择适合自己的工作。当工作完成时，不仅能够获得幸福，同时也能将成果贡献社会，使社会也得到快乐，因此而欣欣向荣。

换句话，假若不能从事适合自己的工作，会因为感情和欲望的困扰，而导致失败。而且受到挫折的并不只是自己，甚至周遭的人也会受到牵连。

因此，在适合自己的场所和职位工作，对个人和整个社会而言，都是非常重要的。因为大家彼此都息息相关地存在着，也就是说，你我的责任已愈来愈重要，我们的一举一动都足以影响到大多数的人，因此必须重新检讨自由的意义。

每个人都必须为自己的行动对社会负责，任何人都不能例外。无论世界如何变化，也不能允许例外的行为存在。如何才能养成这种责任感呢？

每天不断地反省，从反省的态度中，可以培养基本的态度。如果反省之后，依然摸不着头绪，可以虚心地向先进请教。如此不断地寻觅，终会发现自我，并且遵从这种教诲和忠告。培养开阔而充实的胸襟，是年轻人必须知道的道德责任。

以年轻人的态度来判断及思考事物，甚至表现年轻人的举止，都会得到适度的认可。

可是，并非所有举动都会获得别人的认可。文明愈高，人类所能伸张的自由就愈大，另一方面则要约束自己、反省自己的行为。这正是目前社会所存在的问题，因为我们大家都在这里面工作。

随着成长，承担的责任会愈来愈重，因此成年人跟少年所受的法律责任也就截然不同，假若你的职位升高，那么所承担的责任也就愈加沉重。

当人担负起责任时，才有做人的价值存在。担负的责任愈大，价值也就相对地愈高，因此担负责任即是代表着生存的价值。责任使人感觉到生存的价值，这是个非常重要的问题。

虽然身负重任，却未能感觉到生存的价值，那么即使已过了20岁，也不能算是成年人。充斥着不负责任者的社会，是个不健全的社会。目前的日本虽然为民主主义的社会，但是如果到处弥漫着这种不负责任的气氛，那么民主主义也只是虚有其表罢了。

无论你从事何种行业，如果能够脚踏实地、按部就班地向前迈进，必定能步步高升，事业蒸蒸日上。但是你必须自觉身负的责任，否则你根本没有资格做人。

13. 压力可以造就杰出人才

"赋予一个人没有挑战性的工作，是在害他。我觉得人的潜能是无穷的，给予没有挑战性的工作，这个人的潜能根本无从发挥，他的一生就完了！"

有人说，台塑公司王永庆取得的成功，全赖于其成功的管理，而在管理手段方面，压力管理是台塑最为突出的经验。

在王永庆的观念中，压力管理并不仅仅是管理层对下属施加压力进行管理，而是本身就要有一股压力感，只有在压力下，企业才会有长足的发展。在一次研讨会上，王永庆曾说："如果台湾不是幅员如此狭窄，发展经济深为缺乏资源所苦，而台塑企业可以不必这样辛苦的致力于谋求合理化经营，就能求得生存发展的话，我们能否做到今天 PVC 塑胶粉及其他二次加工均达世界第一，不能不说是一个疑问。今天台塑企业能发展到营业额年逾 1 000 亿台币的规模，就是在压力逼迫下，一步一步艰苦走出来的。"

他认为，经营条件恶劣，当然会给企业经营带来很多困难，台湾岛石化资源贫乏，基本原材料价格偏高，对台塑来说反而是一股不可多得的动力，迫使台塑改善经营，提高效率。这正是压力的作用。

王永庆对压力与企业发展的关系有非常深刻的研究，他曾撰文指出："研究经济发展的人都知道，为什么工业革命和经济先进国家会发源于温带国家，主要是这些国家天气条件较差，生活条件较难，不得不求取一条生路，这就是压力条件之一。日本工业发展得很好，也是在地瘠民困之下产生的，这也是压力所促成的；今日台湾工业的发展，也可以说是以退一步即死的压力条件下产生的。"

由于业务方面的需要，王永庆经常进出美国，在谈到美国为什么在工业生产上往往竞争不过日本时，王永庆认为，美国的企业经过长期的发展奠定了基础以后，经营上的压力已经减轻，经营者也松懈了。他指出："不过美国的资源丰富，科技、管理基础样样深厚，眼前最大的问题只是出于一时的放松而已，只要稍微施以压力的话，凭借较进步的科学、资源等有利环境，情况很快又会改变的。"

他又说："游手好闲是制造无聊、罪恶、贫穷的根源，有人以为清闲是福，其实只有认真工作后的休息，才能得到心灵的安适，才是人生至上的享受。一个国家，如果人人都充满了工作的活力，就是无上的财富。世界上许多天然资源富裕的国家，如非洲、印尼等，反而不如资源贫乏的国家进步，道理就在国民没有充沛的活力。"

在台湾这个特殊的环境里，台塑受着各种各样的压力，而台塑内部，在王永庆的管理思想统治下，更是人人都有压力感。王永庆曾说："赋予一个人没有挑战性的工作，是在害他。我觉得人的潜能是无穷的，给予没有挑战性的工作，这个人的潜能根本无从发挥，他的一生就完了！"他认为，杰出的人才只有在强大的压力下才会培养得出来。

王永庆曾苦口婆心地奉劝志明工专的学生："完成专科教育，只能为你们奠定做事的基本能力，你们要认清这一点。踏出校门之后，要有决心接受三年的辛苦磨炼，惟有如此才能有成就。如果在座每位都能这样做，我相信百分之百会成功。因此，在工厂环境的选择上，我奉劝各位考虑去接受具有相当压力的工作环境，在这种环境中，才能真正锻炼出你的本事。否则，即使你懂得必须吃苦，有意接受磨炼，可是在一个满足现状、以既有成就而沾沾自喜的环境中，任何人都难免因为处于安逸之中而逐渐放松，终究毫无成就。"

王永庆不但善于教导别人进入有压力的环境中接受挑战，而且更善于营造一个布满压力的环境。

在台塑，王永庆对下属施加压力，可以说到了无所不用的地步。由于他记忆力非常好，精力过人，又喜欢追根究底，下属们一不小心，往往会被他逼得非常难堪。每天的午餐汇报，就是人们感觉压力最重的时候。曾有报道说台塑的高层领导不少人患胃病，就是因为午餐汇报压力太重的缘故。

为了实践他的"压力管理哲学"，王永庆在台塑建立起一套中央集权式的管理系统。1973 年设立的台塑总管理处总经理室，正是这个管理系统的指挥中心，它控制台塑的 16 个部门。台塑上下，事无大小，都经过总经理室的审核，再交由上级单位批准，最后才下达命令，由各部门执行。

总经理室对各部门进行审核，主要的目的是要发现问题，并针对问题制定改善的计划，再与各单位共同研讨，跟踪计划的执行情况，评估计划的效果，及时修改计划。

总经理室的幕僚人员，是台塑上下既敬且畏的一群。他们时时给下面施加压力，因此，被台塑员工暗中称为"红卫兵"。

而对于领导着这群"红卫兵"的台塑主脑王永庆，曾有外国记者作出这样的评价："他的行事手段近乎残忍，秘诀是对工作细节及工作时间毫不留情地苛求，他手下的管理人员若换成西方人，恐怕早给他折磨死了。"

对此，王永庆回应说："我们中国人没基础，不努力的话，外国人看不起。外国人一星期工作五天，为什么中国人要做六天？外国人不了解我们，我们没基础，所以多做一天来弥补，这很公平。但我们要认识到，我们是没基础的，既不勤劳又放松，目前我们是绝对不能如此的。"

为此，王永庆举了一个例子：台湾每年都有大专院校的毕业生到美国留学，累计总人数不下数十万。这些人当中，有相当一部分留在了美国，他们有开诊所行医的，有从事教育或研究工作的，也有涉足企业管理的。三个领域中，从事一二项的都有突出表现，惟独后者表现平平。原因何在？王永庆分别加以分析：

学医者，由于美国对于医师的教育和训练十分严格，留学生在这种环境的逼迫下，自当勤于学习，因此大多数都能成为优秀的医学人才。

从事教育和研究工作者，与行医者际遇极为相似，同样是因为美国的环境有一股迫使其非认真不可的压力，因而表现出色。

至于在美国从事企业管理工作，情况恰恰相反。虽然攻读工商管理的中国人颇多，不少人拿了博士或硕士学位，但是，由于他们不愿意从基层做起，美国社会又没有压力让他们非从基层做起不可，导致美国的大企业不爱用中国人，而我国的留学生则无从吸收美国企业管理的精华，空有一个高学历，却无所建树。

由此推论，压力不但可以激发一个人的潜能，而且也是造就一个杰出人才的必要条件。

第九章

为了明天，小公司也要培养下一代

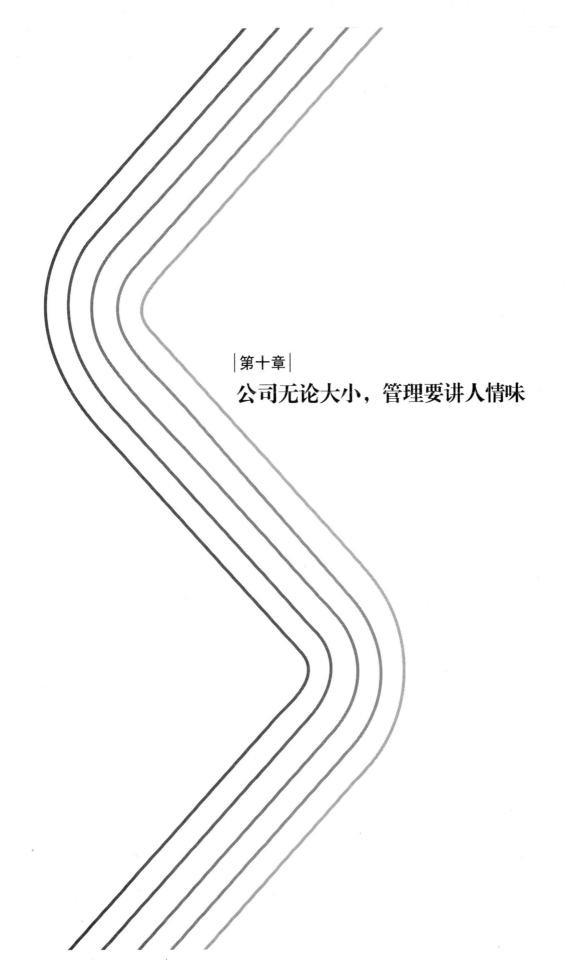

| 第十章 |

公司无论大小，管理要讲人情味

1. 人性化管理就是要有人情味

> 人性化管理要有人情味，与人情管理是有很大区别的。若将二者混为一谈，那将出现管理上的混乱。

有一个销售部门，人情味儿十分浓厚，领导如同家长，同事如同兄妹，经理和员工经常一块吃饭、娱乐，上下一团和气。对于工作任务，下属与领导可以讨价还价；员工一有丁点事就可以请假；员工心情不好就跑到部门领导甚至到部门领导的领导那里哭鼻子倾诉；上级领导则以"好人"面貌出现，不论上下，皆可越级汇报、越级告状，员工都很清楚什么事情该找哪位领导说情、什么事情该找哪位领导帮忙，气氛好得如同一家一般，部门经理本以为这样的管理，会使部门的销售业绩直线上升，可事与愿违，团队建设、销售业绩并没有按照他所要求的方向发展。是领导错了，还是员工错了？

其实，是这位管理者走进了人性化管理的误区，没有弄清"人性化管理"中的"人情味"与"人情管理"之间本质的区别，没有真正理解人性化管理的基本内涵。人性化管理作为一种管理模式，或者说一种企业文化，能给员工以家的感觉，人人和睦相处，人人有人情味。应该是一件很好的事情。如果忘了"国有国法，家有家规"的古训。造就一个有"家"无"法"的一个团队自然是一团糟。"人性化管理"是以严格的制度作为管理依据，是科学而具有原则性的；"人情管理"只是单凭管理者个人好恶，比较主观，比较随意，多是讲究面子和注重人际关系，"人情化管理"最终受害的是我们赖于生存的企业。我们作为管理者都有一种体会，每一次工作任务布置下去以后，有一些员工完成得非常好，而总有一些员工完成的非常糟糕，如果迁就了出了错误的员工，就会挫伤其他员工的积极性；如果对他们施之于严，他们就会说，你的管理缺乏"人情味儿"，常常使管理者处于两难的境地。难道我们就没有更好的办法吗？答案是肯定的，人性化的管理模式，它必须是在一定制度下的"人性化"，有严格的企业制度为基础，管理者扮演的角色应该是员工工作进步的激励者、实现自身价值的引导者，而员工应该在管理者提供的平台上，不断规范自己，完善自己，提高自己，共同为实现企业目标做出努力。

"人性化管理"中的"人情味"并不深奥，就是把尊重人、爱护人、关心人作为企业经营活动的基本出发点。企业的一切生产经营活动都是人所从事的，企业的兴旺发达归根到底要依靠广大员工的努力，只有通过对员工的尊重、关怀、理解、信任等，才能充分挖掘员工身上蕴藏的巨大潜能，调动员工的积极性，从而为企业创造更大的财富，促进企业的持续发展。

日本的松下企业塑造了"家"和"人情味"的理念，意为企业就是一个大家庭，应尽可能给予员工关心；松下公司让员工家属到企业来参观，让他们知道他们的亲人是在什么样的环境下工作，让员工的家人知道了解企业，可以让他们的家人放心，并支持他们的工作；甚至，松下幸之助还会亲自给员工的家属写信，感谢他们的父母为松下公司培养了一个优秀杰出的人才，让他们的家人放心，他们的亲人在公司工作很出色；松下公司从各方面给员工以家的归属感，让职员在企业中有家的感觉，从而愿意尽心尽力为公司工作。

当然，作为企业管理者，你或许希望员工更敬业，多奉献，上班八小时能干出十小时的活，在节假日也积极来企业加班，然而对于大多数员工来说，工作并非是他们生命的全部。每个员工首先是一个追求自我发展和实现的个体人，然后才是一个从事工作有着职业分工的职业人，他们更愿意在工作上展现自己的个性，体现自身价值，而不喜欢在事事被安排，时时被监督的环境中工作。

人性化管理并非人情化管理，因为人都有好的一面，也有坏的一面，是人就有惰性，所以人性化管理并不是迁就员工的不良习惯，必要时也得应用一些非人性化的手段（例如处罚与辞退）去强迫员工改掉损害企业和他人的不良习性。一个只有在薪酬、福利上对员工照顾，而不去教员工怎样做人，不去用有效手段教育员工怎样成为适应高度竞争社会的现代人的企业，不是真正人性化管理的企业，这样的企业也会在竞争中被淘汰。

人与人之间有着许多微妙的关系，正确地处理这些关系你做事会觉得得心应手，当你在工作中出错时，你的同事上司、朋友没有指出你的错误，没有告诉你它的危害，却反而拍着你的肩头说声没事，为你隐瞒了事实，这就是单纯地讲人情。"讲人情"在管理工作中是不允许的，甚至会使你的工作变得糟糕，然而人性化管理则不一样，人性化管理虽然允许你在工作中出错，但它会告诉你这样做是错的，会带来什么样的危害，你应该怎么做会更好，这样既原谅了你，告诉你不用时刻担心工作中出现了什么过错，担心你的上司责怪你，你的同事怎么看待你，反而使你的工作激情会更高涨，工作目标会更明确，这就是人性化管理的人情味。通俗地讲，人性化管理的实质就在于"把人当人看"，从而才使得员工愿意怀着这种满意或者是满足的心态以最佳的精神状态全身心地投入到工作当中去，进而提高企业的管理效率。

2. 得天下，先要得人心

　　"柔性管理"的基本原则包括：内在重于外在，心理重于物理，肯定重于否定，感情交流重于纪律约束，以情感驭人重于以权压人……

　　管理者与员工之间无疑是一种"管理"与"被管理"的关系。身为领导者，无不希望下属对自己尽心尽力尽职尽责尽忠地努力工作。因为只有做到这一点，才能证明自己的管理是成功的，自己是一个成功的管理者。

　　可是，并不是每一位管理者都能实现这一目标，恰恰相反，成功的管理者往往只是少数人。古往今来，失败的管理者都是居于多数，不胜枚举的。

　　在这里，决定成功与失败的关键因素，就是管理者采取什么样的管理方式，运用什么样的管理方法，这向来是管理学者们所讨论的一大重点问题。

　　自从管理学出现以来，许多管理学派相继登台亮相。从广义的范围看，人们研究管理学的目的是为了社会和文明的进步，为了人类的生存和发展；从狭义的范围看，则是追求最大的和谐与效益，为了提高本机构、本单位的工作效率。

　　正是在这种目的的驱使下，当今人类对管理的研究投入了极大的精力，提出了多种多样的管理理论，当这些理论投入实践中运用以后，人们发现，无论是哪一种管理理论，都存在着许多的缺陷，没有一种是可以全部或大部分实现管理目的的。

　　然而，随着时间的发展，管理学理论正不断推陈出新，以发展"精神生产力"为目的的"人本管理"，越来越被提到重要的议事日程，以至于美国人把"开发人力心理资源"列为21世纪的前沿课题加以研究，日本和其

第十章　公司无论大小，管理要讲人情味

➤➤➤➤➤ 255

他许多发达国家也在这方面倾注了大量的人力、物力、财力，展开潜心研究。

这种以发展"精神生产力"的"人本管理"，实际上就是当今某些国内管理者称为"柔性管理"的管理理论。

"柔性管理"的基本原则包括：内在重于外在，心理重于物理，肯定重于否定，感情交流重于纪律约束，以情感驭人重于以权压人……

这些原则中所体现的魅力，集中到一点，就是以看重感情投资、通过感情投资达到管理的目的。

按理说，"柔性管理"尽管现在才被明确提出来，但它实际上早已被人类所广为利用了。而相比之下，我国在这方面做得最早，像 2000 多年前《老子》、《论语》、《孟子》等书都涉及了。

不仅如此，而且国人在这方面运用得最成功，看一看毛泽东的管理思想就会发现，他的确是"柔性管理"的集大成者，在这方面做得最好，成就最突出。

这也从侧面告诉我们，"柔性管理"不仅十分有效，并以其独特的魅力吸引了当代发达国家的管理学者，而且也最适合我国的国情，最符合国人的心理特点。

古往今来，凡是想成就大事的人，都不能少了"人才"这一条。

"事业者，人也"，没有人，就不会有事业；没有人才，更无法成就事业。

古人云："得人心者得天下。"事实上，不仅想"得天下"的领导需要得人心，就是一切想在其他方面有所得的领导，也必须做到得人心才可以。

可是，俗语又说："人心隔肚皮。"这句话的意思就是真正得到人心又谈何容易呢？

不过，只要管理者善于运用感情投资这一方式，想得人心也并不是困难的事。

有不少管理者常常会发出这样的感慨：真是时运不济，物色不到合适的人才，手下人一个个几乎都"低能"，工作起来不仅毫无生气，而且毫无创见……

这难道是事实吗？

非也。至少，这种想法有以偏概全之嫌，不能说明事实的全部。

事实是任何管理者的下属不会全是"低能"者，其中必然有出类拔萃的人。

这是因为下属的能力不可能一下子全部显现出来，而是需要有一个逐步发挥的过程，这一过程是否会出现，取决于领导是否对他们进行了卓有成效的感情投资。

可以肯定地说，下属的能力大小与领导对他们的感情投资多少是成正比的。

为什么这么说呢？具体原因如下：

其一，管理者对下属的感情投资可以有效激发下属潜在的能力，使下属产生强大的使命感与奉献精神。

得到了管理者的感情投资的下属，在内心深处会升腾起强烈的责任心，认为管理者对自己有知遇之恩，因而"知恩图报"，愿意更尽心尽力地工作。

其二，管理者对下属的感情投资，会使下属产生"归属感"，而这种"归属感"正是下属愿意充分发挥自己能力的重要源泉之一。

人人都不希望被排斥在领导的视线之外，更不希望自己有朝一日会成为被炒的对象，如果得到了来自领导的感情投资，下属的心理无疑会安稳、平静得多，所以便更愿意付出自己的力量与智慧。

其三，管理者对下属的感情投资，可以有效激发下属的开拓意识和创新精神，鼓起勇气，不会"前怕狼后怕虎"，所以工作起来便无所担心，一往无前。

人的创新精神的发挥是有条件的，当人们心中存有疑虑时，便不敢创新，而是抱着"宁可不做，也不可做错"的心理，混天度日，只求把分内的工作做好就行了。

如果管理者能够对下属进行感情投资，越建立充分的信任感、亲密感，就会越有效地消除下属心中的各种疑虑和担心，从而更愿意把自己各方面的潜能都发挥出来。

3. 管理方法要顺从人的本性

大凡人的本性，都是得到追求的事物则高兴，遭遇到厌恶的事物则烦恼。不论贵贱都是如此。

有一座寺庙，僧众在山上开辟一片土地做果园、菜圃，种植了许多蔬菜、水果。山里猴子很多，它们喜欢打闹，又爱偷吃水果，寺院僧人种植的东西，常被乱采乱摘，践踏得一片狼藉。僧人们十分气恼，于是拿着棍棒轮流看守在田边、果园，不让猴群靠近。但这些猴子鬼得很，根本拦不住，那些蔬菜水果仍被劫掠破坏一空。日夜看守，僧侣们筋疲力尽，并且看守效果极差，怎么办？

有一老僧一天布下陷阱，以香甜的食物为诱饵，逮到了一头老猴子。接着他叫几个身强力壮的僧人把猴子拉出陷阱，强迫着给它穿上一套颜色鲜艳的衣裤鞋帽，然后让猴子逃走。

老猴子穿上人衣，迅速窜回猴群。山里的猴子见它一身人衣打扮，以为真是一个人在追它们，吓得不敢让老猴子靠近，纷纷发出叫声示警，从这棵树跳到那棵树，逃了开去。老猴子本以为又可以回到同伴们中间，不料它们竟避而不纳，让它没法回到群体中，不由得发起急来，追得更紧。老猴子追得愈紧，群猴越害怕，逃得也越快。一追一逃，越跑越远。从此，僧寺周围清静了。

管理的要诀有很多，但顺从人性可说是最重要的。关于管理的方法，曾子曾有一段著名的话："当你看到一群无法使用的人时，你就先把人分类。选择那些喜欢追求名誉的人，让他们作为民众的管理者，充分利用他们的能力和追求，他们会干的很好，建立起各种管理制度、秩序。而不能实现这一目的时，就不给他们名誉，没有掌握管理规律的人，不让他们自吹自擂，只有成功实现管理目的，然后才给予名誉，做的事符合管理规律，然后才可以自我宣传，这时才可以让他们有所作为。"

可见，大凡人的本性，都是得到追求的事物则高兴，遭遇到厌恶的事物则烦恼。不论贵贱都是如此。亲近人一些，人不能泯灭欲求，疏远人一些，人也不会忘记自己的追求，人都是这样的。但是，人们追求的事物不同，各自追求各自喜爱的事物。

管理的方法要顺从人的本性。如果希望别人了解自己的人，我去理解他；想要利益的人，我使他能获利；想发挥出勇气的人，我使他能发挥勇气；想获得高地位的人，我给他高地位，人们会说懂得管理秩序；想发挥勇气的人，我使他获利，人们会说我爱护人；想使别人了解自己的人，我理解他，人们会说我体贴人。千万要记住，人们的差别是很小的，难以识别的。所以在我们管理人时，一定要仔细思考判断，不要在不知人时去行动。这样，即使面对突然出现的人，你也可以及时有准备地管理了。

从人的本性来看，如果逆反人性就会遭到反抗。如果上级苛刻地对待下级，下级就不会服从上级管理，下级不服从管理时，上级只好用惩罚的手段来强迫下级服从管理，这样管理就复杂化了，领导一个人无法处理，只好找很多人出主意，出主意的人一多，管理不正常的事就不可避免，上级的地位不可能不处于危难之中。因为这时，命令会经常更改，互利协作的管理秩序会失去作用，管理标准会变来变去，规章制度虽然建立，却常常被歪曲地执行。这样一来，虽然奖励很重，下属也不接受引导；惩罚虽然很重，下属也不害怕。因此说，没有一定不变的管理办法、秩序、制度，下属就不会信任他的管理行为可否有效；公司没有一定的管理规章、秩序，那么内部劳动力就会枯竭，这是一种必然的规律。

我们的社会之所以设立许多管理岗位，安排各种管理人员，并不是为了使这些人享受好待遇，使他们得到尊敬，而是为了使他们有条件去执行领导的命令。因此，管理岗位等级愈高，从业者的地位愈高而待遇也愈好；管理岗位等级愈低，地位就愈低而待遇也就愈差一些。地位和待遇，是管理队伍使之发挥作用的必需条件。而糊涂的管理者，却使那些不负责任只知享受的人居以高地位，享受高待遇，这样，员工就不可能发挥出他们的能力以完成任务了。

要求人们做到难以做到的事，却没有法规来规范人们，那么，人们会产生逆反心理。管理者的岗位不适于他的专业能力发挥，难以得到应有的待遇，就会使他的逆反心理不断加强。人们十分辛苦，却得不到补偿和安慰；人们十分悲叹自己的处境，却得不到理解与怜悯；管理者高兴了就对不良分子大加称赞，对有能力并作出贡献的人与无能力没有贡献的人一样奖励；管理者不高兴时就咒骂别人无能，使高尚的人和小人受一样的侮辱。这些都是管理者误区。

4. 和衷共济才能度过危机

如果企业面临重大危机，商人该采取什么解救措施呢？几乎每一个企业管理者都会面临这样的困难，但松下幸之助处理危机的方式与众不同。

1920 年前后，日本经济不景气，不少工厂停产或倒闭。然而，当时规模并不是很大的松下电器反而蓬勃发展。到了 1921 年秋天，松下买了 1500 多平方米的土地，盖厂房、建住宅、设事务所、扩大招雇员工规模。

一般说来，经济不景气大多是结构性的，电子电器在当时特别在日本是新兴的领域，松下一创业就闯进了这一朝阳地带，加上他精明的生意头脑和拼命干的劲头，自然是一路光明。1923 年，松下发明并大量产销自行车电池灯，兼营电熨斗、电热器、电风扇等电器产品，一路扬帆，年年大利，不知不觉中，进入了 1929—1932 年的世界性经济危机。

由于本身就缺乏工业资源的日本，在这场危机中，财经界一天比一天萎缩。因此工厂缩小、倒闭；员工被减薪、解雇；劳资纠纷不断……然而，在 1929 年里，松下并不理会到处弥漫的这场危机，已经拥有 3 处工厂、300 多名员工的他，继续扩充自己的事业。这一次，松下又在大阪买下了 8 万平方米的土地，大规模地建设公司总部、第四工厂、员工住宅。直到 1929 年 12 月底，松下电器才感受到了危机的压力：销售额剧减一半，仓库里堆满了滞销品。糟糕的是，公司刚刚贷款建了新厂，资金极端缺乏，若滞销情况持续下去，整个松下电器很快就会倒闭。而更糟糕的是，恰恰这时，松下偏偏病倒在床上。

如何度过这场危机？

当时代行社长职务的井植岁男等高级主管，去向休养的松下汇报他们研究的方案：为应付销售额减少一半的危机，只好减少一半公司生产量，员工也必须裁减一半。

这是一个最通行的工厂渡难关的方案。听到这个方案，松下突然来了精神。他指示："生产额立即减半，但员工一个也不许解雇。将开工时间减为半天，但员工的薪资全额给付，不减薪。不过，员工得全力销售库存产品。用这个方法，先渡过难关，静候时局转变。"

"可以不解雇员工，但是既然开工半天，就该减薪一半。员工不会有意见。"有的主管建议。

"半天工资的损失，是个小问题。使员工们有以工厂为家的观念才是最重要的。所以任何一个员工都不得解雇，必须照旧雇用。"松下十分肯定地说。

当员工们听到松下的指示，无不欣喜，因而人人奋勇、个个尽力，拼全力销售工厂库存的产品。

松下的招法灵得让人吃惊。由于员工的倾力推销，公司产品不但没有滞销，反而造成产品不够销售的现象，创下公司历年来最高的销售额。就在这场世界经济大危机中，别人的工厂纷纷倒闭，而松下，继兴建第四厂之后，又创建了第五、第六工厂！

松下对付经济危机，自有他的一套道理："国家与企业越不景气，越要放宽银根，扩大生产、扩大就业，如果大家都不盖房子，木匠就没有工作做，只好游手好闲过日子，成为政府'紧缩政策'的牺牲品。政府的'紧缩政策'才是经济不景气的罪魁。当时，我采取了相反的方法。否则的话，我自己也被拖进漩涡里去了。"

5. 用人切莫"卸磨杀驴"

> 饮水要思源，你有今日的好处，就应记着那些曾经给你好处的人，那些曾经帮助过你的人，你不要忘本。没有他们，你就没有今天。

做生意绝不可以忘本。做生意表面看来好像只是你一个人的事业，成也是自己，败也是自己。却不知当中有数不尽的因缘，有很多很多助力扶持才行，一次恩惠百年记，忘本会引起很不好的效果。

老一辈的生意人很念旧，那是新式现代管理学的支持者无论如何也想不通的事情。老一辈的生意人在开业时，会请来一班伙计，他们可能是登报招聘，可能是熟人介绍，也可能是旧同事而把他们请出来帮手，另起炉灶，很多企业就在这个班底下发展起来，二十年三十年过去了，老臣子都是忠心不二。

这时候，老臣子的薪酬都比后辈高，在公司内掌管的事务也比较多。有些人老当益壮，依然头脑精明，但也有一些人愈老愈糊涂，早已经失去了活力，只是在"食老本"，靠自己在公司内的功绩挨下去。老一辈的生意人并不一定以炒老子鱿鱼的方法解决问题，只是量才而用，赋予他们一个闲职，让他们继续安安稳稳地有一份工作。若是极端功利的人，一旦觉得人无用，就会毫不犹疑，一脚踢开。

6. 掌握员工的"晴雨表"

美国著名管理学家、杰出的管理者艾柯卡作为管理人员，最得意的事情，就是看到公司里那些智商不算太高的人提出的一些建设性意见被采纳而容光焕发。

作为总经理，或许你眼中的员工仍旧都同往日一样神采奕奕，笑容满面，工作起来也格外投入。但你要意识到这有可能是一种虚假状态，也许其中有人就正在使尽全力保持自己的神采与笑容，但他们并不是以最佳状态从事工作。他们和你不一样，处于低谷状态的你可以借身为总经理的尊荣发一发脾气甚至将手头的工作弃之不理，但他们仍旧要像往常一样工作。所以他们有着比你更大的生存压力。在这种情形下，如果你能经过仔细观察，对处于生命状态低谷的员工给予理解和爱护，那么对方一定会以今后的十二倍努力来回报。

一些国家的生命科学家对人的机理状态进行过研究，认为人的精神状态周期大多是一个月，长不过数天，短的也不过数天。这就是说如果你觉得今天的情绪非常糟，即使没有纷繁复杂的工作来打扰你，你也要仔细对待一个月的这几天。如果你恰好在那几天中去洽谈一桩非常重要的生意或是面临人生最重要的选择，那么你最好将其改期，或者事前做好周密细致的准备，以备不时之需。如果有可能的话，你甚至可以设想一切可能出现的情况并想出解决的办法，尔后在实践中灵活应用，从而解除生命状态周期对你的威胁。

每个人都喜欢而且渴望得到别人的欣赏和认可，希望自己的存在价值能够在这个充满激烈对抗和竞争的社会中得到认可。因此，人人都在拼命地努力工作，即使他们已经做得很出色，但仍然不断努力。毕竟，每一个人的最初有所成都要付出很大的艰辛，轻易割舍不得。不管你是不是一个非常开明、能够体贴员工的总经理，员工们也不愿或不敢轻易放松。即使是他们正处于这种无法解脱的生物钟休眠状态，他们也要咬紧牙关坚持下来。因为他们要努力保持自己在你心目中的好印象。这将关系到他们的提职、加薪和年终评估的优劣。这时候你是怎么做的呢？你是不是仍旧以他们在你印象中的能力标准来要求他们呢？你是不是会为他们所犯的，而你却认为不应该在他们身上出现的小错误而大发雷霆呢？体味自己的细微变化，转而关注你的员工，这才是最高明的总经理。

美国著名管理学家、杰出的管理者艾柯卡作为管理人员，最得意的事情，就是看到公司里那些智商不算太高的人提出的一些建设性意见被采纳而容光焕发。

艾柯卡在管理中，有一条相当精到的经验：员工心情好，就应当鼓励他积极进取，多做事情，员工情绪欠佳的时候，就不要让他太难堪，否则他或许一辈子也兴奋不起来。他认为：要赞扬某人，最好是用白纸黑字写下来；若要训斥某人，则要用打电话的方式，不留痕迹。

艾柯卡作为管理者，非常重视每个人的积极性。为了使整个公司兴旺起来，使公司的一切部门正常运转，他总是努力调动每个人的积极性，但又不可能面对每一位员工，这样，他就激励他的副手，他的副手再激励他的部下，如此层层递进，于是使整个企业士气高涨、干劲十足。

艾柯卡曾以橄榄球队的团队协作精神来说明公司的协作精神，他认为，指挥一支球队和领导一个大公司实际上没有什么两样：在球队中，除了球员懂得比赛的基本要求、基本技术、比赛规则而外，最重要的是球员之间应当有一种彼此友爱，打球时全身心投入，身上的每一块肌肉都开足马力——可以称之为集体精神的东西。具备这些特征的球队就一定能天下无敌。一个公司也应当如此。

艾柯卡总是在管理的过程中，鼓励和培养这种团队的精神。这是他成功用人管人，创造管理奇迹的关键。

作为总经理，应该懂得，处于生命周期低潮的员工特别敏感，非常脆弱，容易陷于精神崩溃的状态，这将对他以后的工作积极性造成某种程度上的伤害，同时也会产生一定的工作压力。

试着去接近他们。放下手头的工作和他们交谈，消除他们的恐惧心理，使他们暂时远离手头工作的烦恼。

对于状态欠佳的员工，一些一直由他负责的工作仍要交给他去做，否则他会觉得你已丧失对他的信任，这将伤害他的自尊心。但你可以不去催他完成这些工作，而要告诉他时间还很充裕，而且还要告诉他如果他在一个星期以后（事实上正常情况下，他只需一到两天就足够了）还不能把你交给的工作完成，那么他将会面临被解雇或减薪的处罚；同样，一些你本打算交由他去完成的工作也应改交他人或由自己去完成，你甚至可以把已做完的工作结果或是自己的工作设想摆在他面前，诚心诚意地听一听他的评判，这将对他极其有益；可以利用闲聊的时候把你自己处于低谷时的情形讲给他听，对他说这种情形在所难免；午休的时候，你应该让大家适当地放松一下，而不是继续埋头工作，你可以点名让他加入进来。

作为总经理，抚慰情绪低落的员工的过程绝不可少，这有利于员工继续保持自尊心和自信心，更会增强对你的信赖和支持，以更出色的工作成绩来回报。

处在低迷状态中的员工，体力、脑力和精神状态都无法和正常情况相比，即使他再努力振作精神也于事无补。这种情况下就需要做总经理的你进行适时适度的激励。分配适当的工作交给他去做，合理把握这些工作的难易程度，让他能够完成却又不至于太过简单，以为你在怜悯或轻视他；以前他取得过很多的成绩，但你只当着他一个人的面褒扬了他，有的事情他的同事还不知道，你可以把这些成绩提出来对他进行公开表扬；他已经极度烦躁，甚至丧失了自己的信心，你不妨努力使他静下心来或是采用激将法，但切忌过度。

同是这些法则，不但能更好地管理好处于生命周期低潮的员工，而且能激发那些水平相对较差的员工的进取之心，实际上是一举两得的。

7. 了解下属的性格

当面怕你的人，背后一定恨你。试想想你最怕看见谁，就知道你其实非常厌恶他。所以，不要使下属怕你，这是身为上司的第一规则。

在工作中要善于观察你的下属这是很有必要的，这能够促使企业领导洞悉下属的心理、想法、欲求，能够真正发现下属潜在的特质，抓住这一点，就能够比较好地抓准下属、用好下属。因此，观察下属是企业领导给下属定位的方法之一，不可疏忽。

当你在领导岗位上超过两年或以上，如果仍未看清下属的本领，你这领导就算是白当了。

不要以为身为管理阶层，就以为下属们便要看你的脸色行事，因为你不能期待所有人均知情识趣。

事实上，许多人拥有优厚的潜能，只是性格上有些缺点；如果身为上司的你能适当地安排，使他的缺点变成优点，就可以充分发挥他的潜能。做上司可以在许多方面躲懒，但了解下属的性格，而做出适当的调配，这方面绝不能马虎。

忽略下属的性格，勉强他们做不适合的差事，结果受挫折的将是上司。有些人以为定下的原则，如钢铁般不容下属破坏，更不容许他们以任何理由拒绝。这实属呆板的做法，因为原则是死的，人却是活的。

许多老一辈的管理阶层不易被下属接受，多是那些上司喜被下属奉承，却永不去了解下属，以致出现一面倒的情况。

领导者必须要牢记一句话，就是：当面怕你的人，背后一定恨你。试想想你最怕看见谁，就知道你其实非常厌恶他。所以，不要使下属怕你，这是身为上司的第一规则。

你的下属每天均留意你的表现，你的笑容、严肃、皱眉，都显示你当天的情绪。你必须进行双轨沟通法，意思是你被下属了解的同时，也要对下属们做出长时间的观察和了解。

学会善于观察人，看看你的下属都是些什么人。

有些人的自尊心特强，一部分是源于潜意识的自卑感。这种复杂的情绪构成反叛性格，面对上司时，依然摆出一副"不易屈服"的态度。如果上司与下属各持本身性格，不愿稍作迁就，结果造成双方关系僵持；对于身处高位的管理阶层绝非好事，这只是显示出你的管理方法失败。

事实上，无论对方是否是下属，命令式的口气均应禁绝。除了尊重对方之外，也使对方在执行时减少压力。例如 A 上司喜对秘书说："给我一杯咖啡。"而 B 上司则说："请你给我一杯咖啡，可以吗？"前者是典型的指示口气，后者则是询问口气。在听方看来，当然认为上司用询问式的口气指示自己，有一种被尊重感。

同样，在指示下属去做一件事情时，虽然不必用询问式，但命令式仍应尽量避免。取而代之的是拜托式。

表面上是拜托，实则令对方非做不可，例如："这件事靠你了"、"这件事依你的主意行事吧"、"有你来做，应该没有问题了"、"我想不到比你更适合的人选"、"这件事还是由你亲自处理，我会较为放心"等。对方有被重视及不能有负所托的责任感，尤其是当在其他同事面前，无形间给与他"不能失败"的压力。在压力的推动下，潜质是会较容易发挥的。

8. 以忠诚换取忠诚

尽管你评价你的员工的惟一标准应该是他们的表现，但是如果还有一些因素左右着你对他们的评价时，你这样就很危险了。

如果你希望给你工作的人对你忠诚，你必须对他们也忠诚。忠诚与否可以通过你对他们的支持与不支持明显地表现出来。大多数员工都希望看到决定他们成功与否的因素是他们在工作当中的表现，而不是其他。但你让其他因素来左右你的判断时，你的员工就会对你失去信任和信心，而这种信心的缺乏将会表现在频繁的跳槽，对你和你的团体忠诚的丧失以及怠工上。

如果你的员工的报酬以及是否成功完全取决于你的个人好恶，那他们工作的动力何在？你个人喜好的极端的表现便是一种歧视——包括他们的年龄、性别及一些与工作无关的因素。

这是一个积重难返的错误。当你形成的这种偏好变得那么明显以至于你的员工能够察觉到它的时候，你的这种日积月累的模式已经根深蒂固了，而且它对你员工信任的打击是非常彻底的。这时候要改变它需要假以时日。

最好的办法是防微杜渐。当你的偏好被他人察觉到之前，你应该好好地审视一下自己的所作所为。很自然的，我们对于那些跟自己有相似的背景、共同的兴趣、相同的工作和生活方式的人更容易打成一片。防止的最好办法就是不要让这些自然的相似之处干扰你在工作中对别人的判断。

下一次当你忍不住想要厚此薄彼时，停下来问问自己，是因为他正确所以我站在他这一边，还是认为我想让他正确呢？如果是因为是后者的话，赶紧打住。请慎重三思，重新考虑一下你的决定。如果你想从今往后都能正确处理此类问题，惟一方法就是当你被这种偏好引诱的时候，要保持清醒的头脑。

如果你发现你对某下属青睐有加，以致想跟他发展很深的友谊或很亲密的关系时，你需要和那个人进行一次推心置腹的交谈。让一个朋友监督另外一个朋友是很难的，也就是说，作一个净友很难。偏好，或有偏好的感觉是不可避免的。所以，当你对你的一个下属非常青睐时，你需要问自己两个问题：第一，对我来说，跟这个人继续发展的私人关系重要，还是跟他继续工作关系更重要。如果答案是私人关系更重要的话，那么第二个问题是"我们俩当中谁应该另谋高就呢"？

另一方面来讲，如果你发现自己始终刻意地跟一个或一些人保持距离，你应该问问自己是否能够为你的刻意找到合适的理由。你是不是存在一种固定的模式——你经常回避一些人，这些人或者比你学历高，或者身体条件比你好，或者来自这个国家的某一地区？当然有一点很重要，你对你的团体成员必须有好感，至少与他们相处感到很舒畅——他们的工作方式和你是协调的，他们的专业知识技能能够胜任工作的需要，他们的专业技能和其他的成员是互补的。但是，千万牢记，偏见具有很强的团队杀伤力，比如种族、肤色、宗教、国籍、性别和年龄等等，这些基于工作之外但又不违法的歧视对你团体的健康发展同样具有破坏。

尽管你评价你的员工的惟一标准应该是他们的表现，但是如果还有一些因素左右着你对他们的评价时，你这样就很危险了。

你可以容忍某个员工的工作作风与你或其他的员工有极大的不协调。当其他的员工都很规规矩矩的向着目标踏踏实实、默默无闻地奉献时，某个员工往往会心血来潮或者常常故意提一些刁钻古怪的问题；具有更宽广眼光的那个员工往往和其他的员工合不来，但是，他或许是你最有创意的手下，他这种与众不同的方式使你得到的启发往往比其他言听计从的员工要多得多。

如果你的工作要求更多的和陌生人面对面的直接接触，而你的这位手下一到陌生的环境就发怵，你可能就会给他一些无聊的任务去做。虽然他这种处世方式与其他员工的善于交际格格不入，但是他可能更能以一种谦虚谨慎、不大肆张扬的方式赢得别人的信任，那么，这个员工的成就和其他员工的比起来，毫不逊色，甚至有过之而无不及。

所以，当你在决定给哪位员工以更大的支持时，学会考虑到一些非外在的表现因素。几乎所有的不以表现而做出的决定都具有危害于你的团队的潜在性。有时候，这种危害性是很微妙的，以至于你从不会意识到。如果你能执开放的态度，让百家争鸣、百花齐放，让各种不同的思想、方法和作风共同发展兼收并蓄，那确实能提高团队的工作能力。

有的时候，尤其是当员工们之间发生矛盾时，你就会不可避免地陷入你更喜欢谁而不喜欢谁的漩涡之中。但是，为了发掘你的工作团队最大限度的工作能力，最好的办法是对每位成员一碗水端平，均施恩惠，避免顾此失彼。在前面我们已经讨论过需要认识到每位员工都有和别人的不同之处，有不同的喜好和价值观念。但你可以兼容并包，让每位员工都知道你在像支持别人那样支持他。当人知道他自己被赏识时，往往更卖力。正所谓：士为知己者死，女为悦己者容。

9. 改掉居高临下的恶习

为什么许多人陷入居高临下的领导作风的泥潭而不能自拔？至少有五个原因。

古老的一言堂、独裁、居高临下的领导作风，直到现在还存在于许多领导者的身上，为什么这个毛病从古至今都没有很大的改善呢？

居高临下的领导方法也许来源于军队中上级对下级吼叫命令的原型。大概是这样一种情形："我在这儿是老大，尽快清楚这点对你有好处！"

居高临下的领导作风会产生连锁影响。老板对雇员大吼大叫发号施令，雇员回家对配偶大吼大叫发号施令，配偶对孩子大吼大叫发号施令，孩子就去踢狗，狗就去追隔壁的猫！独裁在我们大多数人中间是自然本性的一部分，但在一个领导者身上，却是一个巨大的缺陷。

为什么许多人陷入居高临下的领导作风的泥潭而不能自拔？至少有五个原因。

传统沿袭　从历史来看，独裁、居高临下的领导作风一直最广为流行。

司空见惯　关于各种领导方式的专门研究和介绍已有不少，居高临下仍是最司空见惯的一种。

操作简单　告诉人"做什么"比尝试其他更有效的领导方式容易（简单）操作。

本质所系　从某种意义上讲，人的本性中有独裁擅权、凌驾他人之上的动机。领导的意思从字面上看就是一个人在另一个人之上。

人性弱点　当撒旦开始不再顺从上帝时麻烦就开始了。他反抗，并带领他的随从将反抗的种子带到了这个世界。

改变居高临下这一陋习的方法有哪些？关于领导风格，可总结如下：

参与式管理　让员工和职员对你所启动的任何行动都有发言权。这一点做起来麻烦并耗费时间，但却能集思广益，激发工作热情。

促进式风格　认清自己作为一个促进者的角色，为员工创造条件，让他们为你带来成果。你在他们的工作中尽到催化和加油的作用。

民主式领导　以民主原则建立一个领导班子，让它为组织发展起主导作用。

平面组织结构特色　与大家平起平坐，但带头负责任，不能高居于金字塔之巅。

如果做一个公仆式领导，同时维持自己在组织内部的权威性，我们的指导原则是什么？试看下面这些要点：

不滥用权威，侍奉众人。

不乱指派，给人空间和自由让他们成为自己。

善于倾听，但重点在注意别人所需。

不要独裁，建立伙伴式工作关系。

不要抓住不放，要坚决地放手。

不要以自我为中心，要给大家加油。

国外有关理论指出：作为领导，你之所以能显出权威，下属乐意跟随你，至少有下列几个道理：

（1）人格"尊重"

人们跟随你是因为你的人格和你所代表的价值观。

（2）人力资源开发"再生产"

人们跟随你是因为你为他们带来切身利益。

这是企业长时期增长发展的基础。你对开发领导资源的努力将保证企业组织的持续增长和人员的增长。

（3）生产"结果"

人们跟随你是因为你为企业组织做出了贡献。他们喜欢你和你所从事的事业。由于动力存在，解决问题轻松容易。（别让动力停止！）

（4）允许"关系"

人们跟随你是出于自愿。

在你的明文规定的权限之外，人们仍跟随你。工作很有趣。当心：不求上进、原地踏步太久，会使积极性高的人变得烦躁不安。